21世纪高师文科系列教材

普通语言学纲要

（第二版）

PUTONG YUYANXUE GANGYAO

汪大昌 主编　毛秀月 司玉英 汪大昌 曹保平 编著

图书在版编目(CIP)数据

普通语言学纲要 / 汪大昌主编；毛秀月等编著 . —2 版 . —北京：北京大学出版社, 2015.9
（21 世纪高师文科系列教材）
ISBN 978-7-301-24907-9

Ⅰ . ①普… Ⅱ . ①汪… ②毛… Ⅲ . ①普通语言学—高等学校—教材 Ⅳ . ① H0

中国版本图书馆 CIP 数据核字 (2014) 第 225055 号

书　名	普通语言学纲要（第二版）
著作责任者	汪大昌　主编　毛秀月　司玉英　汪大昌　曹保平　编著
责任编辑	欧慧英
标准书号	ISBN 978-7-301-24907-9
出版发行	北京大学出版社
地　　址	北京市海淀区成府路 205 号　100871
网　　址	http://www.pup.cn　　新浪微博：@北京大学出版社
电子信箱	zpup@ pup.cn
电　　话	邮购部 62752015　发行部 62750672　编辑部 62752028
印刷者	北京虎彩文化传播有限公司
经销者	新华书店
	880 毫米 ×1230 毫米　A5　8.5 印张　261 千字
	2004 年 9 月第 1 版
	2015 年 9 月第 2 版　2021 年 10 月第 4 次印刷
定　　价	38.00 元

未经许可，不得以任何方式复制或抄袭本书之部分或全部内容。
版权所有，侵权必究
举报电话：010-62752024　电子信箱：fd@pup.pku.edu.cn
图书如有印装质量问题，请与出版部联系，电话：010-62756370

绪　言

　　"语言学概论"是高等学校汉语言文学专业的一门必修课程，也是相关专业的一门重要的语言学理论基础课程。这门课程的教学重点是向学生介绍语言科学的基本概念、基本方法、基本理论和人类语言中普遍存在的一些基本规律。本教材从"引言"到"文字"共九部分。"引言"部分介绍语言学的基本情况，语言学与其他学科的关系以及语言学的分类，语言研究的简单历史，使学生对语言学有一个基本的了解。第一章"语言的本质"介绍语言的基本构造和本质属性，目的是使学生建立起对人类语言的基本看法。第二章"语音"到第五章"语法"，分别从语音、语义、词汇、语法诸方面介绍语言的构造，这是本教材的重点所在，也是"语言学概论"课程的重点和难点。"语用学"是国外 20 世纪 70 年代开始研究的新领域，是从静态的语言结构研究发展到动态的语言使用研究的一个重要方面，本书第六章做了适当的介绍。第七章"语言的发展"是又一个重点、难点。前面各章侧重介绍语言的共时现象，这一章则专门介绍语言发展演变的规律，内容较多。最后一章是"文字"，介绍各种文字的普遍原理，以及目前世界上主要文字的基本情况。

　　"语言学概论"课程概念繁多，相应地必须使用大量的术语。为帮助使用本教材的学生，我们在教材的正文之后列出了各章的主要术语，并注明出现的页码，这也是国外语言学教科书的编写惯例。同样是为了帮助学生复习，我们列出了"复习提纲"。这是仿效我国著名语言学家丁声树、李荣先生编写的《汉语音韵学讲义》和王力先生编写的《汉语史稿》的做法。我们认为，这种做法对学生的学习十分重要并且有效。

　　和高校汉语言文学专业其他语言类必修课程——"现代汉

语""古代汉语"相比,"语言学概论"课侧重语言学的理论方面。"语言学概论"课程不承担具体的语言分析能力的培养和训练,但是这种能力又相当重要,否则任何理论也会被架空。所以,我们希望使用本教材的学生能够在教师安排下适当做一些具体语言分析的工作。和具体的语言事实分析相比,语言学理论难免让人感到枯燥费解。语言学理论是从各种语言现象中概括得来的,教师在讲授中当然要引用多种语言的实例加以印证,这就又增加了课程的难度。因此,在使用本教材时,在学习"语言学概论"课程时,学生应具备一定的外语知识和其他语言知识,同时还要注意各个概念、各个章节彼此在内容上的相互关联,以提高学习的效果。

编　者

2003 年 1 月

目 录

引　言 ……………………………………………………… 1
 一　语言学的性质和作用 ………………………………… 1
  (一) 语言和语言学 …………………………………… 1
  (二) 语言学的作用 …………………………………… 2
 二　语言学的分类 ………………………………………… 4
 三　语言研究简史 ………………………………………… 7
  (一) 传统语言学 ……………………………………… 7
  (二) 历史比较语言学 ………………………………… 13
  (三) 结构主义语言学 ………………………………… 15
  (四) 转换生成语言学 ………………………………… 18

第一章　语言的本质 ……………………………………… 21
 第一节　语言与言语 ……………………………………… 21
 第二节　语言的符号属性 ………………………………… 23
  一、语言符号 ………………………………………… 23
  二、语言符号的任意性 ……………………………… 25
  三、语言符号的线条性 ……………………………… 25
  四、语言符号的相对稳定性 ………………………… 26
 第三节　语言的系统性 …………………………………… 27
  一、语言的组成要素及其相互关系 ………………… 27
  二、组合关系和聚合关系 …………………………… 30
 第四节　语言的社会性 …………………………………… 32
  一、语言是社会现象 ………………………………… 33
  二、语言不是自然现象 ……………………………… 35

三、语言不是个人现象 …………………………………… 36
　　四、语言不是纯粹的生理现象 …………………………… 37
　　五、语言不是纯粹的心理活动 …………………………… 37
　　六、语言是一种特殊的社会现象 ………………………… 38
　　七、语言是全民的交际工具 ……………………………… 38
　第五节　语言的功能 ………………………………………… 40
　　一、语言是人类最重要的交际工具 ……………………… 40
　　二、语言是人类的思维工具 ……………………………… 41
　第六节　语言的本质 ………………………………………… 44

第二章　语　音 ………………………………………………… 45
　第一节　语音的物质属性 …………………………………… 45
　　一、语音和语音学 ………………………………………… 45
　　二、语音的生理属性 ……………………………………… 46
　　三、语音的物理属性 ……………………………………… 48
　第二节　语音的分类和结合 ………………………………… 50
　　一、语音的分类 …………………………………………… 50
　　二、语音的结合 …………………………………………… 58
　第三节　语音的社会属性和音位学的基本原理 …………… 61
　　一、语音的社会属性 ……………………………………… 61
　　二、音位的概念 …………………………………………… 62
　　三、确定音位的原则和音位变体 ………………………… 65
　　四、音段音位和超音段音位 ……………………………… 69
　　五、音位的区别性特征 …………………………………… 71
　　六、语言的音位系统 ……………………………………… 72
　第四节　语音的变化 ………………………………………… 75

第三章　语　义 ………………………………………………… 82
　第一节　语义和语义学 ……………………………………… 82
　　一、语　义 ………………………………………………… 82
　　二、语义学 ………………………………………………… 84

第二节　语义的主要类型 ·············· 85
　　一、理性意义和附加意义 ·············· 86
　　二、词汇意义和语法意义 ·············· 88
　　三、语言意义和言语意义 ·············· 89
第三节　词的语义特征和义素分析 ·············· 90
　　一、词的语义特征 ·············· 90
　　二、义素分析 ·············· 92
第四节　词的语音、语义聚合 ·············· 95
　　一、词的语音聚合 ·············· 95
　　二、词的语义聚合——语义场 ·············· 97
第五节　语义的普遍现象和民族性 ·············· 103
　　一、语义的普遍现象 ·············· 103
　　二、语义的民族性 ·············· 105

第四章　词　汇 ·············· 110
第一节　词汇和词汇学 ·············· 110
　　一、词汇、词汇量、词语 ·············· 110
　　二、词汇单位 ·············· 111
　　三、词汇学 ·············· 114
第二节　基本词汇和一般词汇 ·············· 115
第三节　词汇的构成 ·············· 119
　　一、常用词语和非常用词语 ·············· 119
　　二、通用词语和非通用词语 ·············· 119
　　三、新词语和旧词语 ·············· 120
　　四、本族词语和外来词语 ·············· 121

第五章　语　法 ·············· 123
第一节　语法和语法学 ·············· 123
　　一、语　法 ·············· 123
　　二、语法和语法学 ·············· 123
　　三、语法的特性 ·············· 124

四、语法单位 ………………………………………… 125
第二节　词　法 ………………………………………… 126
　　一、语素和词 ………………………………………… 126
　　二、词的构造 ………………………………………… 129
　　三、构词法 …………………………………………… 132
　　四、构形法 …………………………………………… 135
　　五、构词、构形、形态 ……………………………… 136
第三节　句　法 ………………………………………… 137
　　一、句法结构及其类型 ……………………………… 137
　　二、句法结构的表达手段 …………………………… 139
　　三、句法结构的层次 ………………………………… 142
第四节　语法单位的分类 ……………………………… 144
　　一、功能和结构 ……………………………………… 144
　　二、语素的分类 ……………………………………… 145
　　三、词的分类 ………………………………………… 145
　　四、词组的分类 ……………………………………… 147
　　五、句子的分类 ……………………………………… 148
第五节　语法范畴 ……………………………………… 148
　　一、语法形式和语法意义 …………………………… 148
　　二、语法手段和语法范畴 …………………………… 149
　　三、常见的语法范畴 ………………………………… 150
第六节　语言的形态分类 ……………………………… 154

第六章　语　用 …………………………………………… 156
第一节　语用和语用学 ………………………………… 156
第二节　言语行为 ……………………………………… 157
　　一、言语行为的研究 ………………………………… 157
　　二、言语行为理论的基本内容 ……………………… 158
第三节　语用前提 ……………………………………… 161
　　一、前　提 …………………………………………… 161
　　二、前提的逻辑——语义关系 ……………………… 162

  三、前提的语用分析 …………………………………………… 163
 第四节 会话含义 ………………………………………………… 165
  一、合作原则 ………………………………………………… 165
  二、礼貌原则 ………………………………………………… 167
  三、会话含义与规约含义 …………………………………… 168
 第五节 指示语 …………………………………………………… 169
  一、指示信息和指示语 ……………………………………… 169
  二、几种重要的指示语 ……………………………………… 169
 第六节 话语结构的语用分析 …………………………………… 171
  一、会话结构分析 …………………………………………… 171
  二、信息结构分析 …………………………………………… 172

第七章 语言的发展 ……………………………………………… 175
 第一节 语言的发展变化及其原因、特点 …………………… 175
  一、语言的发展 ……………………………………………… 175
  二、语言发展的原因 ………………………………………… 176
  三、语言发展的特点 ………………………………………… 178
 第二节 语言各系统的发展变化 ………………………………… 181
  一、语音系统的演变和发展 ………………………………… 181
  二、语法系统的演变和发展 ………………………………… 183
  三、词义和词汇系统的演变与发展 ………………………… 187
 第三节 语言的分化和统一 ……………………………………… 192
  一、语言的分化 ……………………………………………… 192
  二、语言的谱系分类 ………………………………………… 198
  三、语言的统一 ……………………………………………… 203
 第四节 语言接触 ………………………………………………… 208
  一、语言成分的借用 ………………………………………… 208
  二、语言的混合与融合 ……………………………………… 211

第八章 文 字 …………………………………………………… 215
 第一节 文字和语言 …………………………………………… 215

一、文字的本质 ·················· 215
　　　二、文字的作用 ·················· 216
　　　三、文字和语言的关系 ·············· 217
　　第二节　文字的分类 ················ 220
　　　一、发生学分类 ·················· 220
　　　二、功能分类 ··················· 225
　　　三、关于分类的几点说明 ············· 236
　　第三节　文字体系 ················· 239
　　　一、文字体系 ··················· 239
　　　二、字和字母 ··················· 240

复习提纲 ······················ 244
术语索引 ······················ 249
参考书目 ······················ 255

后　　记 ······················ 258
第二版修订后记 ···················· 260

引 言

一 语言学的性质和作用

（一）语言和语言学

我们生活在信息社会,通过语言传递信息和获取信息。生活在这个世界上的人至少懂得一种语言,有些人懂得两种或两种以上的语言,这就使得用不同的语言负载的信息能够互相交流,使得我们能够获得用其他语言传递的信息。语言与我们的生活息息相关,凡是有人类生存的地方,就有语言。

有人估计,当今世界上实际使用的语言有六千七百种(有些正在消亡或处于消亡的边缘),中国境内就有八十多种(不包括方言)。不同的语言在某些方面又有共同的地方,例如,我们现在已经知道,一切语言都有随时间而变化的特点;一切语言都利用一套为数有限并且可以切分的音组成有意义的成分(语素或词);一切语言都包含一套构词造句的规则(语法);一切语言都有一些语义上的普遍特征(如有生命、人类、亲属)等等。

这些都是语言学家们通过潜心研究已经发现的一些事实,他们称之为普遍语法,即一切语言所共有的普遍规律或普遍属性。

研究并揭示语言中存在的普遍规律的科学,就是语言学。

研究各种语言的普遍现象和规律并不排斥对个别语言现象和规律的研究,相反,个别语言的现象和规律是发现并归纳语言的普遍规律的基础。个别语言的个别现象也有它自身的价值,它会帮助我们加深对语言的本质的认识。

严格地讲,语言学是介于自然科学和社会科学之间的一门科学,因为,语言既有自然的属性,也有社会的属性。语言的形式——语音体现了它的自然属性。发音是要以我们的生理器官为基础的,发音器官的协调作用产生振动而形成的一个个不同的音具有物理属性;而语音所代表的意义是属于社会的。用自然科学的研究方法去认识语言的自然属性,研究和认识语言的自然属性是为了更好地理解语音与语义的关系,从而更好地认识语言的社会属性。在学科分类中,最终把语言学划归到社会科学的范畴中,是有一定的道理的。

狭义地讲,语言学的研究对象就是语言本身。文字只是记录语言的符号,不是语言系统的组成部分,不属于语言的范畴。但是,文字使语言得以超越时空、传之久远,在现代社会里,文字在辅助语言传递信息方面更是起着举足轻重的作用,所以,从广义上讲,语言学是以语言和文字为研究对象的。这就是概论性的语言学论著通常都把文字作为一个专题来讨论的原因。

(二) 语言学的作用

语言研究的作用主要表现在两个方面:一是它的基础作用;二是它的带头作用。

语言研究的基础作用表现在文化的继承与发展、语言教学等方面。人类文化是承上启下地发展着的。我们从前人留下的文献中了解古代的历史和文化,取其精华,去其糟粕。但是,我们已经知道,语言是随着社会的发展而不断变化着的,因此,前人留下的文献,过了若干年代,人们可能就会读不懂。为了继承和发展这些宝贵的文化遗产,为古代的文献做注释,就成为传统语言研究的主要课题。古代印度、古代希腊、古代中国的语言研究最初都起源于对文献的注释。今天,我们能够读懂前人留下的文献,从中获取我们前人的伟大智慧,都应该归功于一代又一代的语言工作者的精心考证和诠释。语言学的这个功用还将继续延续下去,以便我们的后人能够读懂我们这个时代留下的文化遗产。

语言研究在语言教学方面的作用是显而易见的。无论是母语教学，还是外语教学，都需要语言理论的指导。古代希腊、罗马的语言研究是从语言教学的需要开始的。第一部希腊语语法著作是为古罗马人学习古希腊语而编写的。在希腊语语法研究的影响下，古罗马人自己也写出了一些拉丁语的语法著作，指导其母语教学。

在信息交流高度发达的今天，语言的学习尤其是外语的学习越来越重要，因此适合语言教学的语言理论的研究也越来越重要。

语言至少有两套规则，一是结构规则，即语音、语义、词汇、语法等；一是使用规则，即决定言语是否得体的诸因素。掌握了结构规则，才能造出合乎语法的句子。但是，结构完全合乎规则的句子，用于不恰当的场合，说得不合说话人听话人的身份或者违反当地当时的社会风俗习惯，就达不到交际的目的，有时甚至造成意想不到的后果。语言学家应该对这两套规则进行全面的研究。语言教师应该对语言的结构规则和使用规则有足够的理性认识，否则难以取得好的教学效果。

语言学不仅是一门基础学科，也是一门带头学科。语言研究的带头作用表现在一些语言理论推动了其他领域、其他学科的研究进程。

历史比较语言学构拟原始语言形态的方法被考古学、宗教学、民俗学等采用，对于构拟各自研究对象的原始形态起到了推动的作用。

结构主义语言学强调语言研究的共时性，把语言作为一个完整的符号系统的研究方法，在其他学科中具有深远的影响。文学、美学、历史、宗教等等，用结构主义的观点分析各自的研究对象，取得了大量的研究成果。

美国描写语言学分析句法结构的层次分析法，启发了信息科学家，使他们成功地解决了用数学方法解决不了的图像识别问题。模糊性是语言负载信息的重要特征，语言中的语音、语法具有模糊性，词语也有模糊性，例如"大、小、胖、瘦、红、绿"等，它们会随着交际的情景、上下文而灵活地改变所指的范围。信息科学的工具学科——模糊数学的产生得益于语言表达信息的模糊性及语言学家对语言的模糊性的研究。语言学是信息科学的基础理论之一。

当代最有影响的语言学家、美国麻省理工学院教授诺姆·乔姆斯基(Noam Chomsky)的语言理论是奠定计算机科学的基础理论之一。计算机刚刚诞生的时候，人们只是用它来进行数字计算。不久人们发现它还能处理语言文字信息，于是开始进行大规模的词频统计。1957年，乔姆斯基在研究自然语言时给语法构造了数学模型，从而使计算机科学的分支——形式语言的研究应运而生。形式语言的研究使建立计算机自然语言理解系统成为可能，其最终目的是要让计算机能够理解自然语言，让人类能用自然语言与计算机进行交流。而要达到这一目的，需要语言学对人类语言进行全面、深入和细致的研究，因此语言学的研究成果将直接影响计算机自然语言理解系统的开发速度，影响着人类社会信息化的进程。在今天，计算机科学家们已经认识到，不具备有关语言理论、方法和结果方面的知识，任何计算机科学的严谨研究都是不可能的。

目前，无论是历史比较语言学、结构主义语言学，还是乔姆斯基的转换生成学说，在语言学领域都已经不是处在鼎盛时期的理论，语言学本身已经向着更高更新的目标前进了。但是，其他有关的学科仍然用它们的原理和方法来指导自己的研究，从它们的理论中汲取营养，创造自己的新成就。这正显示了语言学的基础作用和带头作用。

二 语言学的分类

分类是我们认识客观世界的一种最基本的方法。没有分类就没有科学。分类必须首先确定标准，有了明确的标准，才能有正确的分类结果，才便于人们理解分类结果之间的关系。对语言学分类的目的，是使我们认清各种语言学之间的关系及来源。

我们可以从不同的角度、根据不同的标准对语言学进行分类。

从研究对象的角度对语言学进行分类,可以有不同标准。普通语言学和具体语言学是以研究对象的数量为标准得出的分类结果。普通语言学是研究各种语言的普遍规律的科学。它的研究对象从理论上讲应该是全人类的语言,虽然有些语言的情况至今我们还所知不多。普通语言学探究人类语言的起源、发展和本质,探究人类语言内部结构的共性即普遍规律。具体语言学是只研究某种具体语言的规律的科学。它的研究对象只涉及一种语言,例如,汉语语言学、英语语言学。汉语语言学和英语语言学通常研究汉语和英语语言系统中的全部构成要素,这种语言学也被称为整体语言学。有时人们可能只研究语言系统结构中的某一个部门,我们称之为部门语言学,例如,语音学、语法学等。所以,整体语言学和部门语言学就是以研究对象的结构部门为标准的。

如果以研究对象存在的时间为着眼点,可以分出共时语言学和历时语言学。共时语言学只截取语言历史中的某一个横断面,进行静态的研究,不涉及从一个时代到另一个时代的演变问题,例如,现代汉语就只研究汉语在现阶段的相对静止的状态。历时语言学是对语言从一个时代到另一个时代的发展进行动态的研究,揭示语言演变的过程、规律及其原因。历时语言学也可以以一种语言系统的全部构成要素为研究对象,例如,汉语史、英语史等,也可以以语言系统中的某一个构成要素为对象进行研究,例如,汉语语法史、汉语词汇史等。

描写语言学和比较语言学是从研究方法的角度进行的分类。描写语言学截取语言发展中的一个横断面,客观地反映言语中存在的现象和规律。描写语言学不是告诉人们在交际中应该怎么说、不应该怎么说,而是如实地记录人们说了什么、怎么说的,从而揭示一种语言的完整的系统知识。比较语言学通过对不同的语言的对比研究,找出它们的相异之处或共同规律。对几种语言的历史演变进行对比,以便确定其有无共同的历史来源或亲属关系的语言学叫历史比较语言学。没有任何亲属关系的语言也可以进行比较研究,例如,汉语和英语可以进行对比研究,总结出它们的共同规律和相异之处,可以帮助我们有效地学习英语,更快地提高英语水平。

理论语言学和应用语言学也是我们常常听到的名词。它们的分类是从研究目的的角度考虑的。理论语言学着重在探索语言的规律,具有很强的概括性和指导性。理论语言学在揭示规律时常常涉及语言的历史状态。应用语言学着重解决现实当中的实际问题,研究如何把语言理论应用到实际中去,一般不涉及语言的历史状态。应用语言学有狭义和广义的两种理解。狭义的应用语言学指语言教学(包括聋哑盲教学)、文字的创制和改革、正音正字、词典编纂等,广义的应用语言学还包括与计算机有关的机器翻译、情报检索、语音识别、自然语言处理等。

随着科学技术的快速发展,语言学与其他学科的结合日益密切,出现了一大批跨学科的边缘学科。

心理语言学:心理语言学是20世纪50年代诞生的一门边缘学科。它运用心理学的观点和方法,通过观察和实验,对人类的言语行为进行研究,目的是揭示人类是如何习得和运用语言的,揭示人的语言机制和语言能力。心理语言学对探索语言的起源、语言与思维的关系、语言与社会的关系等问题,对语言教学,包括本族语教学、外族语教学和聋哑人的教学都有重要的指导意义。心理语言学还被广泛应用于诊断和治疗各种失语症和精神分裂症等,对许多其他学科也都产生了重大的影响。

社会语言学:社会语言学是20世纪60年代兴起的一门边缘学科。作为语言学、社会学、心理学、人类学、民族学和社会心理学等的综合性研究学科,它的研究对象是语言的社会本质和差异,研究的重点是语言的差异和造成差异的社会因素。例如,同一语言在不同国家、不同地区所产生的变异;交际者(听者,说者,作者,读者),由于社会地位、经历、职业、职务、文化修养、宗教信仰以及年龄、性别、风俗、习惯、地域等的不同在语言运用上的差异;交际环境(正式或非正式)的不同所造成的用语差异等。

数理语言学:用数学的理论和方法研究语言的科学。根据研究领域和目的的不同,数理语言学又分为统计语言学和代数语言学。统计语言学的研究范围是很广的,它可以用于语言结构和语言单位的统计研究,也可以做言语行为的统计研究。例如,字频、词频的统计,在编写中小学语文教材、辞书编纂以及语言信息处理中的编码设计方面有很高的实用价值。统计语言学还可以通过对作家作品用词的频率统计研究作家的语言风格等。代数语言学也叫形式语言学,研究如何对语言的结构进行数学描写,建立形式化的普遍语法。形式语言学的产生得益于乔姆斯基的转换生成语言理论。形式语言的研究对人工智能、机器翻译、自然语言理解等有重要意义。

计算语言学:计算语言学是20世纪60年代出现的一门跨语言、信息、认知科学和计算机技术的边缘学科,有时也叫自然语言理解。计算语言学是用计算机技术来研究自然语言信息处理的学科。其目的是让计算机具有分析自然语言和生成自然语言的能力,即让计算机理解自然语言。计算语言学的研究领域还包括机器翻译、人机对话、语音自动识别与合成、自然语言情报检索和术语数据库等。

与语言学有关的边缘学科不只是以上几种,这里介绍的是与我们的生活最为密切,也是目前处在最前沿的学科。

三 语言研究简史

语言研究的历史可以上溯到公元前一千多年,但现代意义的语言研究却始于19世纪。因此在语言学史的分期中一般把19世纪历史比较语言学产生之前的语言研究叫做传统语言学或语文学,把19世纪以后的语言研究称做现代语言学。

(一)传统语言学

传统语言学还不是一门独立的学科。语言研究的目的主要是为了阅读古籍和语言教学。传统语言研究在世界范围内有三个中心:古代印度、古代希腊和古代中国。它们都取得了辉煌的成果,没有这些研究,不可能有现代意义上的语言科学。

1. 古代印度的传统语言学

印度是东方的一个文明古国,是婆罗门教和佛教的发源地。大约在公元前一千五百年的时候,印度就有了一种用古代梵文写成的典籍《吠陀》(*Veda*)。它是婆罗门教最古的经典。"吠陀"即智慧的意思。为了传播和阅读这部经典,很早就有人对其进行研究,但都是比较零碎的。公元前4世纪,印度伟大的语法学家波你尼(Pānini)把前人的研究材料加以总结,写成了著名的《梵语语法》,又称《波你尼经》。《波你尼经》是用诗歌的体裁写成的,全书3996条,分章讲述各种语言现象。

在词类方面,古印度人把词分为动词和名词、前置词和小品词。表示动作意义的词是动词,表示实体意义的词是名词。前置词的功能是限制动词和名词的意义,小品词又分为比较小品词、连接小品词和只用于诗歌中的小品词。他们也分出了代词和副词,可他们认为这两种词虽各有自己的特点,但还不能算是独立的词类,所以把它们分别归入名词和动词。

在构词法方面,古印度人把词分为词根、后缀和词尾几部分。他们认为一切词都是由词根构成的,词干是不变部分,词尾是可变部分。每个词在句子中按照一定的规则发生变化,动词有人称、态、式的变化,名词有八种格的变化,分别用第一格、第二格等表示,相当于我们现在所说的主格、宾格等。

在语音方面,古印度人根据生理属性和物理属性对语音进行了分类。根据发音时声门的开闭分成无声音和有声音两类;根据口腔开合的程度,分为元音、半元音、紧缩音(擦音)和闭塞音四类;根据发音部位分为喉音、腭音、头音、齿音和唇音五类。古印度人认为元音是构成音节结构必不可少的要素,是独立的语音成分,辅音是从属成分。

从16世纪到18世纪,这些研究成果分别由传教士以及在印度的英国人介绍到欧洲,对欧洲语言学的发展产生了深远的影响。到了19世纪,梵语知识已经成为欧洲学者必备的一部分修养了。在佛教文化传入中国后,古印度人在语音方面的研究成果对我国音韵学的建立也起过很大的作用。

2. 古代希腊、罗马的传统语言学

古希腊是欧洲文明的发源地,是西方哲学的故乡。名称与实际或者说词与事物的关系问题,是哲学研究的一个重要问题,因此,在古希腊最早接触语言问题的是一些哲学家。他们讨论"词"与"事物"之间的关系是必然的还是由人规定的问题。他们为此还造出两个新词:phúsei(按性质)和thései(按规定)。"按性质"派认为名称反映了事物的本质,是与实际相符的;"按规定"派则认为事物是按照人们的习惯来命名的,词与它所代表的事物之间没有必然的本质的联系。这次争论在语言学史上和哲学史上都有着重大的影响。许多哲学家或哲学流派持续着这种争论。在语言学方面的直接影响是产生了猜谜式的词源学。

猜谜式的词源学是"按性质"派的哲学家们考察词的来源的一种方式。他们相信任何一个词都可以根据它们的形式寻出它们的来源和真正的意义。但是,他们还不懂得根据词的演变规律去探求词的来源,而只是从词的表面上的相似去推断,所以,他们所谓的词源学,不是现代意义上的词源学,只是一种猜谜式的词源学。例如,他们认为希腊语的 lithos(石头)来源于 lian theein(跑得太快)这个短语,因为"石头"是不会跑的。至于二者之间有什么历史上的演变关系,他们却不愿意考虑。

哲学家们对语言研究的另一个影响是他们造出的许多术语。例如,名词、动词、连词、冠词、主语、谓语、格、数等这样的术语,在哲学家们的著作中都出现了。但是他们只是从思想方面去认识这些术语所代表的现象,并没有从语言方面去考察它们的功能以及它们的使用规则。

真正从语言方面来研究这些现象的起源于古籍注释和语言教学。

公元前3世纪起,古希腊的许多典籍就不是一般人能够读懂的了。在当时的亚历山大里亚和贝尔加木斯,希腊两个最大的手稿收藏地,分别聚集了一大批学者从事古籍特别是《荷马史诗》的校订和出版工作。为了给古籍做注,学者们不得不重新考察哲学家们提出的术语,从语言的角度去分析这些术语的含义和功能,对分析的结果进行归纳,从而开起了语言研究的新纪元。但是这些研究工作还是比较零散的,他们没有把研究的成果写成系统的语言学著作。

公元前2世纪,狄奥尼修斯·特拉克斯(Dionysius Thrax)写出了希腊语的第一部描写性的语法著作《语法术》(*Techné Grammatiké*)。狄奥尼修斯·特拉克斯生长于亚历山大里亚,是著名的《荷马史诗》的编辑者和批评家亚里士塔尔库斯的学生,后来到罗马去教希腊语。古罗马人说拉丁语,希腊语不是他们的本族语,他们对这种语言的规则一无所知。《语法术》就是为了语言的教学而编写的。

《语法术》在语言研究中取得了很高的成就。它把希腊语的词分成了八类:名词、动词、分词、冠词、代词、前置词、副词和连接词,并给这八类词逐一定义;提出了性、数、格、人称、时态、语态等语法范畴,从而形成了相当完备的词法理论。下面是特拉克斯对各类词的定义。

名词:有格的变化,表示人或事物。

动词:没有格的变化,但有时、态、人称和数的变化,表示动作或其过程。

分词(或形容词):兼有名词和动词的特征。

冠词:有格的变化,位于名词前或后,指出所预示的事物。

代词:有人称的变化,代替名词,指特定的人。

前置词:在复合词和句子中位于其他词之前。

副词:没有格的变化,用于说明或补充动词。

连接词:联系并调整意义的词类,有联合、区分、补充、原因和引导五种。

特拉克斯的词法理论是从语言的形式出发得出的结论,它经过拉丁语的中介,被借用到许多别的语言的语法分析当中,构成了两千多年来传统语法的基本原则,传统语法的术语及其含义都可以追溯到特拉克斯的希腊语法体系。

公元前3世纪至公元2世纪,罗马的文化艺术、宗教都是从希腊输入的,因此,学习希腊语成了当时很盛行的风气。除了特拉克斯,另一位有影响的希腊语教师是克拉特斯(Crates)。克拉特斯在罗马曾做过多次关于语法理论的演讲,引起了罗马人对语法研究的兴趣。但是罗马人对语言学的贡献只是把希腊语的语法体系照搬到拉丁语上来,编写出了系统而实用的教材,通过教学传播了希腊的语法体系。罗马语言学家瓦罗(Varro)编著的《拉丁语研究》,被认为是研究拉丁语的权威性著作。全书共二十四卷,分为绪论、语源学、形态学和句法论四部分。瓦罗的贡献是区别了屈折形式和派生形式,比较详细地考察了拉丁语的性、数、格体系和结构功能。

3. 古代中国的传统语言学

中国也是一个文明古国,历代积累了丰富的文化遗产。古代中国的语言研究也是起源于对经典文献的注释。但是,由于语言类型不同,中国的语言研究不是从语法入手,而是从语义入手的。中国最早产生的语言研究成果不是语法学著作,而是百科性的词典。中国的传统语言学在过去统称为"小学",包括三门学科:训诂学、文字学和音韵学。其中训诂学和文字学都是研究词义的。

训诂学的目的是解释古书词语的意义。中国最早注释的古书是孔子编著的《春秋》。为之做注的有左丘明、公羊高和穀梁赤,他们的注释分别被称为《春秋左氏传》《春秋公羊传》和《春秋穀梁传》。其中《左氏传》侧重在用史实注释《春秋》,属史学的范畴;《公羊传》和《穀梁传》侧重在义理辞章方面注释《春秋》,属训诂学。在为古书做注释时不可避免地要涉及一些语法上的问题。因此,在《公羊传》和《穀梁传》中也解释了一些语法方面的问题,例如动词的主动被动用法、及物不及物的区别、词类、名词的数等。但是,这种解释非常零散,也没有使用专门的术语。

训诂学的代表性专著应该首推《尔雅》。这是一部为解释经书而编的分类性百科词典。所选词语大多来源于当时通行的经典,例如《春秋》《易经》《诗经》《尚书》《国语》《论语》等。《尔雅》的编者已无法考证,一般认为不是出自一人之手。成书时间也众说不一,大约是在秦汉之际(公元前2世纪)。《尔雅》共分十九篇,按照词所表达的内容进行分类。这十九篇是:释诂、释言、释训、释亲、释宫、释器、释乐、释天、释地、释丘、释山、释水、释草、释木、释虫、释鱼、释鸟、释兽、释畜。每一类中把意义相同或相近的词归为一条,用一个比较通用的词进行解释。例如第一篇《释诂》中的第一条:

  初、哉、首、基、肇、祖、元、胎、俶、落、权舆,始也。

  释诂就是解释古语词。上面所列的词都是古人所用的同义词,最后用当时通用的"始"来解释。

  中国幅员广大,方言庞杂,自古如此。西汉时期,产生了第一部方言词典《輶轩使者绝代语释别国方言》(简称《方言》)。作者是文学家扬雄。这部书的体例与《尔雅》基本相同,不同的是它不仅把同义、近义的词归为一类进行解释,而且还说明了词的使用范围,区分了古语、通语和方言。

  东汉时期(公元2世纪)刘熙用同样的方法编纂了一本词典《释名》,全书按词义内容分成二十七篇,分别是:释天、释地、释山、释水、释丘、释道、释州国、释形体、释姿容、释长幼、释亲属、释言语、释饮食、释彩帛、释首饰、释衣服、释宫室、释床帐、释书契、释典艺、释用器、释乐器、释兵、释车、释船、释疾病、释丧制。作者采用的是以同音词或近音词解释词义的声训法,试图解释语音与所代表的语义之间的关系,探究事物得名的缘由。例如:

  雨,羽也,如鸟羽动则散也。(释天)
  楣,眉也,近前各两,若面之有眉也。(释宫室)

  公元100年出现的《说文解字》是文字学的代表著作。《说文解字》虽然是研究字义的,但由于古代汉字记录的是语言中的词,所以归根结底,它研究的还是词义。中国人是崇尚文字的,汉代的经学家们就喜欢解释文字,根据字的形体结构去解释字的意义。许慎的《说文解字》可以说是一部集大成者。《说文解字》共收字9353个,另有重文1163个,是中国第一部完备的字书。许慎以小篆的形体为依据,把所有的字分成540部,通过字形的分析解释字的本义,归纳出"六书"。《说文解字》的目的是说明字的形体和它所记录的语言的意义的关系。

魏晋时代音韵学兴起,直到元代,长盛不衰,出了很多种韵书。韵书就是根据韵律进行分类的词典,很像现在的同音字典。这个时期韵书大量盛行,源于文学创作讲究声律和形式美的风气。第一部韵书是魏朝李登的《声类》,共收字 11520 个。影响最大的音韵学著作是北宋初年陈彭年等奉命编纂的《大宋重修广韵》(简称《广韵》)。

《广韵》全书有五卷,收字 26194 个,分成 206 个韵,是第一部官修的韵书,也是我国语言学史上现存最古老最完整的韵书。在语音学中,我们研究古音要从《广韵》开始向上研究;研究现代语音,要从《广韵》向下研究,可见其在语言学史中的地位。

直到 19 世纪末,中国才出现第一部系统的完全由中国学者完成的语法学专著《马氏文通》。这是一部专门研究古代汉语的语法著作。作者马建忠,1875 年被派往法国留学,在巴黎大学毕业后任驻法使馆翻译,精通拉丁文。《马氏文通》出版于 1898 年,模仿拉丁语法体系而作。全书共分四部分,第一部分对各种语法术语进行定义;第二部分讲实词;第三部分讲虚词;第四部分讲句子。《马氏文通》开了中国语言学史上语法研究的先河,但是它的意义超出了语法学范围,它引入的西方语言学方法使汉语言研究摆脱了经学附庸的地位,成为一门独立的学科,对中国的语言研究产生了深远的影响。

(二)历史比较语言学

作为一种社会现象,语言会随着社会的发展和时间的推移而发生变化,这种变化有时会因为时间的积累和地理上的分割而形成不同的方言或者不同的独立的语言。我们已经知道,对语言从一个时代到另一时代的发展变化进行研究的语言学叫历史语言学。把多种语言或方言进行对比,研究它们的演变规律以及它们彼此之间的相互关系,就产生了历史比较语言学。历史比较语言学诞生在19世纪初期,它标志着语言研究成为一门真正的、独立的科学。

历史比较语言学的研究者们用比较的方法,对不同语言的语音、基本词汇、语法构造等加以研究,根据各个方面的对应关系,确认比较对象之间有无共同的历史来源。有共同历史来源的语言就叫做亲属语言,属于同一个语系。同一个语系之内再根据亲属关系的远近分为不同的语族。同一个语族之内,根据亲属关系的远近再分为不同的语支。没有共同历史来源的语言就是非亲属语言,属于不同的语系。例如,汉语和英语之间没有任何历史关系,分属于不同的语系;英语、法语、俄语有共同的历史来源,它们属于同一个语系,但属于不同的语族;而英语和德语之间的关系最为密切,它们属于同一个语系、同一个语族、同一语支。

对开创历史比较语言学做出贡献的人物各家评说不一。一般认为有两位先驱者、三位创始人。

1786年,英国人威廉·琼斯(William Jones)在印度加尔各答的亚洲学会年会上宣读了他的论文《三周年的演说》。他指出,古代梵语和欧洲古代的许多语言,例如希腊语、拉丁语,在语法上有着惊人的相似之处,并推断这些语言之间存在着共同的历史来源。

1808年,德国诗人施莱格尔(Friedrich von Schlegel)出版了《论印度人的语言和智慧》一书。他认为欧洲的许多语言间的共同点不是偶然的。他第一次提出了"比较语法"这个术语,并且认识到语音对应对比较语法的重要性。

琼斯和施莱格尔对历史比较语言学的建立有很大的影响,但是,他们没有找出梵语和欧洲语言的对应规律。所以一般认为他们只是历史比较语言学的先驱。

历史比较语言学的创始人当属德国的佛兰兹·葆朴(Franz Bopp)、丹麦的拉斯克(Rasmus Rask)和德国的雅各布·格里姆(Jacob Grimm)。对印欧语系语言的系统比较开始于葆朴。

1816年葆朴出版《论梵语动词变位系统——与希腊语、拉丁语、波斯语和日耳曼语相比较》。他认为这几种语言都出自一种共同的原始语言。他找出了这些语言的动词变位系统。

1818年,拉斯克的《古代北方语或冰岛语起源研究》出版。拉斯克在这本书中论述了语言比较研究的原理和方法。他认为要确定语言的亲属关系,必须考察它们的整个结构,最重要的是语法系统,而不是只比较其中的零碎的细节。拉斯克把古冰岛语归入日耳曼语系,把冰岛语与拉丁语和希腊语进行了详细的比较,找出了它们与斯拉夫语、立陶宛语在词汇上的对应关系。他还认为冰岛语和波斯语、印度语有一个较远的共同来源。

　　1819年,格里姆出版《德语语法》(第一卷)。这本书并不是只讲德语语法的,而是哥特语、斯堪的那维亚语、英语、弗里斯兰语、荷兰语和德语等日耳曼语族诸语言的比较语法。格里姆找出了日耳曼语与其他印欧语例如希腊语、拉丁语的语音对应规律。他的研究在扩大对日耳曼语和印欧语亲属性的认识方面起了决定性的作用。

　　在葆朴、拉斯克和格里姆的影响下,欧洲各国掀起了一种对各种语言进行历史比较研究的热潮。研究的范围不断扩大,程度也逐渐深入。经过历史比较语言学的研究,人们对世界各种语言的历史渊源及彼此的关系有了比较清楚的认识和了解。印欧语系是研究得最为全面的语系。

　　历史比较语言学开阔了人们的视野,使我们认识到世界上的语言并不是彼此毫无联系的个体,它们彼此之间原来有着丰富多彩的千丝万缕的联系。语言学家们把这种联系比喻成亲属关系,并且根据这种联系把世界上的语言分成不同的大家族,真是再恰当不过了。

(三) 结构主义语言学

　　结构主义语言学或称结构语言学是指20世纪以费尔迪南·德·索绪尔(Ferdinand de Saussure)的语言学理论为代表以及受这种理论的影响而进行的语言理论研究。1916年,索绪尔的《普通语言学教程》出版,标志着结构主义语言学的诞生。

　　索绪尔生于1857年,1878年开始语言研究,曾先后在巴黎、日内瓦讲授梵语和印欧语系语言学，1907年到1911年间在瑞士日内瓦大学讲授普通语言学，1913年去世。《普通语言学教程》是索绪尔的学生巴利和薛施埃在索绪尔去世后根据他们的听课笔记和他遗留的部分讲稿整理而成的。这本著作是语言学史上的一个里程碑，影响极为深远，世界上的主要语言都有译本。

索绪尔区分了语言和言语，他把语言学与符号研究联系起来，认为语言从本质上说是一种音义结合的符号系统，语言要素的性质决定于系统中各要素之间的相互关系，语言的系统性表现在组合关系和聚合关系当中。他区分了语言的共时研究和历时研究，认为语言学研究的重点应该是对语言系统的共时分析。

在《普通语言学教程》中，索绪尔使用了大量的比喻来说明他讲述的语言现象和术语，法国语言学家梅耶称他是"用诗人和充满梦想之人的明亮而湛蓝的眼睛来看待科学事物"。

由索绪尔的语言系统的理论发展出的结构主义语言学，后来分成了三个学派：布拉格学派、哥本哈根学派和美国结构主义学派。

布拉格学派以1926年在布拉格成立的布拉格语言学学会而得名，代表人物是特鲁别茨柯依（N. S. Trubetzkoy）和雅柯布逊（R. Jakobson）。布拉格学派主张应该从语言作为交际工具的功能方面去研究语言的结构，认为语言是由相互联系的一个个单位组成的功能结构系统。评价任何语言现象都必须从它所具有的功能、所达到的目的着眼。他们注重语言结构的研究，但不忽略意义，认为语言规律要在交际中发挥作用，就不能没有一定的意义。布拉格学派的主要成就表现在音位学的研究方面。纲领性的著作是特鲁别茨柯依的《音系学原理》。雅柯布逊等提出了音位的十二对区别特征，同时还把二元对立的概念用于语法研究。

哥本哈根学派以1931年在哥本哈根成立的语言学学会而得名，代表人物是叶尔姆斯列夫（L. Hjelmslev）和布龙达尔（V. Brondal）。他们把语言看成是由纯粹抽象的关系连接起来的一种符号系统，认为语言学应该研究语言单位之间的关系和模式。他们用组合和聚合的方法来确定语言单位之间的关系，分析的结果会得出一些最小的、不变的单位，称为语符。语符学既是语言学，又是符号学,它的理论不仅适用于语言学,而且适用于一般人文学科的研究。

美国结构主义学派的奠基者是人类学家博厄斯(F. Boas)和萨丕尔(E. Sapir),代表人物是布龙菲尔德(L. Bloomfield)。美国结构主义学派认为语言学应该描写活的言语事实,而不必用历史知识来影响语言的共时描写,所以这个学派也被称为美国描写语言学派。

布龙菲尔德(1887～1949)生于芝加哥。1906年毕业于哈佛大学,1909年获芝加哥大学博士学位,后赴德国莱比锡大学和哥廷根大学进修。20年代他对北美印第安诸语言进行了广泛的实地调查,1924年在创立美国语言学会中起了至关重要的作用,1933年出版《语言论》。这本书在语言学界引起了很大的轰动,成为美国结构主义学派的纲领性著作。

《语言论》是布龙菲尔德1914年出版的《语言学研究入门》的修订版。因受德国实验心理学的影响,在《语言学研究入门》中布龙菲尔德强调了实验心理学的许多观点;后来受行为主义心理学的影响,在《语言论》中他更多地采用了行为主义的观点。

按照行为主义的理论,布龙菲尔德把语言看成是一系列的刺激和反应的行为。在《语言论》中他提出了一个著名的公式:S—r......s—R。其中S表示说话人受到的实际刺激;R表示听话人的实际反应;r......s表示的是语言。r是说话人在受到刺激后的语言替代反应;s是听话人接受的语言替代刺激;......表示说话人和听话人之间的距离。这个公式表示,一个人在受到外部的实际刺激(S)后,可以通过语言的中介作用,让另一个人去做出实际反应(R)。他认为语言学家的任务是研究语言符号(r......s),他们没有能力去研究生理学和心理学的问题,即他反对用人的意志或心理来解释言语行为。

在句法分析上,美国描写语言学运用直接成分分析法,即对一个句法结构按层次进行不断的二分,直到不能再切分为止;每一次切分所得的成分就是该层次的直接成分。直接成分分析法体现了语言结构的层次性,比较适合于缺少形态变化的汉语的语法分析,因此，美国描写语言学是几十年来国外诸多语言学流派中对汉语语言研究影响最大的一种。

（四）转换生成语言学

转换生成语言学的创始人是美国语言学家诺姆·乔姆斯基。1957年，乔姆斯基出版《句法结构》一书，标志着转换生成语言学的诞生。转换生成语言理论是欧美语言学理论中最有影响的一种，因此，它的诞生被称为"乔姆斯基革命"。

乔姆斯基1928年12月生于美国宾夕法尼亚州的费城。他的父母都是希伯来语教师。1955年，乔姆斯基在宾夕法尼亚大学获得语言学博士学位。他的导师是美国语言学家哈里斯（Zellig Harris）。乔姆斯基读大学二年级时，由于对所选的每一门课程都失去了兴趣而退学。由于政治兴趣的原因，乔姆斯基后来参加了哈里斯的语言学研究生班，并在哈里斯的建议下选修哲学和数学。1951年到1955年，在他还是研究生的时候，乔姆斯基成为哈佛大学同仁学会的一名会员。1955年他成为麻省理工学院的法语和德语教师，1976年成为该校的语言学终身教授。

乔姆斯基不仅仅是个语言学家，实际上，他也是一个著名的政治活动家。他对政治始终保持着极大的兴趣。他很早就开始写一些关于政治方面的文章，到60年代，随着美国对越南战争的升级，他采取了一种非常恰当的学术姿态来反对这场战争。他写了大量的文章批评政府的战争政策，揭露媒体帮助政府愚弄民众的事实。他认为知识分子有责任使用科学的方法批评政府的各种不道德的政策，并提出切实可行的措施去抵制这些政策。

由于他在语言学和政治方面的杰出贡献，乔姆斯基成为所有时代中被引用最多的十位作家之一，排名第八，仅次于柏拉图和弗洛伊德。《芝加哥论坛报》称乔姆斯基为"被引用得最多的活着的作家"，《纽约时报》称他是"无可辩驳的活着的最重要的知识分子"。

转换生成语言学的兴起是建立在对美国描写语言学的批判之上的。转换生成语言学和美国描写语言学在很多方面都有所不同。首先,乔姆斯基反对布龙菲尔德把语言看成是一种刺激—反应的理论。他认为人先天地具有一种识别和理解句子的能力,刺激—反应的理论解释不了儿童语言习得中的一个简单的事实,即五六岁的儿童能够说出和理解他们以前从未听到过的话语,也就是说儿童的语言经历不能够解释他们的言语的丰富性和复杂性。其次,乔姆斯基认为,语言学的对象应该是对人类的语言能力进行解释,揭示和描写人脑生成句子的过程,而不应该像描写语言学那样仅仅满足于对言语行为的描写。在研究方法上,转换生成语言学采用逻辑和数学的方法把语言描写形式化,使用像数学那样的符号和公式规定概念、表达规则,通过演绎使规则能够生成某种语言中全部合乎语法的句子,而不只是研究已经出现或已经观察到的句子;描写语言学则主要采用归纳法,对已经收集到的言语素材进行分析。

1965 年,乔姆斯基发表《句法理论的若干问题》修正自己的观点。此后,乔姆斯基不断地修正、发展自己的理论,到目前为止转换生成语言学理论已经经历了五个发展阶段。这五个阶段分别是:

第一阶段,古典理论(1957~1964)

古典理论的代表作是《句法结构》。其主要特点是:(1)强调语言的生成能力。主要观点是任何语言中句子的数量都是无限的,而语法规则是有限的,但是这些有限的规则能够预言或者说生成无限数目的句子。(2)引入"转换"规则,即短语结构规则、转换规则和语素音位规则。(3)语法描写中不考虑语义。乔姆斯基认为语法理论不应该建立在语义的基础上,而应该用某种严格的、客观的方法代替对于模糊的语义的依赖。

第二阶段,标准理论(1965~1971)

标准理论的代表作是《句法理论的若干问题》。这一阶段的理论包括语法规则系统、语义规则系统和语音规则系统。语法规则系统分为基础部分和转换部分;基础部分的规则生成深层结构,转换部分的规则生成表层结构。语义规则和语音规则分别对深层结构和表层结构做出解释,是解释性规则。标准理论与古典理论相比最大的不同是增加了语义规则。

第三阶段,扩展的标准理论(1972～1978)

这一时期的代表作是《深层结构、表层结构和语义解释》。与第二阶段的不同主要表现在把语义解释部分地移到表层结构中,进而完全移到表层结构中。

第四阶段,支配和约束理论(1978～1987)

代表作是《支配和约束讲演集》。在这一阶段,乔姆斯基提出了普遍语法、核心语法和虚范畴的概念。他认为普遍语法是一种知识系统和现实的言语之间的中介,根据普遍语法最终会得出具体的自然语言的性质。核心语法就是具体的自然语言的语法,它是在普遍语法的基础上加上一些参数构成的。虚范畴是指只具有某些特性但没有实际语音形式的范畴。乔姆斯基认为,虚范畴的研究不仅有助于了解语言结构中语法和语义的表达及其规则,而且还有助于研究人类语言的机制,而这正是支配和约束理论的宗旨。

第五阶段,经济核查理论(1986～　)

代表作是《语言学理论最简方案》。在这一阶段,乔姆斯基提出了语言使用系统中的经济原则,增加了用以检验词库中的所有形态在句子中的功能的核查理论。

乔姆斯基的理论经历了这样五个重要的发展阶段,这种不断探索的精神是值得我们学习的。同时乔姆斯基的理论和研究方法不仅对语言学产生了深远的影响,而且对哲学、心理学、计算机科学、人工智能科学和认知科学都有很大的影响,尤其对计算机的程序设计、自然语言处理等的影响更是不可估量。

乔姆斯基理论的诞生打破了美国语言学界结构主义一统天下的局面,同时随着时间的推移,乔姆斯基阵营的内部也出现了一些分化,产生了一些不同的理论体系。例如,莱可夫和罗斯的生成语义学、菲尔墨的格语法、泼麦特和波斯塔的关系语法等都是从乔姆斯基的阵营中发展出来的。

语言研究还在继续着,语言学理论还在发展着,新的理论还在不断地产生,但是目前还没有一种理论能像索绪尔、布龙菲尔德、乔姆斯基的理论那样统治整个语言学界。

第一章 语言的本质

第一节 语言与言语

语言学以语言为研究对象,所以讨论任何语言学问题都要以严格明晰的语言概念为基础。按常识的理解,语言无非就是说话。但是作为科学概念,这样的表述就是极其含糊不清并且容易引起混淆的。例如"我要读这本书"这句话不知被多少人讲过,不同的人物、时间、场合,使得这句话的具体指称对象有所不同。但是,所有这些具体指称各不相同的"我要读这本书"又有相同的部分:都要使用"我、要、读、这、本、书"这六个词,都要按同样的顺序排列,第一个和最后一个词的发音都要保证唇形收圆,等等。由此我们注意到这样一个区别:说话这一行为以及说出来的话与说话时使用的材料和规则是不同的。语言学十分看重其间的区别,把前者称为言语,后者称为语言。

言语(parole)和语言(langue)的区别是现代语言学奠基人索绪尔在《普通语言学教程》中提出的重要概念。索绪尔认为,语言学要研究的是人类语言。语言学要把语言和与之相近的其他概念做严格的区分:语言不同于言语。语言和言语之间可以说既有区别又有联系,这主要表现在以下几个方面。

第一,语言是一个封闭的系统,而言语是开放的。语言材料和规则,例如全部的词、元音辅音、语法规则都是有限的。一般认为一种语言中常用的词语在50000个左右,元音音素一般在10个左右,辅音音素在20到50左右,语法规则也是可以计数的。但是,一个人一生究竟要用这些有限的材料和规则组成多少语句实在是无可估量的,更不必说一个民族、一个国家古往今来世世代代究竟要说出多少句子。可以说,只要人类社会存在下去,社会交往就不会中断,语言交际就要不断持续,新的语句就要不断出现,所以言语是无穷尽的。但是不论言语总量多么庞大,所使用的材料和规则是极其有限的。人们不断地说话,实质上是对有限的语言材料和规则的不断使用。

第二,也是更加重要的,语言属于社会全体成员,而言语属于讲话者个人。不同的人讲出了不同含义或不同所指的无限的语句。这些语句是说话者个人根据自己的意愿组织词语讲出的。因此,言语属于个人。但是所有的言语所使用的材料,例如单词和组词成句的语法规则却属于讲这种语言的社会全体成员。例如汉语用 bā 的声音去表示数目"八",形成了"八"这个词。这个词不是属于张三李四哪个个人的,而是讲汉语的全体成员。"八"必须放在"个"之前而不是之后,这就是语法规则。语法规则同样也不是哪个个人能决定或改变的,它同样属于全社会所有成员。

第三,语言存在于言语之中,言语是对语言的具体运用。语言规则和材料只是一种抽象的体系,我们听到读到的都是具体的言语。例如"八"这个词,我们每次听到的只能是具体的出自某个个人之口的"八",而不可能是所有讲汉语的人共同发出的"八"。每一个人发出的"八"都有所不同,但是又有共同点。例如声调都是高而平的,口腔都是开口度很大的并且不能是有意收圆的;表达的意思都是一样的,使用的时候都是必须放在"个"之前而不是之后。因此,所谓语言中的词"八"实质上是从你从我从所有讲汉语的人口中的"八"概括而来的,它存在于每个人讲出的话语之中,每个人在说出这个词时又都是对这个词的具体的使用。

语言和言语是既有联系又互相区别的一对重要概念。索绪尔在提出这对概念时提醒人们,语言学家的研究对象是语言,但是研究语言又必须从对具体言语现象的观察开始。索绪尔生动地把语言和言语比做下棋时使用的棋子、规则和棋局:棋子和规则是有限的,是属于所有下棋的人的;而棋局是无限的,是属于下棋双方个人的;人们使用有限的棋子和规则走出了无数的变化丰富、各不相同的棋局。

第二节　语言的符号属性

语言可以被视为一个由声音和意义结合而成的符号系统,这是索绪尔在《普通语言学教程》中的又一个著名论点。这一论点为日后结构主义语言学打下了理论基础。

一、语言符号

为清楚地讨论语言的符号属性,有必要先对符号现象做一番分析。简单而言,当我们用甲事物代表乙事物时,甲事物就可以视为乙事物的符号。但是这要有一个限定:甲乙两事物之间没有必然的联系。例如交通信号灯红绿颜色的变化就是停车行车的符号,体育比赛中裁判员的哨声和手势就是比赛规则的符号,绿色十字就是医药商店的符号,等等。所有这些都要符合一个要求:代表的与被代表的事物之间没有任何必然的联系。反之,如果甲乙两事物之间存在事理上的必然联系,我们就不能认定它们之间具有符号关系。例如乌云密布的天象和即将到来的降雨,它们之间有必然的联系,当然不是符号关系,我们只能说乌云密布是降雨的前兆。法院大门上雕刻的天平图案严格说来也不是真正的符号,因为它与其所代表的事物——法律的公正性之间多少存在一些联系,严格地说是象征。

按照这样的标准,语言可以看做是真正的符号,因为语言符号和它所代表的事物之间不存在任何意义上的必然的联系。例如在汉语中我们用"八"来代表比七大一的数目,但是我们完全没办法说明它们之间存在一丝一毫的联系。同理,我们也无法说明英语中为什么用 eight 来表示比七大一的数目。两千多年前我国古代著名的哲学家荀子就有过"名无固宜,约之以命,约定俗成谓之宜,异于约则谓之不宜。名无固实,约之以命实,约定俗成谓之实名"(《荀子·正名》)的著名论述,讲的是同样的道理。

任何符号都是由形式和内容两方面组成的。交通信号灯的形式就是颜色及其变化，内容就是行走和停止。足球比赛的哨子的声音及其变化就是形式，它所表示的意义，例如"比赛开始、犯规、比赛终结"等等就是它的内容。语言符号也是这样。语言符号由声音和意义两部分组成，声音是它的形式，意义是它的内容。例如"八"，形式部分就是 bā，意义部分就是比七大一的数目。声音和意义这两部分缺一不可，只有声音或只有意义都不能构成语言符号。例如 ziū 在北京话范围内就不是一个语言符号的声音部分，因为这样的声音什么意思也不表示，也就是说，这只是一个不负载任何意义的纯粹的声音，讲北京话的人群听到这样的声音无法联想到任何意义。而 jiū 在北京话中就可以作为一个语言符号的声音部分，因为它与"纠、究、鸠、揪、阄、赳、鬏"等等相联系，讲北京话的人群听到 jiū 就会联想到这些意思。语言符号中形式和内容的这种紧密联系被索绪尔比喻为水中的氢和氧，比喻为一张纸的两面。人们可以把水中的氢和氧分离出来，但同时也就失去了水，因为只有氢或只有氧都不能构成水；人们可以毫不费力地把一张大纸撕为若干小纸条，却无法把一张纸的两个面完整地剥离开。

人类语言采用声音作为语言符号的形式比采取其他形式有着诸多的优点。首先，人类在讲话时可以不必占用双手，这样就可以使得人们可以一面操作一面相互沟通而不致耽误工作。另外，声音符号便于传播，即便在深夜也不受光线条件的限制。如果人类语言像交通信号灯那样采用视觉传送接收的方式，那人们就没办法在黑暗中顺畅地交流。另外，由于人类发音器官——口腔构造复杂，人们可以发出许多不同的又具有足够区分度的声音，这就为语言符号的形式提供了丰富的选择。人类语言所表达的内容也是十分丰富的。上至天文地理，下至日常生活，甚至现实生活中根本不存在的事物，人类语言也能有所表示。总之，语言符号是各种符号中非常精密、非常完善的符号系统。

二、语言符号的任意性

所谓语言符号的任意性是指其声音和意义的结合的任意性,人们选择哪个具体的语音形式和哪个具体的语义内容结合成一个语言符号完全是任意的,是无可论证的。例如"树"的意思在汉语普通话中是用 shù 的语音形式表示的,为什么一定是 shù 而不可以是其他音节呢?这是无可论证的。如果把范围扩大,考虑到汉语各种方言,考虑到人类各种语言,我们就会看得更清楚。同样是"树"的意思,为什么讲英语的人群要用[triː]的语音形式而不用 shu?为什么英语中和汉语 shu 发音十分接近的[ʃuː]是"鞋"的意思?回答只能是语言符号具有任意性,声音和意义的结合完全是没有理由的,是无可论证的。

语言符号的任意性看似简单,实际上人们清楚地认识到这一点也是经历了漫长的过程。早在古代希腊,人们关于语言的讨论中就有"性质派"和"规定派"的分歧。古代希腊人关于词源的这种争论其实就是关于语言符号任意性的争论。在中国古代,也有学者企图证明字音和字义之间存在必然联系。例如汉代刘熙在他的《释名》一书中解释"木"(树)之所以叫做"木":"木,冒也,冒地而生。"这种解释当然是勉强的,因为随便换一个字就难以自圆其说。

三、语言符号的线条性

人们在实际运用语言符号时很少是使用单个符号完成交际的。我们讲话总要一句一句的,每句话中一般都是含有多个单词,也就是含有多个语言符号。这些符号前后相连组成一个链条。所谓语言符号的线条性是指语言符号在使用中必须按时间先后顺次排列出现,人们不可能同时使用(说出)多个符号。语言符号的这种属性在与图表的比较中就更加明显。统计图表一般是双向的,横向和纵向分别表示不同的数据,人们可以同时从两个方向上延伸图表以增加其内容。相比之下,语言符号的链条只能在单一方向上随着时间的延伸而延伸。语言符号的这一属性是我们研究语言的基础。例如英语名词由单数形式变为复数形式时要在后面添加词尾,动词由一般体变为进行体要添加词尾;汉语语法和日语、韩语语法很重要的一个区别是动词和宾语的位置关系,汉语动词在前宾语在后,而日语、韩语正好相反。如果语言符号不是按时间顺序先后出现,则这些构词造句规则实在就无从说起。

四、语言符号的相对稳定性

语言符号的音义结合是任意的,但是一旦某种语音形式与某种语义内容结合成语言符号以后就会处于相当的稳定状态中。我们无法设想北京话里比"七"大一的数目今天还用 bā 表示,而一夜之间就换成 pá,第三天再换成另外的形式。语言是用来实现人们相互交往需求的不可缺少的工具,所以它必须适应交际的需要,它必须具有很大的稳定性,不能轻易发生变化。但是,这并不意味着语言就是永远不发生变化的,事实上我们只要随便翻检一本古书就会发现,语言还是在变化的,只不过这种变化是相当缓慢的,短时间内不易察觉。由此我们认识到语言符号的又一个属性:相对稳定性,即语言符号一旦形成就要保持相当一段时间内的稳定,语言符号的变化是缓慢的。例如"走"在古代汉语是"疾行"(跑)的意思,在现代汉语中是一般速度的行进的意思,但是现代汉语中还有个别词语,例如"奔走、逃走",其中"走"仍然保留着"跑"的意思。这可以说明语言符号的内容在缓慢地变化。又例如古代汉语中"家"读做[*ka],舌根音声母,现代汉语普通话读做 jiɑ,舌面音声母,但也有个别词语仍然读"家"为舌根音声母的,例如大兴区有"庞各庄",其中"各"即"家"的古音形式。这可以说明语言符号的形式也在缓慢地变化之中。

基于语言符号的这一特性,索绪尔提出了共时语言学和历时语言学的区别。所谓共时语言学就是截取语言发展过程中某一时期的语言现象作为对象进行研究,所谓历时语言学就是对不同时期的语言的发展变化进行研究。索绪尔把这两种研究工作分别比喻为对一棵大树进行横切和纵剖。横切可以使我们清楚地看到树的横断面上的一圈一圈的年轮,可以看到年轮之间的距离和疏密等等结构。但是横切无法使我们弄清年轮之间有这些分布上的差异的原因,这样我们需要把树纵剖。纵剖使我们可以看清树木纤维的生长发育过程,可以使我们清楚地辨明形成年轮分布的发展线索。相对于历时的语言研究,索绪尔更加看重的是共时的语言研究,他认为共时研究是基础性的工作。

第三节 语言的系统性

一种语言应该看做是一个符号系统,也就是说,语言中的各种成分相互联系构成一个整体。把一种语言及其所有的组成成分视为一个系统,是索绪尔倡导的结构主义语言学理论的基础。按照这种理论,任何一个语言符号,任何一个语言成分,都不是孤立存在的,都是处于和其他成分的相互联系相互制约之中。我们要认清其中任何一个成分,都必须充分考虑到该成分和其他成分的相互关系。

一、语言的组成要素及其相互关系

(一)语言的组成要素

为认清语言的系统性,必须首先讨论语言是由哪些要素或成分组成的。我国语言学教科书自 20 世纪 50 年代以来的传统观点是:语言是由语音、词汇、语法三个要素组成的。这种看法实际上深受当时苏联语言学的影响,成为当时我国语言学界的主流看法。斯大林在著名的《马克思主义与语言学问题》一书中曾反复强调这一看法,认为语音是语言得以存在的物质形式,词汇是语言的建筑材料,语法是语言的结构规律。到 80 年代,我国语言学界又受到西方语言研究主流的影响,采取了西方语言学教科书中的一般说法,即语言是由语音、语义、语法三个要素组成的。二者相比,语音和语法都是语言的要素,所差只在对于词汇和语义的认识。词汇固然是语言的建筑材料,但实际上,词汇是由语言的全部词语组成的,而每一个词语又都是由最基本的单位——语素组成的。因此,如果说词汇是语言建筑材料,语素就更是基本的建筑材料。词汇如果是语言的基本要素,语素就更具备作为语言要素的资格。但是所有的语素其实又都是由一定的语音形式和一定的语义内容结合而成的,因此,词汇和语素都不具备语言要素的资格,语音和语义才真正是语言的基本要素。我们以为这样的表述更加稳妥:语言是由语音、语义和语法三个要素组成的,这三个要素相互区别又相互联系组成语言系统;其中语音是语言得以存在的物质形式,语义是语言表达的内容,一定的语音形式和一定的语义内容相结合构成了语言符号;符号和符号组合在一起时要遵循一定的规则,即语法。

(二) 语言的层级体系

如上所述,语言是一个由语音语义语法三要素组成的系统。不过这个系统还可以再分为两个层级:底层和上层。底层由一套音位(能分辨意思的最小语音单位,一种语言的音位一般有几十个)组成,构成语言的语音系统,不涉及语义。上层由语音和语义结合而成,构成语言符号系统。上层本身又分成若干层级:最基础的是最小的不可再分割的音义结合体,即语素,一种语言的语素一般在四五千个;语素和语素组合成词,一种语言一般有几十万个词,常用的约五六万。有的语素本身也可以单独成词,词和词再组成词组,词组也叫短语;词或短语再组合成句子。之所以要区分语言的底层和上层,是因为它们各有各的组合规律,相对独立。例如汉语语音中的基本概念声母和韵母其实就是汉语的音位,哪些声母可以和哪些韵母组合,这是语音范畴的问题,不受上层(例如语素单词)规律的制约。

(三) 语言要素的系统性

进一步的分析使我们看到,语音、语义、语法这三个要素中的每一要素自身也是一个完整的系统,都是由一定数量的成员按一定关系组织起来的。在语音系统中,我们可以分辨出若干元音、辅音,每一个元音或辅音都是与其他的元音或辅音相互联系的。例如英语的[b]和[p],一个是清辅音一个是浊辅音,彼此都具有分辨词义的功能,如 pig(猪)和 big(大)就是靠词首辅音的不同而分别成为两个意义完全不同的词。[b]和[p]就存在于与[p]和[b]的对立关系之中,语音系统就是由众多的这样相互区别又相互联系的单位组成的。语义和语法虽没有语音这样直观,但本质上也是由若干基本成分相互联系组成的,在语义系统中我们可以分辨出众多的像"男性""人""动物""有生命"这样的语义成分,语义成分按一定规则组成词义句义,例如"单身汉"一词就是由"有生命、人、未婚、男性、成年"等语义成分组成其词义。语法可以认定是由一定数量的语法规则组成的系统,例如汉语语法中名词前面有数量词、动词形容词前面有副词、主语在谓语之前、宾语在动词之后等等。这些规则都是相互联系的,不区分出名词就无所谓动词形容词,没有主语也就无所谓谓语,等等。

(四)关于语言的基础

把词汇或语素从语言基本要素中排除,并不意味着忽视它们在语言系统中的地位。无论是传统语言学还是当代最前沿的语言学理论,都十分重视词汇或语素在语言中的重要地位。从语言研究工作上看,任何语言规律都要通过词汇来表现。例如语音的演变,绝不单是语音系统的问题。因为所有的语音成分都要表现在一个一个具体的词语上。人们是通过具体的词才能感受到语音规律。北京话中两个上声音节相连,前一个音节要变读为阳平,这条语音规律就是存在于许许多多上声音节相连的词语中的。语法规律也是如此。例如动词加名词可以构成动宾短语,同时也可以构成偏正短语,前者如"领导群众",后者如"领导干部"。有时甚至会出现歧义,例如"学习英语"是动宾词组,"学习时间"是偏正词组,但"学习材料"就是两可的了。如果我们想从中发现规律,即什么条件下是动宾关系,什么条件下是偏正关系,我们就必须深入到词汇内部,做细致的逐词的调查和分析。从各种语言学理论发展的过程中看,无论是研究一种语言自身的历史演变,还是横向比较各种语言各种方言的特点,词汇,尤其是基本词汇,都是极为重要的一个方面。惟其如此,传统语言学理论把基本词汇和语法结构视为一种语言的基础部分。这个基础部分最能反映一种语言的历史面貌以及与其他语言相区别的特征。从语言学习上看,无论是学习外语还是学习本民族语,词汇的掌握也都是至关重要的。我国汉语母语的语文教育在最近一个世纪虽几经重大变革,但汉字学习的地位从来没有被动摇过,也就是这个道理,因为汉字是记录汉语词汇的书面形式。

二、组合关系和聚合关系

如前所说,语言从总体上看是由语音、语义、语法组成的系统,语音语义语法自身又是既相对独立又相互关联的系统,是语言系统中的子系统。一定的语音成分和语义成分结合成了语言符号,符号和符号再按一定规则,主要是语法规则,连接成词组和句子,供人们交际之用。这就是语言系统运转的宏观描述。具体来说,语言各系统的运行又都可以从两个方面来分析:组合关系和聚合关系。

所谓组合关系,是指在语言链条中各个单位相互间的结合关系;聚合关系是指可以占据语言链条中同一位置的一组单位之间的替换关系。例如"我吃饭"这个链条中,"我、吃、饭"三个单位相互结合在一起,如果进一步分析,还可以认定"吃"和"饭"先结合成一个单位,再与"我"结合成更大的单位。这三个单位间的结合关系是组合关系。同时也可以看到,它们中的任何一个单位都可以被另外的单位替换下来而不致影响整个链条的性质。例如"我吃饭"可以认定是汉语的主谓词组,"我"如果被"你、他、老王、小李、张先生、赵女士"替换下来,整个词组的性质并不发生变化。由此我们认定,"我"与"你、他、老王、小李、张先生、赵女士"就是在语言链条同一位置上可以相互替换的一组单位,它们之间的关系是聚合关系。同理,"吃"可以和"卖、买、做、烧、打……"等单位相互替换而不影响整个词组的性质,"饭"可以和"菜、肉、鸡蛋、鱼、水果……"等单位相互替换而不影响整个词组的性质,所以,"吃"和"卖、买、做、烧、打……"之间是聚合关系,"饭"和"菜、肉、鸡蛋、鱼、水果……"之间也是聚合关系。我们可以画成下面的图表:

我	吃	饭
你		
他		
老王		
小李		
张先生		
赵女士		

横向代表组合关系,纵向代表聚合关系。

组合关系和聚合关系是语言结构的两种最基本的构造方式。任何语言单位都处于这两种关系之中。我们上面的例子是以语言符号为单位的,而任何符号都是由声音(语音)和内容(语义)两个层面组成的。事实上不但语言符号结合在一起时存在组合和聚合关系,就是在任何一个单一的语言层面中也存在组合和聚合关系。例如在语音层面,汉语特别重视音节的结构,汉语语音学认为任何音节都是由声母和韵母在一定声调条件下组成的。所谓声母和韵母的结合本质上也是一种组合和聚合关系的表现。例如 bian 音节,声母为 b、韵母为 ian,韵母本身又分为韵头 i、韵腹 a 和韵尾 n。声母和韵母是组合关系,韵母的韵头、韵腹和韵尾也是组合关系;同时,声母 b 又可以和声母 p、m 相互替换构成音节,但不能和声母 f 替换,因为汉语没有 fian 音节。所以对于 bian 链条,声母 b、p、m 之间就存在聚合关系,f 与它们无法替换,不存在聚合关系。又例如,在普通话中,我们能够接受"吃水果"的说法,不能接受"吃啤酒"。因为动词"吃"表示人或动物咀嚼吞咽固体食物,而"啤酒"是一种液体,"吃啤酒"不符合语义上的要求而不被接受,也就是说"吃"与"啤酒"之间不能构成组合关系。换个角度看,可以说"吃米饭、吃馒头、吃面包、吃饺子"等等,"米饭、馒头、面包、饺子"等词都表示固体食物,都可以接在"吃"后,它们在语义上都可以和"吃"构成组合关系,它们彼此之间有聚合关系,它们与"啤酒"之间没有聚合关系。

由于组合关系、聚合关系广泛存在于语言的各个层面,所以讨论任何语言问题都不应忽视这两个方面。很多语言现象都可以从组合聚合关系上得到解释。例如北京话只说"吃饭"不说"吃茶、吃烟",但我国南方和北方不少方言有"吃茶、吃烟"的说法,这其实就是方言之间在词语组合上的差异。现代汉语(普通话)m只做声母不做韵尾,但方言和古代汉语中m做韵尾是很平常的语音现象,这说明古代汉语和现代汉语、现代汉语的不同方言之间在语音成分的组合关系上有重大区别,也说明古代汉语和现代汉语、现代汉语不同方言之间存在着密切联系。

组合关系和聚合关系是语言单位之间两种极为重要的结构关系,它们分别从不同的侧面反映了语言单位的活动规律,也就是说组合与聚合之间存在相当深刻的内在联系。所谓聚合关系,其实反映的是组合方面的规律。当我们说一组单位之间存在聚合关系,实质上就是说它们在组合上有共性。例如前面 bian 的例子,b 与 p、m 有聚合关系,其实就是它们都可以和韵母 ian 组合。所谓组合关系,其实也不仅是个体单位之间的联系,还可以是以个体单位为代表的一组单位与另一组单位之间的关系。

组合关系与聚合关系的概念也是出自现代语言学的奠基人物索绪尔,不过在索绪尔的《普通语言学教程》中称为"句段关系""联想关系"。组合与聚合、共时与历时、语言与言语,是索绪尔为现代语言学理论提供的基本概念,在整个语言学理论中具有基础地位。

第四节 语言的社会性

对语言系统性的分析使我们得以认清语言的内部构造,但系统性毕竟不是语言系统的本质属性,因为即便是像红黄绿三色的交通信号灯那样构造简单的符号也是具有系统性的。可以说,系统性是任何符号必然具备的属性。和其他符号相比,语言符号的本质属性是它的社会属性,或者说,语言在本质上是一种特殊的社会现象。这个极为重要的命题牵扯到诸多方面,现讨论如次。

一、语言是社会现象

语言在本质上是一种社会现象,这可以从两个方面加以说明。

第一,语言符号的音义关系。我们在前面已经说明,语言符号是由一定的语音形式和语义内容结合而成,具体哪一个语音单位和哪一个语义单位相结合是无可论证的。我们把这种现象称为语言符号的任意性。进一步的问题是,既然语言符号的音义关系是没有理据的,那么,为什么一定要用某一个音来表示某一个意思呢?比"七"大一的数目为什么一定是用 bā 来表示,可否换成 fā?这样的问题恰恰说明语言是一种社会现象。从整体上看,语言符号的音义关系确实是任意的,用 bā 还是用 fā 来表示比七大一的数目都是可以的。但是,一旦人们选用了某一个语音形式之后就不能随意更改,更不可能有哪一个个人随意选择。因为语言是全社会的人用来交际的工具,用哪一个语音单位表示怎样的语义内容是由讲这种语言的人们在世世代代的社会生活中共同约定的。它不能由个人随意安排,否则,它将失去为社会交际服务的功能。索绪尔在《普通语言学教程》中曾把语言比做是"社会的契约",也就是这个意思。我国古代哲学家荀子的"名无固宜,约之以命,约定俗成谓之宜"讲的也是这个道理。同时,我们也看到,语言符号的音义关系也不是永远恒定的,同样的语义内容,如果从历史的长期发展来看,完全可能在语言发展的不同阶段由不同的语音形式来负载,例如"家"在古代读做[*ka]而不是今天普通话的舌面音声母。我们把这种情况称为语言符号的相对稳定性。这里,我们应当强调,就像语言符号的任意性一样,语言符号音义关系的改变同样不是由哪一个个人能够决定的。"家"在古代念做舌根音声母,在今天普通话就必须念做舌面音声母;如果一定要在今天继续念做舌根音声母,你就无法与讲汉语普通话的人沟通。也就是说,语言符号无论其形成还是改变,都是由讲这种语言的人群,或说社会全体人员,共同在长期的社会生活中决定的。

从横向的比较中,我们同样能看到这一规律。同样的语义内容在不同的语言中可以选择全然不同的语音形式来表示,这也只能解释为是讲不同语言的人群的决定,即不同社会的选择。例如同样是"装订成册的印刷读物"(书)的意思,汉语选择 shū 的形式,英语选择[buk]形式,俄语选择[kni:ga]形式,日语选择[hon]形式。反之亦然,同样的语音形式在不同语言中表达的意思可以全不相干。例如汉语的 shu 在英美人听起来很可能是"鞋"(shoe),日语的[hon]在中国人听来绝想不到"书"很可能想到"轰"。这种现象同样可以说明语言是属于一定社会的,脱离了汉语社会,shū就不一定还负载着"书"的意思。就是在同一语言的不同方言之间,这种现象也同样存在。我国著名相声表演艺术家侯宝林、郭启儒先生的名段《戏剧与方言》就有这样的例子,上海话的"汰一汰"(洗一洗)在北京人听来是"打一打","汰头"就听成了"打头"。

第二,语言与社会相互依存。从语言的产生来看,语言不可能脱离人类社会。语言是人类社会特有的一种十分发达的交际系统。只有人类社会才有语言。生活经验告诉我们,人以外的动物也具有一定的传递接收信号的能力,但无论是传递的精密程度还是内容的丰富程度都无法与人类语言相提并论。从语言的发展过程我们也可以清楚地看到,语言不可能脱离社会。随便翻阅一部古书,就会看到许多今天不易理解的词句,例如古代汉语"宫"在先秦社会只是指一般的居室,以后随着封建社会礼制的不断发展,人们有必要把封建帝王的至高无上的地位表现得十分充分,这样"宫"就被用来专门表示帝王的居所。如果我们观察整个语言的发展变化,就更可以看到社会因素的巨大影响。例如满族曾经统治过全中国,当时满族语言的地位远高于汉语。但是满族是少数民族,人口很少,经济文化相对落后,在社会发展中长期受到人口众多、经济文化水平很高的汉民族的影响,最终满语被汉语融合,以至今天在全国范围内能够流利地用满语交谈的人已少之又少。又例如现代汉民族共同语,即普通话,从来没有像今天这样在我国人民的语言生活中具有重大的影响,究其原因,就是最近几十年我国社会出现了近现代历史上空前的统一和安定局面,再加上近年来社会经济文化的迅速发展,各方言区人民频繁密切的来往。

从另一方面看,人类社会也不能没有语言。原始社会人类生产水平低下,人们必须相互配合才能克服自然界的种种困难生存下来。在这一过程中,相互沟通是十分必要的,这就必须凭借语言。随着人类社会的不断进步,社会生产力不断提高,社会出现了分工。这在客观上就使得人的交往范围扩大,人对语言的需求较之人类社会最初阶段有增无减。在现代社会,不同行业、地区、民族、国家的人们交往更加密切,物质生产和精神活动的范围及深度超过以往任何时期,对语言的需求也相应地不断提高。

二、语言不是自然现象

我们如果接受了"语言是社会现象"这一命题,就等于拒绝了一系列关于语言本质的其他看法。例如19世纪西方一些学者就认为语言像生物一样,有其生命过程。德国语言学家施莱赫尔(August Schleicher,1821～1868)就是这种观点的代表人物。他认为语言和一般的生命体一样,都是要经历出生、成长、衰老、灭亡的过程。这样的观点显然无法成立,尽管语言也确实有其生长发育壮大衰落灭亡的情况。第一,语言与一般生命体很不相同,它不可能具有像父子、祖孙那样数代并存的局面。更重要的是一种语言的发展衰落灭亡的过程是无法用任何生命科学的规律来解释的,因为语言在本质上不是可以脱离社会发展而发展的生命现象。如前所说,满族的语言在与汉语长期相互交往过程中逐步被汉语融合,满语在总体上已濒临消失,这一过程及其结果是满族与汉族在同一社会中密切接触来往的结果,这与包括人在内的任何生命体的发育死亡过程全然不同。同样曾经统治过全中国,同样是少数民族语,蒙古族的语言就没有被同化更谈不上消失。这也只能从民族关系上去寻找答案。蒙古族统治汉族时实行的是民族隔阂政策，限制汉族与蒙古族的来往。这在客观上当然就使蒙古族语言很少受到汉族语言的影响。蒙古语和满语今天完全不同的状况是用任何生物生命科学也无法解释的。

诚然，语言确实有其自然属性的一个方面，就像人也有自然属性一样。语言中的很多问题可以而且应该用自然科学的研究方法来解释，例如汉语声调的具体音值只有在引进物理科学的方法之后才可能细致地精确地加以描写。但是，语音的本质属性是社会属性，不是生理属性。同样是音的高低变化，在汉语中就有区别意义的功能，而在英语法语等西方语言中就不具备这种功能。这只能解释为是讲汉语的人群对音高功能的一种运用。俄语中有一个颤音，汉语没有，但并非汉族人在生理上发不出这个音素。这与汉族人在肤色毛发骨骼方面与俄罗斯人的差别完全是不同质的现象。

三、语言不是个人现象

人们讲话，出自我口，进入你耳，这种面对面的个人之间的交往很容易使我们认为语言不过是一种个人现象。其实，我们在前面讨论"语言和言语"的区别时已经表明这样的看法：语言不是个人现象，对语言的运用，也就是言语行为，才是个人现象。语言在本质上说是一种社会现象。个体人交往时使用的语音词汇语法规则都是全社会人们所共同约定共同占有的。个体人在使用时必须符合社会的规范。甲对乙说"对不起"，乙可以说"没关系"，而不能说"关系没""没了关系""关系没了"等等。在汉语言民族语文生活中，"语言"本身就是一个多义词，可以指我们这里所说的语言学意义上的语言，也可以指我们所说的言语现象（《现代汉语词典》(第6版)释义为"话语"）。这样就更容易引起一些误解。例如文学评论中常说某作家某作品"语言生动活泼""语言苍白乏味"等等。这里的"语言"实质上是言语，是指作家在运用语言时是否有自己的特点，是否充分地表现出作品的内涵。这与我们所说的"语言不是个人现象"并不矛盾。概括地说，语言是社会现象，语言的运用是个人现象,有鲜明的个人色彩。仿佛同一首歌曲,每个人的演唱又各有特点。

<h2 style="text-align:center">四、语言不是纯粹的生理现象</h2>

人们说话必须调动一些生理功能,例如发音过程基本上是在呼气阶段实现,如果呼吸困难吃力,就很难顺畅地讲话,我们在剧烈运动刚刚停下来的时候都有这种感受。这种现象会使我们误认为语言在本质上是一种生理活动,就像呼吸、消化、走路、跳跃一样。其实语言现象和呼吸、消化等纯粹生理现象是不同的。假设一个汉族血统的小孩从一出生就寄养在英语环境下,不让他/她接触任何汉语的环境,那么这个孩子长大以后其呼吸、消化功能与普通汉族血统孩子没有差别,但是他/她的汉语能力就完全不具备。同样道理,外国孩子如果从小不接触他们民族的语言,长大以后也是不会讲自己的民族语言的。许多美籍华人的第三代甚至第二代不会说汉语就是很好的例证。

<h2 style="text-align:center">五、语言不是纯粹的心理活动</h2>

人们讲话时当然要动脑子,要有心理活动参与,比如要说服对方同意自己的看法就必须考虑怎样遣词造句,学生回答老师的专业问题,就一定会把专业知识调动起来,等等。但是,这种心理活动的情况并不是语言的本质。很明显,一切心理活动,例如记忆、判断、推理都是讲话时不可缺少的,正如呼吸是说话时不可缺少的条件一样,但它们不是语言活动的本质。我们已经证明了语言不是纯粹的生理现象,用同样的方法就可以证明语言不是纯粹的心理活动过程。假设一个汉族血统的孩子,从一出生开始就从不接触汉语,他/她肯定就不会讲汉语。但是他/她的记忆、判断、推理等心理能力会跟普通汉族孩子一样发育起来。

六、语言是一种特殊的社会现象

　　严格说来，语言和一般的社会现象又有所不同。抛开史前阶段不说，几千年的人类历史中，一般的社会现象，从宏观上看，无外乎经济基础和上层建筑两个范畴。所谓经济基础是指社会发展的一定阶段中的社会经济制度，也就是社会生产关系。建立在这个基础之上的上层建筑是指社会的政治、法律、宗教、艺术、哲学观念以及适合这些的政治法律制度。经济基础决定了上层建筑，上层建筑反映了经济基础。很明显，语言不属于经济基础范畴。同样，语言也不属于上层建筑。因为上层建筑是反映一定经济基础的需要并且为一定经济基础服务的，而语言不是这样。封建社会的经济基础和资本主义社会的经济基础全然不同，但是可以使用共同的语言系统。中国辛亥革命前后、1949年前后、1978年前后，社会制度、社会生活发生了重大变革，但是语言并没有发生相对应的变更。从历史的长期发展来看，语言也确实发生了不少变化，今天的汉语不要说和夏商周的汉语、先秦两汉的汉语相比，就是和晚清时代的汉语相比也有了很大的改变。但是这些改变与几千年中国社会由奴隶制到封建制的改变并不同步，也无法从中得到解释。总之，语言既不属于经济基础又不属于建立在这个基础上的上层建筑。语言是一种特殊的社会现象。语言只存在于一定社会中，但它有自身的活动规律和发展规律，这些规律与经济基础上层建筑的发展规律之间没有简单的对应关系，语言现象不能简单地用一般社会现象规律去解释。

七、语言是全民的交际工具

　　人类社会在告别了原始共产分配形式之后，即进入了阶级社会。在这样的社会形态中，人们所处的地位不同，对生产资料的占有关系也不同，人们由此而分成了不同的利益集团，例如地主阶级、农民阶级等等。在这种阶级社会中，不同阶级之间存在种种利害冲突甚至是尖锐的难以调和的矛盾。但是,语言并不为哪一个阶级所独有,语言属于这个社会的全体成员。例如在中国漫长的封建社会中,地主阶级和农民阶级是处于对立状态的两个阶级,但他们使用的语言是一样的。否则,地主和农民就无法沟通,就无法在土地所有、土地租赁这些至关重要的问题上展开斗争和相互联系。没有共同的语言,社会的各个阶级就无法交往,社会也就不能再维持下去。从这一点看,语言并非专门属于哪一个特定的阶级,专为哪一个阶级服务,它是面向社会全体成员的。

强调语言属于社会全体成员,并不否认不同阶级在语言运用方面存在差异。社会上层人群多受过正规的教育,他们言谈中书面语词汇、古典语言词汇可能较多;社会下层人员没有受过或很少受过专门的语文教育,整体文化水平偏低,说话中口语词汇很多,甚至不太注意在不同交际场合调整自己的言语行为模式。例如沙俄时代社会上层人物在说话的时候经常带出法语词汇,中国旧时上层官员知识分子说话时称对方的表字而不能直呼其名,留学欧美的中国人在说话中时时带上几个英语单词,等等。但是从整个语言系统来看,无论是留学欧美的中国人,还是"骆驼祥子""阿Q"们,其基本的语音语法体系、基本词汇,是完全一样的。有时,其间的区别似乎是相当明显且难以调和的。例如同是20世纪中国伟大的作家,鲁迅作品中的用词和造句方式与老舍作品中的情况不完全一样,甚至存在相当的差距。第三人称代词在鲁迅作品中常用"伊",老舍作品中没有。表示一段时间,老舍会用"这阵子",鲁迅不用。同是北京人,年轻人,尤其是女性,会把舌面音声母 j、q、x 发成靠近舌尖音声母 z、c、s 的,这与中老年人发音习惯完全不同。又例如年轻人表示惊喜常说"哇",而老年人只说"哎呀""哟嗬"等等。但是,所有这些差别都不可能对语言系统发出挑战。即便把 j、q、x 完全念成 z、c、s,在北京话中也并不构成对立,人们听见了 suésí 会自动把它调整成 xuéxí(学习)来接受。又例如英语的 garage(车房)是从法语借入的,最后的辅音应该是浊的舌叶摩擦音,但是很多年轻人不再这样发音,他们干脆把它念成浊的舌叶塞擦音,以便和一般的英语单词,例如 page、age、stage、rage 的发音习惯一致。这种由于不同人群的社会活动方式不一样造成的差别会使语言出现不同的使用风格，但是从整体上看，它们还是在同一个语言系统内。

第五节 语言的功能

语言作为一种特殊的社会现象具有两项极为重要的功能：交际和思维。以下分别介绍。

一、语言是人类最重要的交际工具

"语言是人类最重要的交际工具"出自列宁的《论民族自决权》。列宁提出的这一命题已经成为中国语言学家的共识并反复在语言学教科书中引用。这一重要命题的内涵是相当丰富的，应该从多方面加以理解。

首先，动物是否具有语言。如果认为语言是人类最重要的交际工具，就等于否认了其他动物具有语言。关于动物语言，西方学者做过许多试验反复观察，我们在各自的日常生活中也积累了不少这方面的经验。比如家养的狗能够很好地理解主人的意图为主人做事，经过专门训练的警犬可以协助警察侦破案子，就是野生的动物也有传递信息的本领。例如一只蚂蚁如果发现了食物，就会招引来千百只同类；一只蜜蜂发现了蜜源，会立刻报告其他蜜蜂；一只狼遇到攻击，会通过嚎叫迅速发出求救信号；等等。这里的关键问题是，在我们讨论动物是否具有语言时必须先明确什么是语言。如果我们认为语言就是传递信息的手段，那么动物无疑也是具有语言的；如果限定所谓语言必须达到人类语言的精密程度和丰富程度，那么没有谁还会坚持动物也具有语言的看法了。

西方学者曾经耗费过大量精力试图教会大猩猩等动物掌握人类语言，结果很不理想。所谓不理想，就是距离人类的交际水平相差太远。其中比较有名的是20世纪30年代凯洛格夫妇抚养的一只取名为"古娃"的雌性黑猩猩。黑猩猩和凯洛格夫妇的小孩儿同龄,并且在16个月时学会了大约100多个单词,这个速度超过了人类儿童。但是黑猩猩就此也就停滞了,再也没有进步,并且很难理解超过两个单词的句子。类似的情况在美国科学家的记录中还有不少,都说明了动物不可能掌握人类语言。不过这些例子也不能完全说明动物就一定没有精密的交际系统。因为动物究竟是怎样实现相互沟通的,至今我们还是不太清楚。我们习惯性地从人类沟通的情况去推论去设想动物的情况,其结论未必可信。狗能够分辨上万种气味的细微区别,如果用人类的嗅觉原理根本无法解释,何况语言的情况又比嗅觉复杂很多。事实上,人类目前对动物的生活情况了解得还是很少,而且多限于饮食起居一类比较直观的问题。动物究竟是怎样传达信息的,其精密程度究竟达到了怎样的水平,目前我们还不清楚。

其次,人类其他交际工具的性能如何。人类除语言之外显然还有许多交际手段,例如军队的旗语、交通管理的信号灯、体育比赛中裁判员的手势和哨音,甚至人的表情、手势、体态也能够传情达意。但是所有这些交际手段都不能和人类语言相提并论。第一,语言以外的交际方式内容相当狭窄,例如交通信号只管交通、体育比赛裁判的手势和哨音只管比赛,稍微复杂抽象精密一些的信息就很难表达,遇到事先未约定的新的信息也无法传送。第二,语言以外的交际方式,具体运行规则,是先由交际双方用语言约定的,也就是说语言是这些非语言交际手段的基础。例如只有从小接受"红灯停绿灯行"的语言教育,我们见到交通信号灯才能有正确的反应。

二、语言是人类的思维工具

语言不但是人类的交际工具,也是思维的工具。我们无法设想一个思维能力很强的人不具备一般人的语言能力。

首先,人们在生活中不断丰富自己对外界的认识,需要建立许许多多的概念,需要进行由低到高不同层次的抽象思维,这其中就不能没有语言的参与。一个幼儿学会用"妈妈"称呼自己的母亲,但是未必明白其中的真实含义。当他/她和兄弟姐妹、和邻居的孩子一起玩耍时就会发现那些孩子也用"妈妈"称呼母亲。这样,"妈妈"的概念才真正得以建立,它是靠词语意义的概括性帮助实现的。在抽象思维过程中,概念、判断、推理是最基本的形式。这些形式的实现不可能脱离语言中的词、词组和句子。我们无法设想没有语言形式的概念如何存在,没有语句的判断和推理如何进行。有些概念是相当抽象的,例如哲学研究;有些概念受时间空间限制,是不可能或很难直接感知的,例如"皇帝、科举考试、美国首都、联合国秘书长";有些概念是深受民族文化影响的,例如宗教、饮食习惯;等等。所有这些概念能够得以理解,能够在人们之间得以探讨,必须依赖于语言工具。

其次,不但抽象思维离不开语言,在形象思维中,语言同样要发挥极其重要的作用。文学作品就是最好的说明。文学是以语言符号为形式的艺术,我们是通过语言符号的联想功能来感受来欣赏文学作品的。《红楼梦》的作者并没有给我们展现具体的宝玉黛玉形象,而只是用一系列的言辞来描写。读完作品,每个人都有自己心目中的宝玉、黛玉,都有自己想象中的"大观园"。同一部作品,同样的语言符号,带给人们的感受可以各不相同。这正是文学作品的魅力所在。一曲《长恨歌》把我们带到一千多年前大唐帝国的宫廷;一部《简·爱》让我们体会到19世纪英国妇女对爱情、对人格的追求。没有语言符号,所有这些都是不可能的。

当然,语言对于思维虽然很重要,不过二者毕竟是两种不同质的现象。思维在本质上可以视为一种心理过程,而语言是一种社会现象;思维是人体大脑的机能,语言只是思维的工具。不同民族的人群可能有不同的思维习惯或思维方式,但其间的差异并不很大,否则不同民族的人群根本无法交流,也就是说,思维不属于哪一个特定的民族。语言就不是这样,一种语言一般是属于一个(极少数语言可以属于两个或多个民族,例如汉语是汉族也是回族的语言)特定民族的,语言首先是为了满足本民族人群交际的需要而得以存在发展的。不同民族的语言之间存在巨大的差异,我们在学习一种外语时对此是深有感触的。另外,语言的社会属性也远高于思维。不同民族的语言之间的巨大差别,尤其是词汇方面的差别,很大程度上需要从这种语言的社会文化背景上去解释。例如阿拉伯语言中关于骆驼的词有几百个,远远高于汉语,这只能归因于骆驼在阿拉伯语社会生活中的作用高于在汉语社会生活中的作用。汉语亲属词繁多,远超过英语法语等西方语言,这应该从汉民族的宗法亲族观念上去解释。

尽管我们承认语言对思维的重要意义,但是人类语言和思维究竟是怎样相互关系的,语言在人类思维过程中究竟起到怎样的作用以及如何起到作用,这其中很多问题人类直到今天还远未能解释清楚。例如,不同民族的人群讲不同的语言,这种语言差异会不会影响到讲这些不同语言的人群的思维过程呢?如果确有影响,又是如何进行的呢?先天的聋哑人,即使从未接受过任何手势语的训练,他们也具备相当可观的思维能力,这种能力是怎样产生怎样运行的呢?人在沉默思考和激烈论争时,无疑都在进行思维活动,这其中语言的作用又有什么差别呢?这些问题,不论哪一个,显然不是由语言学单一学科就能够回答的,它至少牵涉到生理学、医学、心理学等多门学科。早在20世纪的30年代美国学者本杰明·沃尔夫就已经提出了"语言相关性原理",也叫"萨丕尔—沃尔夫"假说,认为人类的思维活动和他们所讲的语言有密切关系,不同民族的语言适合不同民族的思维方式,不同民族的思维方式又需要不同的语言系统,语言是连同本民族的文化一起继承下来的。沃尔夫的这种假设实质上就是认定不同民族的语言习惯决定了不同民族有着完全不同的思维活动。这一假说提出至今没有得到语言学界多数专家的认可,但是反驳这种假设又是十分困难的,因为对人类语言和人类思维的规律我们至今仍然是知之不多,许多细微的观察无法进行,语言和思维的生理机制究竟是怎样的人们至今仍然只是推测。例如乔姆斯基从1957年开始的一系列转换生成语言学的研究,被世人称为"语言学革命",提出又反复修改了一系列著名的语言生成的公式,但是他的各种公式推导都没有深厚的生理学基础,主要依据还只能是通过现实的人类语言进行的模拟。

第六节　语言的本质

综合以上对语言现象各方面的情况的分析,我们可以提出对语言本质的看法,给语言一个相对周全的定义:语言是一种特殊的社会现象,是人类最重要的交际工具和思维工具,是音义结合的符号系统。这样的定义,分别表述了语言的社会属性、语言的功能和语言的结构。由此,我们可以建立一个对语言的总体认识。在这个基础上,我们将在后面的章节分别认识语言结构的各个方面,语言和语言使用者的关系,语言的发展演变,人类文字的基本情况,等等。

第二章 语 音

第一节 语音的物质属性

一、语音和语音学

人类所有的符号系统都必须由某种物质材料充当表达形式，语言这个符号系统就是以语音作为物质外壳的，语言的交际功能也正是通过语音这种物质形式得以实现的。例如在交际过程中，当我们听到"请勿吸烟"时，首先是 qǐng wù xī yān 这几个连续的声音向我们传递了一定的信息，使我们能通过这一连串的声音来感知和理解语言成分。因此语音是语言符号的形式，离开语音这种物质形式，语言也便不存在了。那么，什么是语音呢？语音是人的发音器官发出来的代表一定意义的声音，是语言的物质形式。第一，语音必须是由人的发音器官发出的声音。动物的叫喊声，自然界的其他声音或者人的咳嗽声、呵欠声、喷嚏声等，都不是语音。第二，也是更为重要的一点，语音是一种约定俗成的代表一定意义的声音，也就是说，语音都是表意的，不表意的不是语音。

语音学是研究语音系统和规律的科学，它研究语音的性质、分类、结合、变化以及社会功能等问题。因为语音有多种属性，所以语音的研究可以从不同的角度进行。近半个世纪以来，语音学已经分化为几门相对独立的分支学科：生理语音学、声学语音学、心理语音学、音位学等。随着科技水平的提高，语音学的许多重要成果都是借助于实验方法取得的，因此，实验语音学在语音学中也占据了很重要的位置。实验语音学是在理论语言学的基础上发展起来的,其成果极大地丰富了语音学。

语音是语言得以存在和发展的物质基础,我们首先应该了解语音的物质属性。语音的物质属性包括生理属性和物理属性。

二、语音的生理属性

语音是由人的发音器官发出的。语音的生理基础是指人的发音器官及其动作。人的发音器官及其配合动作是经过几百万年的历史演变才形成的。首先必须了解发音器官的构造以及各器官在语音形成中的作用。现将发音器官图示如下:

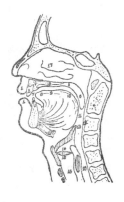

1.上下唇 2.上下齿 3.齿龈
4.硬腭 5.软腭 6.小舌
7.舌尖 8.舌叶 9.舌面前部
10.舌面后部(舌根) 11.咽腔
12.喉壁 13.会厌软骨
14—15.声带
16.气管 17.鼻腔 18.食管

图一

人的发音器官可以分为三大区域。(1)肺、气管、横膈膜,这是发音的动力器官。肺是发音的动力源,它提供的气流使声带发生振动。没有肺提供的气流,声带是不可能振动而发出声音的。横膈膜位于肺的底部,膈膜上升或下降可以缩小肺的容积或扩大肺的容积。人们大声说话、唱歌或喊叫是需要呼出大量气流的。人类的语音绝大部分是发呼气音,在少数的非洲语言中,也存在着成套的吸气音,例如和吞脱他语、祖鲁语等。(2)喉头、声带、声门。人类的喉头结构复杂,由多块软骨、关节和肌肉韧带组成,呈圆筒形。在喉头结构中,最重要的是声带。声带位于喉头中间,是语言的发音体。声带左、右两条,是一对富有弹性的薄膜。前后两端都附着在喉头的软骨上,前端连甲状软骨,后端与杓状软骨相连。两条声带之间的空间是声门。声带放松,声门放开,气流自由通过,就发出噪音;声带合拢,声门闭拢,气流从声带间挤出,振动声带,就发出乐音。见图二、图三。

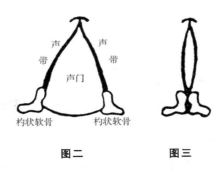

图二　　　　图三

(3)咽腔、鼻腔、口腔,是发音的共鸣器。口腔是最重要的发音器官,舌头又是口腔里最重要的最灵活自如的发音器官。口腔是个可以改变形状的共鸣器,与舌头配合后,能发出各种元音。口腔还可以构成不同的阻碍,挡住气流,形成各种辅音。

鼻腔在口腔的上面,两个腔由软腭和小舌隔开。当软腭和小舌下垂,口腔通道关闭,鼻腔通道打开时,气流便在鼻腔发生共鸣,发出鼻音。

咽腔位于喉头的上面,是一个三岔路口。上通鼻腔,下通喉头和食管,前通口腔。咽腔的后壁叫喉壁,咽腔的主要作用是形成喉壁音,当后咽壁紧缩与舌根接近阻碍气流通过时便形成喉壁音。

在所有的发音器官中,唇、舌、软腭、小舌、声带等叫做主动发音器官,它们是能够活动的;齿、齿龈、硬腭是不能活动的,称为被动发音器官。发音时,通常是主动发音器官向被动发音器官去靠拢,构成种种阻碍,发出不同的音来。

三、语音的物理属性

语音同其他声音一样,也是由物体振动发出的音波。作为一种音波同样具有音高、音强、音长和音质四种声学特征。每一个音都可以从这四个方面加以分析。

(一) 音高

音高是声音的高低。它决定于发音体振动的频率,所以又叫音频。发音体在单位时间内,振动次数多,声音就高,反之就低。频率的单位是赫兹,物体每秒钟振动一次为一个赫兹,人耳能听到的音频范围在 20～20000 赫兹之间。语音的高低与声带的构造有关。一般来说,声带短、小、细、薄,振动就快,频率高,声音就高;反之,声带长、大、粗、厚,振动慢,频率低,声音就低。妇女、儿童的声带短而薄,声音就高一些;男人、老人的声带长而厚,声音就低一些。当然,音高都是相对的,是可以控制和调节的,相对音高对语音有重要意义。汉语声调调值的高低主要由音高决定,我们可以用五度制坐标形象地表示汉语四声的音高,见图四。

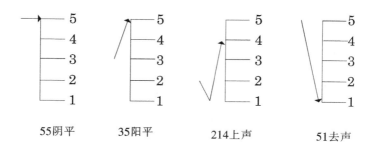

图四

（二）音强

音强是声音的强弱，取决于单位时间内音波振动的幅度的大小。用力大，振动幅度大，气流强，声音就强，反之就弱。音强对语音也有重要意义，一些语言的重音就是由强弱决定的。重音位置不同，还会改变词性和词义。例如英语中的 conduct 重音在前是名词，意思是"举止、行为"；重音在后是动词，意思是"管理、指挥"。汉语不像英语单词那样有比较清楚的重音规律，但是汉语的轻声现象也可以用音强解释。

（三）音长

音长是声音的长短，由发音体振动时间的长短决定。发音体振动的时间越长，声音持续的时间也就越长。语音的相对长度在一些语言中有区别词义的作用。例如，英语 it[it]（它）和 eat[i:t]（吃）音长不同，词义也就不同。汉语中的方言广东话也有类似的现象，同是[sam]，同是55调值，读得稍长，是"三"；读得稍短，是"心"。不过，不论是英语还是汉语的粤方言，如果仔细分辨就会听到，在长短元音变化的同时也有一点音质的改变。另外汉语声调也和音长有关，例如普通话的上声就比其他声调略长，而去声是四个声调中最短的。

（四）音质

音质就是声音的性质，声音的特色，因此也称音色。音质是由发音体振动的方式和共鸣器的形式共同决定的。我们平时听到的声音都是由频率不同的声波构成的复合波。其中，频率最低的声波叫基音，其他的声波叫陪音。陪音和基音保持整倍数的比例关系，形成一种有规则的波形，构成的就是乐音；陪音和基音不保持整倍数的比例关系，形成杂乱而无规则的波形，构成的是噪音。语言中的元音都是乐音，清辅音是噪音，浊辅音属乐音的性质，但有噪音的成分。图五是元音[a]和清辅音[s]的波形。

图五

音质的变化由发音器官的状态和发音方法决定,具体地说,发音体不同,发音方法不同,共鸣器的形状和大小不同,都会造成音质的不同。音质是语音最基本的特征,音质确定了,才能研究音高、音强、音长,所以,音质在各种语言中具有十分重要的意义。

语音的生理属性和物理属性使语言有了物质性,使语言成了能感知的、可以加以研究的一种存在物。

第二节 语音的分类和结合

一、语音的分类

(一)音素和音标

音素是对语流进行切分以后所得到的最小的语音单位,是由一个发音动作构成的。也就是说,音素是从音质的角度确定出来的最小的语音单位。例如,kexue(科学),可以分解为 5 个音素,k—e—x—u—e;xiansheng(先生),可以分解为 7 个音素,x—i—a—n—sh—e—ng,这些音素便是语音的最小单位。音素是由字母记录的,多数的情况是,一个字母代表一个音素,有时候,一个字母可以代表几个音素,例如,上述两例中,字母 e,既代表音素[e],

又代表音素[ə];此外,两个字母也可以合起来表示一个音素,sh、ng便是这样。我们必须明白,字母和音素绝非简单的一一对应的关系。

为了准确地记录、分析和研究语音,人们需要有标记语音的符号。这种用来标记音素的符号就是音标。于是,人们创造了各种标音符号,《汉语拼音方案》就是标注汉语普通话的标音符号。在众多的音标中,国际音标是目前世界上最为通行的,并被世界各国语言学家广泛用于标注各种语言的一套标音符号。国际音标英文名称是 International Phonetic Alphabet,简称 IPA。IPA 最初是由语音学教师学会(后改称国际语音学会)于1888年8月制定的。从公布至今已多次增补修改。近期的一次修改是在2005年(见本章附录)。国际音标是依据"一个音素只用一个符号代表,一个符号只代表一个音素"的原则制定的。它有许多优点:第一,音素和符号一一对应,很科学,不含混;第二,多数符号采用世界通用的拉丁字母的小写印刷体,形体简单清晰,便于记忆、学习和使用;第三,符号完备,符号所代表的音和标音方法在世界各国是一致的,能精确地记录世界各国语言和方言的语音。上述优点也使国际音标长久地通行于世。

为了与其他符号相区别,国际音标使用时要外加方括号[],例如[s][y]。

(二) 元音和辅音

各种语言的音素都可以分为元音和辅音两个基本类别。元音是发音时气流不受阻碍的音素,辅音则是发音时气流要受到一定阻碍的音素。元音和辅音的区别有以下几点:

第一,发元音时,气流在通过声带后就不再受阻,只在咽腔、鼻腔、口腔形成共鸣;发辅音时,气流都会在发音器官的某一部位受到阻碍。

第二,发元音时,发音器官的各部分肌肉保持均衡的紧张,因此,发元音时,发音人往往没有部位感;发辅音时,形成阻碍的那部分肌肉特别紧张,所以,发辅音时,发音人的部位感特别明显。

第三,发元音时,因无需克服阻碍,气流就比较弱;发辅音时,为了通过阻碍,气流就比较强。

以上三个方面的核心是气流是否受阻。辅音包含了气流受阻的一类噪音,元音是气流不受阻的一类乐音。

(三) 元音的分类

任何元音的音质都是由三个方面共同决定的:舌位的高低、舌位的前后、唇形收圆还是展平。元音的分类就依据这三个方面。

第一,舌位的高低。依据舌位的高低把元音分为高元音、次高元音、半高元音、半低元音、次低元音、低元音。由于舌位的高低与口腔的开合是同步的发音动作,所以高元音、半高元音、半低元音、低元音也可以分别叫做闭元音、半闭元音、半开元音、开元音。例如普通话的[a]就是典型的低元音或称开元音,[i]就是典型的高元音或称闭元音。

第二,舌位的前后。依据舌位的前后把元音分为前元音、央元音、后元音。例如普通话[y]就是前元音,[u]就是后元音。

第三,嘴唇的圆展。依据唇的圆展把元音分为圆唇元音和不圆唇元音。例如普通话[i]就是不圆唇的,也叫展唇的;[y]就是圆唇的。有时圆唇与否不是十分明显,习惯上只要不是有意收圆的就可以算不圆唇音,例如普通话"他"的韵母是[A],发这个音时口形并不是收圆,但也不像发[i]那样展平,我们把这个[A]也列为不圆唇音。

此外,依据发音时舌头起作用的部位,还可以把元音分为舌面元音、舌尖元音和卷舌元音。所谓舌面元音是舌面起作用发出来的元音。一种语言中绝大多数元音都是舌面元音,例如前面所举的各个例子。全部的舌面元音根据其发音位置和唇形的特点,可以在图上准确地加以标记。这种标记舌面元音的图式叫做舌面元音舌位图,详见图六。

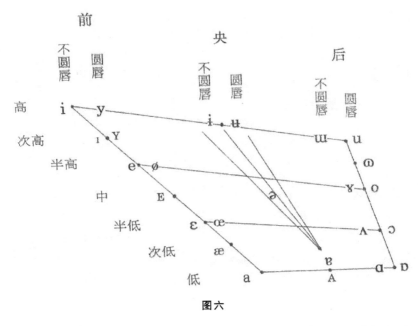

图六

按照国际语音学会的规定,前元音标记在舌位图的左侧,央元音标记在中央,后元音标记在右侧。四条横线分别标记高元音、半高元音、半低元音和低元音。中元音标记在半高元音与半低元音之间。同一发音部位,圆唇元音标记在纵线右侧,不圆唇元音标记在左侧。全部舌面元音中有八个元音被称为基本元音或正则元音。记住这八个基本元音,其他元音的位置就很容易确定。记住图六,就可以描写每个舌面元音的发音位置。现将八个基本元音的发音描写如下:

[i] 舌面　前　高　不圆唇元音　　例如普通话 bi(笔)中的 i。

[e] 舌面　前　半高　不圆唇元音　例如普通话 bei(北)中的 e。

[ɛ] 舌面　前　半低　不圆唇元音　例如普通话 yan(烟)中的 a。

[a] 舌面　前　低　不圆唇元音　　例如普通话 an(安)

[ɑ] 舌面	后	低	不圆唇元音	例如普通话 ang（肮）中的 a。
[ɔ] 舌面	后	半低	圆唇元音	例如英语 job（工作）中的 o。
[o] 舌面	后	半高	圆唇元音	例如法语 lot（分享）中的 o。
[u] 舌面	后	高	圆唇元音	例如普通话 shu（书）中的 u。

舌尖元音是舌尖起作用发出的元音。常见的舌尖元音有4个：

[ɿ] 舌尖	前	高	不圆唇元音	例如普通话 zi（资）中的元音-i。
[ʅ] 舌尖	后	高	不圆唇元音	例如普通话 zhi（知）中的元音-i。
[ʮ] 舌尖	前	高	圆唇元音	例如上海话"书"中的元音。
[ʯ] 舌尖	后	高	圆唇元音	例如湖北应山话"须"中的元音。

卷舌元音是发音时舌尖卷起对着硬腭，舌尖、舌面同时起作用发出的特殊元音。国际音标用[ɚ]来标记。例如普通话"而、儿、耳"的发音就是卷舌元音[ɚ]。

以上讨论的元音都是单纯将口腔作为共鸣器发出的，所以叫做口元音。如果发音时软腭和小舌下垂，使气流同时从口腔和鼻腔两个通道通过，引起口腔和鼻腔的共鸣，这样发出的音就带有一种鼻音色彩，因此叫做鼻化元音。鼻化元音的标记方式是在元音的上方加一道波浪线~，例如[a]对应的鼻化元音就标为[ã]。鼻化元音在发音时要受到舌位的影响，一般来说，前元音的鼻化特色比较浓厚，后元音就相对较弱。汉语很多方言都有鼻化元音，例如北方的山西话，南方的湖南长沙话。汉语普通话中也有一定的鼻化元音，但是仅出现在部分儿化音节中，例如"电影儿、鸡蛋清儿"等。

(四) 辅音的分类

辅音是气流在某一部位遇到阻碍并克服阻碍而发出的音。辅音分类主要从两个方面进行：发音部位和发音方法。

发音部位是指发音时器官形成阻碍的部位。依据发音部位可以把辅音分为双唇音、唇齿音、齿间音、舌尖前音、舌尖中音、舌尖后音、舌叶音、舌面前音、舌面中音、舌根音、小舌音、喉音。这些音都是以发音时气流受阻的部位命名的。双唇音就是上下唇构成阻碍而发出的辅音。例如普通话[p][pʰ][m]三个声母。唇齿音是由上齿和下唇构成阻碍发出的音，例如普通话[f]声母。英语则有一对清浊对立的唇齿音声母[f][v]。齿间音是舌尖在上下牙齿之间构成阻碍发出的音，例如英语 thank 的首音 th 就是齿间音[θ]。舌尖前音是舌尖抵住上齿的齿背构成阻碍发出的辅音，普通话的 z、c、s 就是舌尖前音[ts][tsʰ][s]。舌尖中音是舌尖抵住上齿的齿龈构成阻碍发出的音，普通话的 d、t、n、l 就是舌尖中音[t][tʰ][n][l]。舌尖后音是舌尖翘起靠近硬腭前部形成阻碍发出的音，普通话 zh、ch、sh、r 就是舌尖后音[tʂ][tʂʰ][ʂ][ʐ]。舌叶音是舌叶与硬腭前部形成阻碍而发出的辅音，英语 China 中的第一个辅音 ch 就是舌叶音[tʃ]。舌面前音是舌面前部与硬腭构成阻碍发出的音，普通话中 j、q、x 就是舌面前音[tɕ][tɕʰ][ɕ]。舌面中音是舌面中部与硬腭构成阻碍发出的辅音，英语 yes 中开始的半元音就是舌面中音[j]。舌根音是舌根与软腭构成阻碍发出的辅音，也叫舌面后音，普通话 g、k、h、ng 就是舌根音[k][kʰ][x][ŋ]。小舌音是舌根靠近小舌构成阻碍发出的音，例如法语中的 r 就是小舌音[ʀ]。喉音是声门形成阻碍发出的辅音，例如英语 hope 中的 h 就要念成喉音[h]。

发音方法是指发音时形成阻碍和克服阻碍的方式。依据发音方法，可以把辅音分为塞音、擦音、塞擦音、鼻音、颤音、闪音、边擦音、边通音和半元音。塞音是发音时构成阻碍的器官紧密接触形成完全的闭塞状态，又突然打开放出气流而发出的声音，因此这种辅音也叫做爆破音或破裂音，例如汉语的[p][pʰ]就是一对塞音。

擦音是构成阻碍的两部分靠拢但是没有完全闭合,还留有一点缝隙,使得气流从中摩擦而出,所以也叫摩擦音,普通话[f][s][x]就是擦音。塞擦音是兼有塞音和擦音特点的辅音,发音时先是处于塞音的发音状态,气流释放出去后又转入擦音状态,有一个摩擦过程。普通话中这种塞擦音比较丰富,共有三对 6 个[ts][tsʰ]、[tʂ][tʂʰ]、[tɕ][tɕʰ]。颤音是舌尖或小舌受到气流冲击发生颤动,使气流时通时塞而发出的辅音,例如俄语当中经常出现的 p[r]就是典型的舌尖颤音。闪音就像它的名称一样,一闪而过,舌尖或小舌快速颤动,但是只颤动一下,所以不同于颤音,英语 very 的 r 在英国南部口音和美国口音中经常念成舌尖闪音[ɾ]而不是半元音。边通音,又叫边音,是舌尖与齿龈接触,使气流从舌的两侧呼出,例如普通话的 l[l]。边擦音也是如此,但舌的当中有些凹下,使气流从舌的两侧摩擦而出,如[ɬ][ɮ]。鼻音是在发音时软腭下降,使气流通过鼻腔,同时声带振动发出的辅音,例如普通话[m][n][ŋ]。半元音是发音时开口度比擦音大,气流较弱,摩擦较轻,声带颤动发出的介于元音和辅音之间的一种音,例如普通话合口呼零声母字在发音开始时的[w]。

广义地说,发音方法也包括清与浊、送气与不送气等。依据发音时声带是否振动,可以把辅音分为清音和浊音。清音声带不振动,浊音声带振动。每一个辅音都可以从清浊角度加以描写。鼻音、边音、颤音、闪音、半元音都是浊音;塞音、擦音、塞擦音、边擦音都有清浊之分。汉语普通话共有 5 个浊音,它们是:[m] [n] [ŋ] [l] [ʐ],其余都是清音。依据发音时呼出气流的强弱及喉部是否有轻微的摩擦,可以把辅音分为不送气音和送气音。例如普通话的[tA²¹⁴](打)的辅音是不送气音,[tʰA²¹⁴](塔)的辅音是送气音。国际音标写送气音的办法是在不送气辅音的右上角加一个小"h"。辅音分类除上述依据之外,还有别的分类标准,并被一些语言分类时运用,例如腭化和非腭化。例如俄语的 ть 就是[t]的腭化。腭化音的标音方法是在字母右下方加一个小写的 j,例如[tⱼ]。

根据上述分类标准,我们就可以描写每个辅音的发音特征。举例如下:

[p]　双唇　　　不送气　　清　　塞音
[b]　双唇　　　不送气　　浊　　塞音
[n]　舌尖中　　　　　　　浊　　鼻音
[s]　舌尖前　　　　　　　清　　擦音
[x]　舌面后　　　　　　　清　　擦音
[ts]　舌尖前　　不送气　　清　　塞擦音
[dz]　舌尖前　　不送气　　浊　　塞擦音
[ɕ]　舌面中　　　　　　　清　　擦音
[ʐ]　舌尖后　　　　　　　浊　　擦音

　　任何一个辅音都必须从发音部位和发音方法两个方面去描写。这两方面确定了，辅音的音质也就确定了。现将常见辅音列表如下：

常见辅音表

发音方法		发音部位	双唇	唇齿	齿间	舌尖前	舌尖中	舌尖后	舌面前	舌面中	舌面后	喉
塞音	清	不送气	p				t	ʈ	ȶ	c	k	ʔ
		送气	pʰ				tʰ	ʈʰ	ȶʰ	cʰ	kʰ	ʔʰ
	浊		b				d	ɖ	ȡ	ɟ	g	
塞擦音	清	不送气		pf		ts		tʂ	tɕ			
		送气		pfʰ		tsʰ		tʂʰ	tɕʰ			
	浊			bv		dz		dʐ	dʑ			
鼻音	浊		m	ɱ			n	ɳ	ȵ		ŋ	
边音	浊						l					
擦音	清		ɸ	f	θ	s		ʂ	ʃ	ɕ	x	h
	浊		β	v	ð	z		ʐ	ʒ	ʑ	ɣ	ɦ
半元音	浊		w,ɥ	ʋ					j(ɥ)	(w)		

　　此表的横向是发音部位，纵向是发音方法。熟悉此表有利于描写、记忆和把握好辅音的发音。在掌握辅音的发音时，应该尽量寻找其中的一些规律。国际音标的设计者是颇具匠心的。例如，塞擦音是代表塞和擦两个发音动作的紧密结合，因此，都用合体字

母表示。塞音、塞擦音都有送气和不送气的区分,这对汉语来说很重要,因为它们能区别意义。在符号的设计上,塞音、塞擦音都是用相同的字母成对地出现,只是有没有送气符号的区别,凡送气音均在音标的右上角加一个小 h。擦音则都用独体字母表示。掌握这些规律性的东西,对学习是大有裨益的。

二、语音的结合

(一) 音节

前面分析的是从音质角度划出的最小单位音素。但是人们实际讲话时,在听觉上感受到的最小单位并不是音素,而是一个片段。这种在听觉上自然感受到的最小片段就是音节。但是,怎样才算是"自然感受",怎样确定"最小",都是不易做到的。对于什么是音节,语言学家们的看法不尽一致,最常用的观点是元音说。此种学说认为凡是由一个元音或一个元音与辅音结合构成的语音单位叫音节,也就是说,只要有元音就可以构成一个音节。事实上,在许多语言或方言中,有些音节是没有元音的,例如英语 people 中[ˈpiːpl](人民)的第二个音节是由两个辅音[p][l]构成,并无一个元音;上海话[m̩ ma](姆妈)的第一个音节只有一个辅音[m]。因为辅音[l]和[m]都是浊辅音,发音时,都有一定的响度,因此,在构成音节时,与元音就有了相同的功能。此外,一个音节,并非一定只有一个元音,也可以含两个,甚至多个元音。例如汉语的"掉"[tiau]就含有多个元音。汉语语言学教科书中一个常见的说法是:一个汉字的字音就是一个音节。这样的表述在汉语中也许可以成立,但对于一般语言学理论来说就不适用。

我们赞同肌肉紧张度说,即每次肌肉紧张程度由增而减就是发出了一个音节。所以,我们给音节下这样一个定义:音节是发音器官肌肉紧张度和响度增减过程形成的语音单位。例如"看"[kʰan],在发[kʰ]时,发音器官紧张度和响度渐渐增强,发至[a]时为最强,从[a]到[n]逐渐减弱。像这样,由弱到强、由强至弱的过程就是一个音节。在这个变化过程中,肌肉最为紧张的一点叫做音峰,是音节的中心;最松弛的一点叫做音谷,是两个音节的交界处。现将汉语"北京"和英语 people[ˈpiːpl]两个词的音节图图示如下:

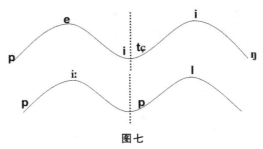

图七

从图七可以看出,含有元音的音节,音峰总是落在元音上。这时,元音处于音节中心,也是响度最强的那个音,被称做音节音。有时,有响度的浊辅音也可充当音节音。一个音节中,如有元音做非音节音,这个元音就会和临近的元音构成二合元音或三合元音。二合元音有前强和后强之分。汉语[ye][ia]都是后强的;[ai][ou]都是前强的。汉语三合元音的音节音一般都在中间,例如[iou][uai],响度最大的是[o][a]。

(二) 音节的分类

音节可以按其尾音的不同分为开音节和闭音节。以元音结尾的是开音节,以辅音结尾的是闭音节。例如"dianshi"(电视)中"电"是闭音节,"视"是开音节。汉语普通话音节的特点是:(1)开音节多,闭音节少;辅音做首音的音节多,元音做首音的音节少。普通话闭音节只有[-n] [-ŋ]两种,而开音节多是汉语音节的突出特点。由于元音是乐音,所以,普通话语音听起来和谐而优美。(2)汉语音韵学把每个音节分为声母、韵母和声调。声母多由一个辅音充当,没有辅音充当声母的音节,称为零声母音节,例如[ai](爱)、[uei](威)、[iou](优)等。韵母分韵头、韵腹和韵尾。韵母可以有韵头和韵尾,也可以没有韵头和韵尾。汉语音节结构整齐、匀称,界限分明。此外,日语也是开音节多于闭音节,而英语、法语、俄语等西方语言,闭音节的数量则大大超过汉语和日语。

(三) 复元音和复辅音

音素和音素在同一个音节中前后相连时,在听觉上常常像是一个音素。这种由多个音素组成但在听觉上又像是一个音素的发音状态叫做复合音。复合音可以分成复合的元音和复合的辅音。

一个音节中两个或更多的元音紧密相连就形成了复合元音,即复元音。例如汉语的"埃"[ai]和"歪"[uai]。必须认清,[ai]并不是[a]和[i]的简单相加。[ai]是由同一个音节中的两个前后相连的元音结合而成的,发音时肌肉由紧而松的变化只有一次。如果把[a]和[i]分置在两个音节中,虽然它们在发音顺序上还是前后相连的,但发音时肌肉的紧张程度变化是两次由紧而松,听起来不再是"埃"而是"阿姨"了。至于汉语的"要、外、又、未"等都是由三个元音组成的复元音,即[iau][uai][iou][uei]。[ai][ei]一类的复元音习惯上叫做二合元音,[uai][uei]一类的叫做三合元音。

严格地讲,不论是二合的还是三合的元音,其真实构造都远比音标符号所展现的要复杂得多。以[ai]来说,实际发音时绝不是先发一个[a]再发一个[i],而是由[a]向着[i]方向的一个滑动。在这个滑动过程中,很难确切地说清究竟有多少个个体的音素参与其中。并且,我们都有这样的经验,至少在汉语普通话中,"埃"绝不会真正收一个[i]作为尾音,而是比它舌位略低的[ɪ]甚至是[e]。相比之下,英语的双元音,例如字母 I 的字母名称读音滑动的过程就比汉语"爱"字音明显,动程也比较大。

两个或多个辅音在同一个音节中,并且在同一个紧张或松弛阶段中就构成了复合辅音。例如英语的 sleep[sli:p]当中的[s]和[l]。汉语普通话没有这种发音,所以我们在学英语发音时要特别注意这一点。有一些专家认为,汉语的 6 个塞擦音[ts][tsʰ][tʂ][tʂʰ][tɕ][tɕʰ]也应该看成复辅音。复辅音以两个辅音合成的为多数,也有由三个辅音合成的,例如英语 text [tekst]中的[kst]。四个辅音合成的复辅音较少见到。

无论是两个还是多个辅音合成复辅音,有一个条件必须满足:

它们都处于同一个音节的同一个紧张或松弛阶段。英语的 seven（七），读做 ['sevn]，其中的 [v] 和 [n] 虽然前后相连并且处在同一音节之中，但不是同一个阶段：[v] 处在最紧张的阶段，是音峰；[n] 处在松弛的阶段，是音谷，所以 seven 中的 [vn] 不能视为复辅音。

第三节 语音的社会属性和音位学的基本原理

一、语音的社会属性

语言最基本的功能是交际功能，而语言的交际功能必须通过语音才能实现，因此，语音不仅仅是发音器官动作的结果，也不仅仅是物体振动发出的音波，它更是语言社会功能的执行者。在对音素的分析中，我们可以看到，语音的物质属性是纷繁复杂的，各发音器官的动作配合起来就能发出无数不同的音素。在一种具体的语言或方言里，实际也存在着各种不同的音素，例如，在汉语普通话里，"蓝天大道"（lán tiān dà dào）这四个音节都含有 a，可是，它们之间却存在着舌位的高低、前后的差别。这种差别是音素的差别，这 4 个 a 其实是 4 个不同的音素，只不过《汉语拼音方案》没有采用 4 个互不相同的符号加以区别。事实上，每一种具体的语言或方言中，使用的音素是有限的，真正用来区别意义的音素更是十分有限的，一般只有几十个。因为，作为交际工具的语言，从根本上来说是一种社会现象，究竟用哪些音来辨义是由社会决定的，社会性是语言的本质属性。当我们从社会性的角度来分析时就会发现，在一种具体的语言或方言里，音素所承担的功能确实是不同的，即有些音素有辨义功能，有些音素则无辨义功能。例如，在汉语普通话里，上述 4 个 a 音素，是没有辨义功能的；反之，有些音素是绝不能相混的，例如 l 和 n，s 和 sh，b 和 p，因为在汉语普通话里，它们是具有辨义功能的。

从语言社会功能的观点研究语音就形成了音位的概念。

二、音位的概念

根据语音的社会功能,我们可以将每一种语言里所有的音素归并为一个个具有辨义作用的语音单位,这样的语音单位称为音位。音位是语言学的普遍概念之一,因为世界上不存在没有音位的语言。

音位概念的确立和音位理论的创立至今只有一百多年的历史,但是音位的发现却是语言学最重大的成就之一。1880年,"音位"这个术语第一次出现在俄国语言学家克鲁舍夫斯基评论索绪尔的斯拉夫语论文中。可是,第一个给音位下定义的却是波兰籍语言学家博杜恩·德·库尔德内。他认为:音位是语音特征的总和,这总和在比较中……是一个不可分割的整体。他成了第一个探讨音位本质的人。现代音位学的诞生则是20世纪二三十年代的事。索绪尔的名著《普通语言学教程》为现代音位学的发展提供了理论基础。他的语言结构的理论、语言单位的组合关系和聚合关系的理论,为音位学的研究开辟了新的途径;1926年,布拉格学派对音位学的建立也做出了很大的贡献;其后,布龙菲尔德的名著《语言论》的问世,使语言学界对音位学的研究产生了广泛的兴趣。布龙菲尔德在《语言论》中用四章的篇幅讨论了音位问题。他认为,"语言学必须考虑意义",并明确指出,"语音有区别性特征和非区别性特征的差别。……在某种语言里是区别性特征,在另一种语言里可能是非区别性的。……只有一部分跟意义相联系,因而才是必要的",才是区别性的。到了四五十年代,布拉格学派代表人物雅柯布逊把区别性特征分析跟声学语音学的成果结合在一起,提出了更加明确的定义:音位就是一束区别性特征。在中国,虽然汉语方言和少数民族语言的调查研究工作都是在音位学理论和方法的指导下进行并取得成绩的,但音位学的研究却比较薄弱。赵元任先生是在音位学领域最具影响力的华人语言学家。赵元任认为:"把一种语言里的音化成音位系统,通常不止一种可能的方法,得出的不同的音位系统或答案,不是简单的对错问题,而可以只看成适合于各种目的的好坏问题。"他的论述对音位学产生了巨大的影响。

那么,究竟什么是音位呢?音位是特定语言里能区别词义的最小的语音单位。在理解音位这个定义时,我们必须注意以下三个要点:

第一,音位总是属于一定的语言或方言的,世界上有多少种不同的语言和方言就会有多少个不同的音位系统。不同语言的音位系统所包含的音位数量,以及每个音位的具体内容也都是不等的。汉语普通话有三组送气音和不送气音,它们在一定的语境中是能辨义的:

[pu] 补　　　　[tu] 堵　　　　[ku] 古
[pʰu] 普　　　　[tʰu] 土　　　　[kʰu] 苦

送气和不送气在汉语普通话里是一种普遍性的语音对立,即具有辨义的功能。这6个音分属不同的音位,两两相对,形成一个系列。而在英语里,这种送气和不送气的差别虽然也是极有规则的(即 p、t、k 出现在词首是送气音,出现在 s 后则是不送气音),但是,说英语的人却认为这种差别可以不考虑,以至于常常感觉不到这种差别的存在。如果一个初学者,把送气音发成了不送气音,或者反之,也并不会引起误解,因为它们没有辨义的功能。所以,在英语中,[p] [pʰ]、[t] [tʰ]、[k] [kʰ] 分别属于同一个音位,即 6 个音素是 3 个音位。但是,相反的情况是,在英语中,清音和浊音的对立是有辨义功能的,而且这种清浊对立具有普遍性,例如 p—b、t—d、k—g,这 6 个音素,在英语中是 6 个音位。在汉语普通话里,清音和浊音,除了[ʂ]—[ʐ] 这一对之外,其余都没有辨义的功能,只是在轻声音节中,清辅音被浊化了,所以,这 6 个音素合为 3 个音位。当然,在汉语的许多方言里,清音和浊音是有辨义功能的,属于不同的音位,例如吴方言清浊的对立是普遍的。上述各例说明,音位是属于每一种具体的语言或方言的,每种语言和方言音位的数目各不相同,而且,每个音位的具体内容也是各不相同的。

第二,音位是能够分辨意义的。音位是一种语音单位,它本身并不表示具体的意义,但是当它在音节的组合中充当词或语素的语音形式的时候,就具有了区别意义的功能。我们还应该注意到:能区别意义和具有具体的词义或者语素意义是不同的。请看一组英语的例子:

  pill ［pil］ (药丸)
  bill ［bil］ (账单)
  mill ［mil］ (磨粉机)
  fill ［fil］ (填充)
  …………

  我们可以看到,上面这组例子中每个词的词首辅音都能够区别词义,因而都可以作为一个音位。但是这些音位本身并不具有任何词义,英语中只是[pil]和[bil]才有"药丸"和"账单"的意思,p和b只是具有区分意义的功能而已。

  下面我们再看一组汉语的例子:[wu](屋)和[ʋu](屋),虽然是两个不同的语音形式,但是并不区别词义,因此,[w]和[ʋ]是属于同一音位的,在汉语拼音方案中,用同一个字母表示。可见,能否辨义是把握音位概念的关键。

  第三,音位必须是最小的能够分辨意义的单位。并不是所有能够分辨意义的单位都可以笼统地划为音位。例如汉语的"麻"和"迷"意思不一样,但是 má 和 mí 都不是音位,因为它们都不是最小的区分意义的单位。在这个例子中,声母都是 m,声调都是阳平,真正起到区别意义作用的是韵母 a 和韵母 i,所以 a 和 i 才是最小的区分意义的语音单位,是两个不同的音位。

  可见,音位是立足于语音的社会功能的,是否能辨义是理解音位这一功能的核心。标记音位的字母要放在 / / 中,以区别于放在 [ ] 中的音素,例如[a]表示音素 a,/a/表示音位 a。

  那么,音位和音素有什么联系和区别呢?

  首先,音位和音素是从两个不同的角度划分出来的语音单位。音位是从语音的社会功能的角度划分出来的语音单位,音素是从音质的角度划分出来的语音单位。

  其次,音位和音素是类型和成员的关系。音位是一个个的语音类型,音素是这一个个语音类型中的成员。从理论上来说,每一个语音类型都包含着若干个成员，即每一个音位都可以包含若干个音素。至于每个类型所包含的成员的多少是不等的。例如在汉语普通话中：

/a/　　　　[a ʌ ɑ]
/p/　　　　[p b]

音位是抽象的，而在实际的言语中出现的都是音素。人们往往在同一音位中选取最典型的、常用的、比较熟悉的音素作为音位的代表。不过具体选择哪一个音素作为代表并不是一个原则性的问题，有时甚至要受到印刷符号是否方便的制约。

三、确定音位的原则和音位变体

在一种特定的语言或方言里，应该采用什么样的原则确定音位呢？一般认为，最重要的原则有三条：一是对立性，二是互补性，三是相似性。

（一）对立性

对立性是确定音位的最基本的原则。所谓对立就是互相能区别意义。怎样才能确定不同的音素是否具有对立关系呢？最好的方法是进行对比。运用对比法就是连续替换某个词的读音中的某个音素，看它能否形成别的词的读音，即词义是否发生变化。如果每替换一次就使原来的词义变成了另一个词义，那么这些音素之间就是对立关系，就可以确定为不同的音位。例如把汉语普通话的 /p、pʰ、m、t、tʰ、n、l、k、kʰ、x、ts、tsʰ、s、tʂ、tʂʰ、ʂ、ʐ/ 分别放到同样的语音环境 [-au⁵¹] 中去对比，结果是：

[pau⁵¹]抱　　　　[kau⁵¹]告
[pʰau⁵¹]炮　　　　[kʰau⁵¹]靠
[mau⁵¹]帽　　　　[xau⁵¹]耗
[tau⁵¹]到　　　　[tsau⁵¹]皂
[tʰau⁵¹]套　　　　[ʐau⁵¹]绕
[nau⁵¹]闹　　　　[sau⁵¹]臊

[ʂau⁵¹]烙　　　　[tʂau⁵¹]照
[ʂau⁵¹]少　　　　[tʂʰau⁵¹]耖

通过对比,清楚地看出上述音素之间的关系都是对立的,它们分属不同的音位。

这种方法同样可以用来确定普通话元音音素是否属于同一音位。当我们把[a][o][ɤ][i][u][y]分别放入调值为[—51]的语音环境中,结果它们就有了区别词义的作用:

[a⁵¹]啊　　　　[i⁵¹]义
[o⁵¹]哦　　　　[u⁵¹]务
[ɤ⁵¹]饿　　　　[y⁵¹]遇

这些音素表现出了一种和意义相联系的区别——对立性区别。凡是有对立性区别的音素均属不同的音位。

(二) 互补性

所谓互补就是指有些音素各有自己出现的语音环境,它们永远不会出现在相同的语音环境之中。换句话说,它们出现的语音环境是互相补足的,不可能形成对立。例如汉语普通话的两个舌尖元音[ɿ]和[ʅ]。[ɿ]只能出现在[ts、tsʰ、s]之后,[ʅ]只能出现在[tʂ、tʂʰ、ʂ、ʐ]之后,它们的语音差别完全是由其前面的辅音造成的,这两个音素是互补的,同时,它们在自然属性上又十分相似,这种互补相似的音素就可以归并为同一音位。[ɿ][ʅ]在普通话中属同一音位。同样的道理,[p]和[pʰ]在英语中是互补的音素,也属于同一音位。汉语拼音方案中用-i 代表[ɿ][ʅ]两个音素。英语用字母 p 代表[p][pʰ]两个音素。拼音方案的制订者们正是根据这一原理,在拼音中用字母代表音位,对立者为两个音位,立两个字母;互补者为一个音位,立一个字母。

(三) 相似性

在一种语言里,有些音素在音质上差别很大,功能也不同,虽然可以形成对立或者互补,仍不宜合为一个音位。例如普通话里[p][t][ts][tʂ]等跟[ŋ]是互补的,它们都不会在相同的位置上出现,但是我们绝对不会认为它们属于同一个音位,因为它们在音质上相去甚远。

相似性就是指被归并为同一音位的音素在音质上必须是非常接近的。在许多方言里[n]和[l]不分,[n]和[ŋ]不分,[s]和[ʂ]不分,因为在当地人听来这些音素是十分相似的,因此,在这些方言里,它们可以看做是同一音位。所谓相似性并不是语音学专家分析的结果,而是讲这种语言或方言的人群的感觉。

(四) 音位变体

音位是一个个语音类型,一个音位往往包含着一组相近或相关的音素。这些构成同一音位的几个音素,便是每个音位在具体言语中的变异形式,称为音位变体,也就是一个音位在不同情况下的不同的发音。请看普通话/a/的变异形式:

哀	安	啊	熬	昂	妈
ai	an	a	au	ang	ma
[ai]	[an]	[ʌ]	[ɑu]	[ɑŋ]	[mʌ]

上述六个音节都包含了 a,但显然是三个不同的 a。由于受前元音[i]和前鼻音[n]的影响,a 的实际发音是靠前的,所以在"哀""安"这两个音节中是前[a];而当 a 单独成音节或单独做韵母时,发音处于较自然的状态之中,发成了中间的[ʌ];当受到后元音[u]或后鼻音[ŋ]的影响时,又发成了舌位靠后的[ɑ]。这就说明/a/在不同的情况下发音是不同的。[a][ʌ][ɑ]是/a/的三个变体。音位变体之间不对立,不能辨义。

音位变体主要有两种情况。一种是各变体自有不同的出现条件而且是互补相似的,被称做音位的条件变体。例如在汉语普通话中,[a][ʌ][ɑ]就是/a/的条件变体。[p][b]是/p/的条件变体。[ɤ][ə]是音位/ɤ/的条件变体。属于同一音位的条件变体,除了出现的条件要求互相补充外,还要求语音上是相似的。相似性这点很重要,在任何一种语言的音系里,能处在互补关系中的音素,如果不相似就不能归在同一音位之下。例如英语的[h]和[ŋ]是互补,即它们出现的语音环境永远不会相同,但是它们是不相似的音素,因此就不是同一音位的条件变体。

音位变体的另一种表现形式是同一音位的各个变体可以在相同的语音环境中任意替换,这种变体叫做自由变体。例如重庆话的[n]和[l]在许多相同的环境中可以互相替换而并不影响词义,它们是同一音位的两个自由变体。北京话"文"可以念成[wən]或[ʋən],[w][ʋ]可以互相替换,是同一音位的自由变体。

在实际的言语中,人们所能观察到的都是音位的这两种具体的表现形式——音位变体。条件变体是一种语言的语音规范,是必须掌握的;自由变体也是客观地存在于语言中的语言事实,但几个音素中究竟哪个能成为规范音,是需要经过较长时间后才能确定。

上述的音位和变体的关系如下表所示:

互补		不互补	
相似	不相似	对立	不对立
条件变体	分列音位	分列音位	自由变体
汉语 a、ʌ、ɑ	英语/h/、/ŋ/	汉语/p/、/pʰ/	汉语 w、ʋ、u

(五)严式标音与宽式标音

语音学中,出于不同的需要,在使用国际音标符号记录语音时,通常有两种记录方式:严式标音和宽式标音。所谓严式标音,是标记出语音的实际发音,包括各个方面的细节,例如开口度、舌位、唇形、音长、音高等等。这种记录方法可以把属于同一个音位的各个变体之间的细微区别详细标记下来。例如汉语普通话的"好"的韵腹,严式就应记做后低圆唇元音[ɒ]而不是前低圆唇元音[a]。这种记音方式可以对比不同语言的音位系统,将每个音位的各个变体用一个适当的符号做出概括性的记录,例如汉语普通话"安、烟、弯、冤"四字韵腹的音素各不相同,但是既然可以将其归并为同一个音位,就可以记做/a/。

简单地说,严式标音是尽可能详细地记录实际发音,而宽式记音则是将一个音位的各个变体统一用一个符号标记。

四、音段音位和超音段音位

音段音位是指从音质的角度划分出来的元音音位和辅音音位,因为元音和辅音都是语流线性切分得到的最小语段。音段音位是由音质决定的。超音段音位是指由音高、音强、音长等构成的音位。在音位体系中,音高、音强、音长等也能成为区别意义的手段,但是,它们在线性语流中并未占据位子,故称为超音段音位。我们最熟悉的超音段音位有声调位、语调位、时位、重位等。

(一) 声调位

声调位主要是由音高构成的超音段音位,或者说是由声调构成的。汉藏语系各语言的音节都有声调,声调是能辨义的,例如普通话的四个声调就有区别词义的作用。例如:

[i^{55}]衣　　[i^{35}]姨　　[i^{214}]已　　[i^{51}]义

在不同的语言或方言里,调位多少是不等的。汉语普通话有四个调位(不含轻声),河北滦县话有三个调位,上海话有五个调位,太原话有五个调位,广州话则多达九个调位。调位的多少决定于调类的多少。

调位有明显的音位变体,就汉语普通话来说,上声有三个变体,去声有两个变体,其变化如下所示:

调位	变体	举例	出现条件
/上/	[—214]	友好	后面没有音节
	[—35]	冷水	在上声音节前
	[—21]	首都、语言	在阴平、阳平、去声音节前
/去/	[—51]	是、去	后面没有音节
	[—53]	办事、大会	在去声音节前

(二) 语调位

语调位与音高也有关。声调位是属于音节的,语调位是属于语句的。语调位不同，句子的意义也有差别。例如：

  他会讲英语？（对此事表示怀疑，语调上扬）
  他会讲英语。（表示肯定，语调下降）

上述例子说明决定语调的因素除音高外，还有音强、音长等诸多复杂的因素。

（三）时位

时位是指用音的长短来区别词义的超音段音位，时位是由音长构成的。发元音时延续时间的长短也能区别意义。英语、日语中均有时位，请比较下列各组：

  〈英语〉pick[pik]挑选——peak[pi:k]山峰
     lip[lip]嘴唇——leap[li:p]跳跃
  〈日语〉いえ[ie]家——いいえ[i:e]不
     おばさん[obʌsʌn]伯母、叔母——おばあさん
     [obʌ:sʌn]祖母、外祖母

在我国一些少数民族语言或方言里，时位即长短音的区别也有辨义的作用。例如：

  〈蒙古语〉 [ʃir]漆——[ʃi:r]蹄子
  〈勉语〉 [fai³³]西——[fa:i³³]沙子
  〈广州话〉 [kai⁵⁵]鸡——[ka:i⁵⁵]街

（四）重位

重位在音位学里也叫力位或势位。重位主要是和音强有关的一种超音段音位，因为音的轻重也有区别词义的作用。在英语、俄语里均有重位。例如：

  〈俄语〉 [mu'ka]面粉——['muka]痛苦
  〈英语〉 [in'stiŋkt]充满的——['instiŋkt]本能

此外，逻辑重音也有与音强有关的超音段音位的性质。由于重音不同，强调的语义点也就不同。例如：

  <u>张老师</u>明天去图书城。（是张老师去）

张老师明天去图书城。(不是今天去)
张老师明天去图书城。(不是去别的地方)

超音段音位是重要的辨义手段,同样也是音位学研究重要的组成部分。

五、音位的区别性特征

音位的区别性特征是当代实验语音学的成果之一。20世纪50年代以后,语言学家们认为,一切语言的音,都可以根据它们的生理或物理特性分析成若干对二元的"最小对立项"。比如辅音发音分清与浊,送气与不送气;元音发音分舌位高或低,前或后等等。一个音位所以不同于其他音位,是因为它们都有一些特殊的语音特征。这种能区别音位的语音特征叫做音位的区别性特征。区别性特征是能区别意义的,具有区别性特征的两个音是不同的音位。在一种语言里是区别性特征,在另一种语言里不一定是区别性特征,例如送气和不送气在汉语里是区别性特征,在英语里就不是区别性特征;清和浊在英语里是区别性特征,在汉语里就不是区别性特征。每个音位都由一系列区别性特征组成,或者说,每一个音位都是一个区别性特征集。据此,有些语言学家把音位定义为"一束区别特征"。例如汉语普通话中/t/、/t^h/、/ts/、/ts^h/的区别特征集合可描写为:

/ t /　舌尖中　塞　　清　不送气
/ t^h /　舌尖中　塞　　清　送气
/ts/　　舌尖前　塞擦　清　不送气
/ts^h/　舌尖前　塞擦　清　送气

音位的区别性特征究竟有多少对?对于这个问题至今尚无公认的说法。有的语言学家认为有十二对,有的认为有九对,有的甚至提出了三十多对的说法,这里不一一赘述。

音位的区别性特征也可以用矩阵图进行描写,这种矩阵图可以明确显示各音位均是若干区别特征的集合,而其中每一个音位的特征集合又各不相同。"+"表示有此特征,"-"表示无此特征。

下面是汉语普通话声调的区别特征图：

区别特征 音位	升	降	平	曲	高	低
阴平	−	−	+	−	+	−
阳平	+	−	+	−	+	−
上声	+	+	−	+	−	+
去声	−	+	−	−	+	−

下面是汉语普通话部分辅音音位区别特征图：

区别特征 音位	舌尖	舌面	清	浊	送气	不送气	塞擦	擦
/ts/	+	−	+	−	−	+	+	−
/tsʰ/	+	−	+	−	+	−	+	−
/s/	+	−	+	−	−	−	−	+
/ʐ/	+	−	−	+	−	−	−	+
/tɕ/	−	+	+	−	−	+	+	−
/tɕʰ/	−	+	+	−	+	−	+	−
/ɕ/	−	+	+	−	−	−	−	+

从以上的分析中可以看出，音位的区别性特征具有对立体的二分法特点，所以便于电子计算机的二进码编制。后来这种理论又应用到语言的信息处理和语音模式识别的程序设计中去，这就使语言理论在实践中得到了应用。

六、语言的音位系统

所谓系统，应该是指同类事物按一定的关系组成的整体。音位在每一种语言里也不是孤立地存在的，各音位之间有机地联系在一起，构成一个规律性极强的整齐的系统。各种具体的语言都

有各自不同的音位系统。归纳音位系统是比较复杂的,它要求我们做如下几项很具体的工作:

1. 对一种语言的音段音位和超音段音位进行归纳;
2. 对每个音位常见的音位变体和其中的条件变体的出现条件进行描写说明;
3. 音位间的对立关系的分析;
4. 对音位的聚合关系和组合关系的必要说明。

下面我们将以汉语普通话为例,逐项予以简要的说明。对普通话音位系统的归纳至今尚无统一的说法。有人主张从元、辅音系统归纳,得出的是元音音位、辅音音位和声调音位;有人主张按声韵调体系归纳,得出的是声位(声母音位)、韵位(韵母音位)和调位(声调音位)。持前一主张的人居多。

我们试从元、辅音系统进行简要的归纳。普通话元音音位共有 8 个。这 8 个音位及主要变体是:

/a/:[a、ᴀ、ɑ、ɛ],/o/:无明显变体,/ɤ/:[ɤ、ə],/e/:[e、ɛ],/i/:[i、j、ɪ],/u/:[u、w、ʋ],/y/:[y、ɥ],/-i/:[ɿ、ʅ]

辅音音位共 22 个,它们是:

p、pʰ、m、f、t、tʰ、n、l、k、kʰ、ŋ、x、tɕ、tɕʰ、ɕ、ts、tsʰ、s、tʂ、tʂʰ、ʂ、ʐ。

调位有 4 个:

/阴平/(或 /⁵⁵/)　　　/阳平/(或 /³⁵/)
/上声/(或 /²¹⁴/)　　　/去声/(或 /⁵¹/)

轻声不具普遍意义,不做独立的调位,上声、去声的变体见前文所述。

音位的对立关系主要表现为语音特征的对立,即音位的区别性特征的对立,例如/i/与/y/的对立为不圆唇与圆唇的对立;/p/与/pʰ/的对立主要表现为不送气与送气的对立;/m/、/n/、/ŋ/之间的对立则是双唇、舌尖、舌根的对立。通过对立关系的分析,我们可以看到区别性特征的重要性,虽然学习音素时,掌握发音原理,诸如发音部位、发音方法是十分枯燥、繁琐的,但却是十分必需的。

了解了音位间的对立关系就会进一步发现每个音位实际上都是通过自己的区别性特征与其他有共同特征的音位有机地联系

着,从而形成了一个个音位聚合体。例如按发音方法和发音部位 /ts、tsʰ、s/,/tʂ、tʂʰ、ʂ、ʐ/,/tɕ、tɕʰ、ɕ/这三组音位形成了一种双向聚合:

```
                          →  发音方法
发        ts     tʂ     tɕ
音        tsʰ    tʂʰ    tɕʰ
部        s      ʂ      ɕ
位                ʐ
↓
```

纵向是发音部位的聚合,横向是发音方法的聚合。双向聚合使音位系统呈现出一种严整的对称平行性。然而在语音系统中往往某些方面又有不对称的现象,例如上述系列中的/ʐ/音位。又例如普通话里的鼻音音位/ŋ/是唯一不能充当声母的辅音音位。这些不对称现象,只能说明任何一种语言的音位系统都是发展的。/m/、/n/、/ŋ/三个鼻音韵尾在古代均可做韵尾,也可以出现在元音之前,但随着语言的发展,做韵尾的/m/和/n/合并了,而/ŋ/也不再出现在元音之前了。

音位的组合也是有一定的规则的。音位的组合构成音节。每一种语言的音节都有自己的规律、自身的特点。汉语普通话的音位组合可分开、齐、合、撮四呼,无辅音连缀现象,能够形成的音节数目就比较少。从理论上说,普通话元、辅音音位有三十多个,按全部的排列组合可组成二百多万个带调音节,可实际上普通话所用的带调音节才一千三百多个,只有千分之零点五的利用率。这说明在任何一种语言中,不符合音位组合规律的语音形式是无用的。此外音位的组合规则还能反映出音位系统的许多特点。例如普通话的辅音音位(除/n/、/ŋ/外),只能出现在音节的开头;而英语的辅音音位(除/h/、/ŋ/外)既能出现在音节的开头,又能出现在音节的末尾,绝大多数还能出现在音节中间。

我们知道每一种语言音位的数目是有限的,通常是三四十个左右,而语义单位却有几万,甚至几十万个,因此只有把有限的音位按一定的规则组合起来才能表达众多的语义单位。

第四节 语音的变化

任何一种语言的语音都是发展变化的。首先,作为人类最重要的交际工具的语言,为了满足人类不断增长的交际需要,总是处于不断发展之中,拿今天的语言和古代或近代的语言相比就可以看到这种变化是何等的显著。没有学过古代汉语的人,要理解下面这些例句是有困难的:

(1) 子见南子,子路不说。(《论语·雍也》)
(2) 不稼不穑,胡取禾三百廛兮。(《诗经·伐檀》)
(3) 微夫人之力不及此。(《左传·僖公三十年》)

例(1)中的"说"音"悦",相当于现代汉语"高兴"的意思。例(2)中的"三百廛"即"三百束","廛"是"缠"的假借字,现代汉语用"束"不用"缠"。例(3)中的"微"指"没有",一般用来表示假设关系。"夫(fú)"指"那个",借作"彼"字用,因为"夫"在上古音里具有和"彼"相同的辅音[b]。整个句子意为:"假如没有那个人的力量,是不会到这样地步的。"可见,古今语音发生了很大的变化。明末语言学家陈第说:"时有古今,地有南北,字有更革,音有转移,亦势之所必至。故以今之音读古之作,不免乖剌而不入。"(《毛诗古音考》)陈第的这几句话具有朴素的唯物主义观点,他看到了语言的发展并第一次明确地提出了古今语音是有变化的。

以上我们仅仅举了汉语的例子,其实,世界上任何一种语言的语音都是不断发展的,只是语音发展变化的速度是缓慢的,不易被人们所察觉。

汉字不是拼音文字,不可能通过方块字来记录古代汉语的实际读音,要知道古代的语音体系更是困难的。但是,我们依靠古籍,例如《说文解字》《切韵》《广韵》《中原音韵》等著作的帮助仍然可以推测出古代的语音体系,可以看到古今语音有很大的变化。

对语言的历史音变我们将在"语言的发展"一章中做详细的说明。

语音变化除了历史音变之外,还表现为语流音变。

人在讲话时不可能逐个音素音节地向外"吐"字,而是把音素音节连起来念或讲,形成一个整体,这个整体就是语流。在这样的语流中,单个的音由于受到前后邻近的音的影响,在音质、音长、音高、音强诸方面都会发生一些临时性的变化,这种音变,我们称之为语流音变。最常见的有以下几种。

第一,同化。同化指语流中两个差异较大的音素,因为前后相邻,一个受另一个的影响变得与之相同或相近了。同化现象比较复杂。相互影响的音素如果变得完全相同,是完全同化;相互影响后没有完全一致,是部分同化。例如,"面包"[mianpau],其中"面"的尾音[n]受"包"的首音[p]的影响,实际读音变为[m]了,这是完全同化;又比如"辛苦"[ɕinkʰu],其中"辛"的尾音[n]被"苦"的首音[kʰ]同化,从前鼻音改为后鼻音了,这是发音部位变得相同的部分同化。此外,就世界范围来看,同化还有发音方法的同化、清浊的同化、元音的同化等。

第二,异化。异化指两个原来相同或相近的音,前后相邻,其中一个受另一个影响而变得不相同或不相近了。汉语声调的联调变化就是一种语流音变。比如"老李",单念"老"和"李"都是上声,可连成一个词时"老"读得就近似阳平了,所以北京话"老李"听上去简直就是"劳李",由[lau²¹⁴ li²¹⁴]变成了[lau³⁵ li²¹⁴]。

第三,弱化。弱化就是一些音素在语流中音质或音量减弱的现象。这里又有元音弱化与辅音弱化之分。汉语的弱化有时与声调也有关。

元音的弱化,又分单元音和复元音两类。单元音,除[i][y]外,都表现为向央元音靠拢。例如"芝麻"的"麻"本读[ma],但在词中发音变弱,读成[mə]。"芝麻"音[tʂɿmə]。又例如英语一些单词有强读弱读两套发音,弱读的常发[ə]音。比如 and,强读[ænd],弱读[ənd];of 强读[ɔv],弱读[əv]。因为发[ə]时,肌肉相当松弛,只要意思上不混,人们都愿意尽可能放松、省力。复合元音的弱化也只是把复元音变成单元音,比方"馒头"的"头"实际发音不是[tʰou],而是[tʰo];"回来"的"来"也不是[lai],而是[lɛ]或[le]。复元音也有央化的情况,例如"棉花"的"花"不念[xua],改念[xuə]。辅音弱化情况复杂,这里介绍一下汉语普通话的清辅音浊化。普通话[p][t][k][ts][tʂ][tɕ]声母,如果所在音节读轻声,则它们的实际音值是对应的同部位浊音,例如"爸爸"[pabə]、"你的"[nidə]、"两个"[liaŋgə]、"儿子"[ɚdzə]、"听着"[tʰiŋdʐə]、"姐姐"[tɕiedʑie]。

声调也与弱化有关。汉语中凡读轻声的音节,都失去了原有的字调,变得短促,具体调值则取决于轻声前的音节调值。一般看法是,阴平、阳平后的轻声音节取调值为 3,例如"哥哥"[kɤkə]、"瓶子"[pʰiŋtsə];上声音节后为 4,例如"姐姐"[tɕiedʑie];去声音节后为 1,例如"妹妹"[meimei]。

第四,脱落。脱落是语流中某些词原有音的消失,包括元音的脱落、辅音的脱落和音节的脱落。例如英语 let us(让我们……)中 us 本读[ʌs],但语流中与 let[let]合成了[lets],[ʌ]脱落。脱落往往是弱化的进一步。let us 重读是[let ʌs],弱化成[let əs],再下一步就是[lets]。汉语"回去"不念[xuei tɕʰy]而念[xuei tɕʰ],也是脱落。辅音因弱化而脱落的常常是擦音,例如英语 his[iz]和 has[əz]的首音 h 脱落了。

第五,增音。增音和脱落正相反,它是指在语流中为了发音便利的需要而增添音素。例如普通话语气词"啊"的变读就是典型的增音。"啊"如果出现在后鼻音[ŋ]收尾的音节之后,就要变读为[ŋa],例如"唱啊"的实际音值不是[tʂʰaŋa]而是[tʂʰaŋŋa]。在拼音文字中,这种情况索性用正字法固定下来,例如英语不定冠词有两个:a 和 an,前者用于以辅音开始的单词,后者用于以元音开始的单词。究其原因是因为以元音开始的单词如果直接接在冠词 a 后,在发音上就会十分别扭,于是人们就在冠词 a 和后面的名词之间再衬入一个辅音[n]来解决这个问题,把这个辅音与冠词连缀在一起,就形成了不定冠词的另一个形式 an。

以上是五种常见的语流音变现象,仅列举了一些简单的例证,在实际言语交谈中,情况会复杂得多。

[附录]

音 标 表

		方法\部位	双唇	齿唇	齿间	舌尖前	舌尖后	舌叶(舌尖及面)	舌面前	舌面中	舌面后(舌根)	小舌	喉壁	喉
辅音	塞	清 不送气	p			t	ʈ		ȶ	c	k	q		ʔ
		清 送气	pʰ			tʰ	ʈʰ		ȶʰ	cʰ	kʰ	qʰ		ʔʰ
		浊 不送气	b			d	ɖ		ȡ	ɟ	g	G		
		浊 送气	bʰ			dʰ	ɖʰ		ȡʰ	ɟʰ	gʰ	Gʰ		
	塞擦	清 不送气		pf	tθ	ts	tʂ	tʃ	tɕ					
		清 送气		pfʰ	tθʰ	tsʰ	tʂʰ	tʃʰ	tɕʰ					
		浊 不送气		bv	dð	dz	dʐ	dʒ	dʑ					
		浊 送气		bvʰ	dðʰ	dzʰ	dʐʰ	dʒʰ	dʑʰ					
	鼻	浊	m	ɱ		n			ȵ	ɲ	ŋ	N		
	滚	浊				r						R		
	闪	浊				ɾ	ɽ					R		
	边	浊				l	ɭ		ʎ					
	边擦	清				ɬ								
		浊				ɮ								
	擦	清	ɸ	f	θ	s	ʂ	ʃ	ɕ	ç	x	χ	ħ	h
		浊	β	v	ð	z	ʐ	ʒ	ʑ	j	ɣ	ʁ	ʕ	ɦ
	无擦通音及半元音	浊	w	ʋ		ɹ	ɻ			j(ɥ)	ɰ(w)			
元音			圆唇元音			舌尖元音 前 后			舌面元音 前 央 后					
		高	(ɥ ʉ y ʊ u)			ɿ ʅ			i y ɨ ʉ ɯ u					
		半高	(ø o)						e ø ə ɤ o					
		半低	(œ ɔ)						ɛ œɜ ʌ ɔ					
		低	(ɒ)						æ a ɑ ɒ					

汉语普通话声、韵、调汉语拼音字母和国际音标对照表

(一) 声母

例字	汉语拼音字母	国际音标（宽式）	例字	汉语拼音字母	国际音标（宽式）
跛	b	[p]	基	j	[tɕ]
坡	p	[pʰ]	欺	q	[tɕʰ]
摸	m	[m]	希	x	[ɕ]
佛	f	[f]	知	zh	[tʂ]
得	d	[t]	蚩	ch	[tʂʰ]
特	t	[tʰ]	诗	sh	[ʂ]
讷	n	[n]	日	r	[ʐ]
勒	l	[l]	资	z	[ts]
哥	g	[k]	雌	c	[tsʰ]
科	k	[kʰ]	思	s	[s]
喝	h	[x]			

(二) 韵母

例字	汉语拼音字母	国际音标（宽式）	例字	汉语拼音字母	国际音标（宽式）
啊	a	[a]	腰	iao	[iau]
喔	o	[o]	忧	iou	[iou]
鹅	e	[ɤ]	烟	ian	[ian]
(诶)	ê	[E]	因	in	[in]
衣	i	[i]	央	iang	[iaŋ]
乌	u	[u]	英	ing	[iŋ]
迂	ü	[y]	蛙	ua	[ua]
(思)	-i(前)	[ɿ]	窝	uo	[uo]
(诗)	-i(后)	[ʅ]	歪	uai	[uai]
儿	er	[ɚ]	威	uei	[uei]
哀	ai	[ai]	弯	uan	[uan]
欸	ei	[ei]	温	uen	[uən]
熬	ao	[au]	汪	uang	[uaŋ]
欧	ou	[ou]	翁	ueng	[uəŋ]
安	an	[an]	(轰)	ong	[uŋ]
恩	en	[ən]	约	üe	[ye]
昂	ang	[aŋ]	冤	üan	[yan]
(亨)	eng	[əŋ]	晕	ün	[yn]
呀	ia	[ia]	雍	iong	[yŋ]
耶	ie	[ie]			

（例子中加括号的只指它的韵母。）

(三) 声调

声调	例字	汉语拼音方案	国际音标	
阴平	妈	mā	ma ˥	(ma^{55}, ˉma, ma^1)
阳平	麻	má	ma ˦	(ma^{35}, ˊma, ma^2)
上声	马	mǎ	ma ˨˩˦	(ma^{214}, ˇma, ma^3)
去声	骂	mà	ma ˥˩	(ma^{51}, $ma^ˋ$, ma^4)

国际音标

（修改至 2005 年）

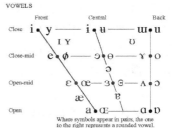

THE INTERNATIONAL PHONETIC ALPHABET (revised to 2005)

第三章 语　义

第一节　语义和语义学

一、语　义

我们前面已经讲过,从语言结构本身来看,语言是一种音义结合的符号系统。这里所说的"音"是指声音,是我们的发音器官协调作用的结果,是语言的形式,我们称之为语音;"义"是指意义,是语言的形式即语音所表达的内容,就是语义。语义和语音都是语言的要素。语言是人类最重要的交际工具,因此,没有意义的语言是不存在的。

语义是在人类对客观世界的认识的基础上形成的。它不像语音那样直观,很难用仪器进行定量的测量和计算,它涉及人类的思维机制、人类对客观世界的认知能力等复杂的问题。因此,语义的研究虽然对我们认识语言现象有极其重要的价值,虽然已经有相当长的历史,但总体说来仍落后于语言学的其他分支。语义研究中成果最为丰富显著的当属词义研究。中国古代语文研究在这方面甚至出现了专门的研究分支——训诂学。词义可以视为语义的典型,我们由词义可以观察到语义的一些基本性质,具体表述如下。

（一）概括性

所谓概括是一种认识过程,是把事物的共同点归结在一起。语义是概括了同类事物的共同点而舍弃了不同点才形成的。例如

"笔"的语义是"写和画的工具",这是概括了各种笔的共同点而舍弃了它们的差别(诸如年代、材料、尺寸、制作工艺)得来的。否则人们就必须为每一支笔命名,我们就有"笔$_1$、笔$_2$、笔$_3$……"等不可计数的词,词汇系统会无限膨胀。正是因为词义是概括的,甲说"我买笔",乙才能理解。

(二) 系统性

语音单位彼此构成语音系统,这是很容易理解的。语义层面也是如此。例如汉语"哥哥"指年长的男性的同胞,这个词义必须从与"弟弟"相互联系的系统中才能分析出。与英语对比一下就更加明显。英语 brother 并不与汉语的"哥哥"或"弟弟"对等,其实质就是系统关系不同。英语 brother 是和 sister 一起构成系统的,汉语是"哥哥、姐姐、弟弟、妹妹"四个词一起构成系统的。汉语的"哥哥"或"弟弟"不能与英语的 brother 对等,实质上是系统的不对等。

(三) 模糊性

人类的概念必须借助语言系统中的词或短语来表达,概念往往具有相对的模糊性,这就使得表达概念的语言单位的意义——语义也带有一定的模糊性。例如"早晨、上午、中午、下午、傍晚、夜晚"等词的词义只是一个大致的范围,而不会是一个十分精确的划分。"高、低、胖、瘦、冷、热"也是如此。各种语言中普遍存在的一套表示颜色的词,也是语言学教科书中常常用来说明词义模糊性的例子。当然不是所有的词的词义都是模糊的,像数词就是很精确的。词义的这种模糊性实质上就是某些概念的外延的模糊性透过语言单位的表现。

(四) 民族性

正像语言具有民族性一样,语义也是具有民族性的。语义与概念关系密切,但语义毕竟属于语言范畴,不是纯粹的心理活动。不同民族语言的语义很难完全对等。这在语义的附加色彩和系统性上都有表现。我们在本章最后一节"语义的普遍现象和民族性"还有专门的介绍。

二、语义学

语义学就是研究语言意义的科学。但是对语言意义感兴趣的却不仅仅是语言学家。哲学家、心理学家、人类学家对语义都抱有浓厚的兴趣。

最早涉及语义问题的是古希腊的哲学家们。在苏格拉底（Socrates,公元前469～公元前399）时代，哲学家们在讨论哲学问题时就已涉及语义问题，集中体现在他们对名称与实际即词与事物的关系问题的争论中。词与事物的关系实际上就是词与词义之间的关系。

心理学本来是依附于哲学的，因此作为一门独立的学科，心理学对语义的研究比哲学晚得多，始于19世纪末。心理学家最初关心语义是为了解释学习的原则，他们认为词义的变化可能会对学习效果产生影响。到20世纪50年代以后，心理学家对语义的研究进入了一个新阶段，心理语言学应运而生。但是，由于心理学家们的理论背景各不相同，他们对语义的看法也不尽相同，这集中反映在行为主义和心灵主义的对立上。

人类学是研究人和文化的学科，文化人类学和语言的关系最为密切。美国人类学家博厄斯（F. Boas,1858～1942）、萨丕尔（E. Sapir,1884～1939）把语言和文化的关系看得非常重要，为此他们对北美印第安语进行了深入细致的考察和分析。为了考察人类的文化，人类学家很早就对亲属名词进行了语义分析。后面我们要谈到的义素分析法，最早开始使用的就是人类学家，而不是语言学家。

语言学中的语义学，可以分为两个阶段：传统语义学和现代语义学。

传统语义学主要研究词义，词的意义分类（多义词、同义词、反义词等），以及词义的演变（扩大、缩小、转移等）。传统语义学可以上溯到对古籍的注释。古印度、古希腊在对古代文献的注释中虽然注意力主要集中在语法上,但也都涉及语义问题。而古代中国的语言研究则主要是从语义入手的。前面我们已经讲过,中国最早的语言学著作就是研究词义的。

现代语义学在传统语义学的基础上更侧重对词义的微观层次和语义系统的研究,例如义素分析、语义场的研究都是现代语义学所取得的成果。现代语义学还把研究范围由仅仅对词义的研究扩大到对句子意义的研究。在研究方法上,语义学家们还从逻辑学中汲取养分,引入了"命题演算"等方法来分析句子的意义。

20世纪30年代,在索绪尔的结构主义语言理论的影响下,欧洲的一些语言学家们开始研究语义系统,渐渐形成了结构语义学。结构语义学最大的贡献是提出了语义场的理论。但是结构语义学出现的时候,正是美国描写语言学影响日益扩大的时期。由于布龙菲尔德在语言研究中一定程度上是回避语义的,所以结构语义学没有引起人们足够的重视。直到乔姆斯基的转换生成语言理论出现,打破了美国结构主义语言学一统天下的局面,现代意义上的语义学才真正开始。

第二节 语义的主要类型

语义既然是语言形式所表达的内容,那么,小到一个语素、一个词,大到一个段落、一篇文章、甚至一部著作所表达的意义就都可以称为语义。现代语义学在语义分类上还存在不少问题。分类的立足点不尽一致,分出的结果多种多样,层次不清;术语使用混乱,不同的术语表达同一种意义,相同术语的含义却各不相同,给我们正确理解各种意义以及各种意义类型之间的关系造成了一定的困难。

分类要有明确的标准。有了明确的标准,才能有正确的分类结果。我们在总结前人分类成果的基础上,认为可以从三个角度对语义进行分类,从而明确语言中究竟有多少种主要的语义类型,明确这些语义之间的相互关系。

一、理性意义和附加意义

理性意义和附加意义是从人的认知角度分出的语义类型。

理性意义是人们对客观世界以及人的精神世界中的现象的理性认识在语言中的反映。它反映的是客观对象所具有的特征。由于认识程度的不同,人们对客观世界的认识既有反映本质特征的一面,也有反映非本质特征的一面,因此,理性意义又可以分为科学意义和通俗意义。科学意义是反映了事物本质特征的意义。例如,"妇女"一词的科学意义是[＋人]、[＋女性]、[＋成年]。"死"的科学意义是[＋生命]、[＋停止]。通俗意义是反映了事物非本质特征的意义。例如人们对女人的生理特征(有子宫、能生育)和社会心理特征(爱聚群、有母性本能)的认识。

人们对客观世界的认识的确存在着程度上的差异。在日常交际中,不是所有的人对词义的理解都能达到科学的水平,即使是专家对词义的认识,也存在着程度深浅的差异,这正是语义研究落后于其他语言要素研究的原因所在。

理性意义是抽象的、概括的,是语义的核心内容。

附加意义是附着在理性意义上的反映语言使用者的心理文化等特征的意义。附加意义比较复杂。一部分附加意义可以反映出交际者的爱憎、社会背景、文化程度等信息,表现为感情色彩和语体色彩;一部分附加意义反映语言使用者对词的理性意义可能产生的某种联想,表现为联想色彩。

感情色彩表示说话者对所谈对象的感情或态度,有褒、贬和中性三种。褒义带有喜爱、赞许的态度,贬义带有憎恶、贬斥的态度。并不是所有的词义都具有褒贬的附加意义,绝大多数词的意义不含有任何感情色彩,是中性的。"成功"和"得逞"是一对同义词,它们有相同的理性意义,即[＋达到目的],但是它们的感情色彩是不同的,"成功"具有褒义色彩,而"得逞"则具有贬义色彩。"成果""后果"和"结果"的理性意义也是相同的,但"成果"具有褒义的感情色彩,"后果"的感情色彩是贬义的,而"结果"则不含任何褒贬的感情因素,是中性的。在英语中,tyrant(暴君)是个带有贬义色彩的词,ruler(统治者)则是个中性词。

语体色彩表示词语使用的社会环境,通常分口语语体和书面语语体。但实际上,有些词既适用于口语语体,也适用于书面语语体,很难把它们归到哪一类中去,所以加一个一般语体似乎更合适些。例如,汉语"母亲""妈妈""妈"和"娘","母亲"是书面语色彩较浓的词;"妈"的口语色彩较浓;"娘"的口语色彩也较浓,且有地域性;"妈妈"则很难说具有口语色彩还是书面语色彩,所以,说它属于一般语体比较合适,具有广泛的通用性。英语 steed、horse、nag、gee-gee 都是"马"的意思,但是,steed 是诗人用的,应该属于书面语语体;nag 是俚语,是粗俗人用的,gee-gee 是婴儿用的,这两个词都具有明显的口语色彩;而 horse 是广泛通用的,应属于一般语体。语体色彩可以反映语言使用者的许多信息,例如出生地、所处时代、文化程度、社会地位、职业等,这里把语体色彩划分为口语语体、书面语语体和一般语体,只是粗略的分类。

联想色彩表示交际者受到与理性意义相关的一些信息的影响而产生的各种联想。联想色彩包括三种类型:形象联想、意义联想和文化联想。

形象联想是指词的理性意义所引起的人们对现实中某种形象的联想。由词根语素构成的复合词往往会使人产生形象联想。例如,"鹅卵石、垂柳、上钩、雪豹、乒乓球"等会使人产生对事物的形状、状态、颜色、声音等的联想。文学作品中使用能产生形象联想的词语会增加作品的生动性。

意义联想是由于多义词的几个义项或同音词的几个意义相互作用而产生的联想。例如,汉语的"鸡",中国人会联想到"妓女";英语的 cock,以英语为母语的人会联想到男性生殖器。

文化联想是由于人们的文化背景、社会观念的作用而产生的联想。中国人对"狗"这个词多半会联想到坏人坏事,而英美人则多半会联想到好人好事。所以,汉语中有"走狗""狗腿子""狼心狗肺"等词语,而英语中则有 top dog(有权力的人)、a lucky dog(幸运的人)、love me love my dog(爱屋及乌)等词语。由于中国人和英美人对"狗"这种动物有不同的感情、态度(这种感情、态度已经成为文化背景的组成部分之一),所以,提到"狗"这个词时就会产生不同的心理反射,引起不同的联想,于是赋予了与"狗"有关的词的不同的感情色彩。

对同一个词,人们可能产生不同的联想。例如"三角眼",中国人会联想到"三角"的形状,这是形象联想;也会联想到"狡诈、奸猾",这是文化联想。

形象联想、意义联想、文化联想都具有民族性。文化联想所具有的民族性,即使在同一言语社团中也会因人而异。例如,对于厌恶女性的人来说,"女人"一词可能会引起不好的联想——"脆弱、易流眼泪、缺乏理性、反复无常"等;而对于敬重女性的人则会引起好的联想——"温柔、文雅、富有同情心"等。尽管如此,词的附加意义是历史地形成的,在一定的时期内,在一定的言语社团中是大家共同理解和遵守的。

二、词汇意义和语法意义

词汇意义和语法意义是从语言系统的角度分出的意义类型。

词汇是语言的建筑材料,语法是语言的规则。人们进行交际时通过词汇表达出要传递的信息,通过语法把词汇组织成有效的信息单位。词汇意义就是词的语音形式能够表达的内容,包括了从认知角度分出的词的理性意义和附加意义。语法意义是语法形式(例如语序、形态、虚词等)表达的意义。例如:

(1) 他学习我
(2) 我学习他

上面两个例子是三个相同的词构成的不同的组合。其中"我"和"学习"两个词在这两个例子中的词汇意义并没有变化,但是,它们的语法意义却不同。例(1)中"学习"和"我"构成动宾关系,在语义上"我"是动作的承受者;例(2)中的"学习"和"我"构成主谓关系,在语义上"我"是动作的发出者。在汉语中,语序是表达语法意义的重要手段之一。

(3) I learn from him.（我学习他）
(4) He learns from me.（他学习我）

在英语中,词与词组合成句法结构时,除了语序手段之外,词的形式也要发生一些变化。例(3)和例(4)中的 I 和 me、he 和 him 的词汇意义是相同的,但是语法意义却不同,I 和 he 是主格形式,me 和 him 是宾格形式。另外,在例(4)中为了表示动作的发出者是单数第三人称,动词 learn 也要相应发生形式上的变化。

词汇意义和语法意义都是抽象的,但二者的性质不同。词汇意义是从客观事物和现象中抽象出来的,与人的认知能力有关;语法意义是从语素、词、短语、句子等语法单位中抽象出来的,同语言的特点有关。

把词汇意义等同于理性意义是不恰当的。只讲理性意义、不讲词汇意义或只讲词汇意义、不讲理性意义也是不全面的。

语法意义不是语义学研究的对象,但在语义分类中不能回避它,因为它毕竟是语言意义的一部分。

三、语言意义和言语意义

语言意义和言语意义是从语言状态的角度分出的语义类型。

语言意义和言语意义表现语义的静态特征和动态特征。语言意义是词在语言系统中固有的意义,它是抽象的、概括的,是全社会共同理解的。因此,前面所说的理性意义和附加意义、词汇意义和语法意义都属于语言意义。言语意义是词进入交际后,在具体的使用环境中的意义。它是具体的、带有当时当地特征的。例如,从静态的角度看,"我",不指称任何具体的人,它的含义只是第一人称代词,可以做主语、宾语、定语等;"看"只表示[＋动作]、[＋视觉]的意义,没有与任何具体的人的行为相联系,可以做谓语,带宾语;"书"也只表示[＋读物]、[＋装订成册]的意义,可以做主语、宾语、定语等;"正在"表示的是[＋行为发生]、[＋时间],但不表示任何具体的时间,可以做状语。这些是"我""看""书"和"正在"的语言意义。当我们把这几个词按照一定的规则组合起来的时候,在具体的环境中,"我""看""书"和"正在"就有了具体的所指对象,即言语意义。假设一个小学生说"我正在看书",这时"我"就指这个小学生,做句子的主语;"看"就是这个小学生发出的动作,做句子的谓语;"书"就是这个小学生手里拿着的那一本,做句子的宾语;"正在"就是这个小学生说这句话的时间,做句子的状语。假如这个小学生的妈妈说"我正在看书",那么,"我"指的是小学生的妈妈,"看"是小学生妈妈发出的动作,"书"是小学生妈妈手里的那一本,"正在"就是小学生妈妈说话的时间。这几个词的语法意义没有变化,但所指的具体对象发生了变化。这就是言语意义。

语言意义是不变项,是我们理解言语意义的基础;言语意义则同具体的使用者、具体的使用环境相联系。语境是制约言语意义的最重要的因素,同样的词、同样的句子在不同的语境中可能会获得完全不同的言语意义,因此言语意义在很多时候会超出词、句子的意义范围。

第三节 词的语义特征和义素分析

一、词的语义特征

传统语义学只把语义看成是模糊的一团,没有做出单位的划分。其实,正像我们在语音学中划分出音节、音素,在语法学中划分出语素、词一样,我们也应该对语义进行划分,发现其中的基本单位及其组合、聚合的规律。当然,由于语义自身的特点,这种划分单位的工作要比语音语法单位的划分困难得多,有些基本问题甚至还未能获得解决。我们试做以下介绍。

最高层的语义单位是义句,它是句子的语义,一个义句是由若干义丛组成的;义丛是短语的语义,一个义丛又由若干义位组成;义位是词的语义。词的语义在传统语义学看来已经是最基本的语义单位,不能再划分了。但是,现代语义学认为词的语义还是可以进一步分解的,这就是词的语义特征。语义特征是现代语义学研究的主要内容,是在微观层次上对词义进行探索的结果。我们已经知道,在一种语言的语音系统中,一个音素是一组语音特征的集合,能使一个音素区别于另一个音素的特征,是区别性特征。例如,[t]这个音素是"舌尖中、塞、清、不送气"的语音特征的集合,[tʰ]音素的特征集合是"舌尖中、塞、清、送气",这两个音素的区别在于送气和不送气。现代语义学受语音学的启发,深入到词义的微观层次上,发现词义也有类似于音素的语音特征的东西,即语义特征(semantic features)。一个词的意义就是一组语义特征的集合,而其中的一个或几个特征使这个词与其他词区别开来。例如,"男孩"这个词包含着"人、雄性、未成年"这样的语义特征,"女孩"包含着"人、非雄性、未成年"的特征,二者的区别在于性别不同。"男孩"中的"未成年"特征又可以把它同"男人"区别开,"雄性"和"未成年"的特征可以把它同"女人"区别开。

同一个语义特征可以被许多不同的词的意义所拥有。"人"这个语义特征在很多词的意义中都可以找到,例如"医生、教师、领导、父母、单身汉、儿童、小学生"等。"动作"是一些动词的语义特征,例如"走、跑、跳、拿、搬、投掷、表演"等。

我国语言学界把词的语义特征叫义素,把对语义特征进行的分析(feature analysis)叫义素分析(seme analysis),这是采用了欧洲和前苏联的术语,并把义素定义为最小的语义单位。这样做的好处是比较简洁,因为"义素"比"语义特征"少了两个音节;缺点是容易误解这个术语的含义,"义素"容易使人联想到"音素"这个最小的语音单位,从而误认为"义素"在语义体系中的作用相当于音素在语音体系中的作用。叫"语义特征"虽然音节多了些,但却不会产生上述的误解。但是,既然已经约定俗成,本书并不打算破例,只是在此做一个说明。接下来的一小节谈语义特征分析的方法,我们仍沿用中国的传统惯例叫义素分析。

二、义素分析

(一) 义素分析的方法

前面已经说过,最早对词语进行义素分析的是美国的人类学家们。他们对不同社会、不同民族的亲属词语进行了义素分析,目的是研究不同文化的伦理观念、宗法制度等。语言是文化的一面镜子。20世纪60年代,义素分析法被借用到语言学界,用于转换生成语法的语义解释。20世纪80年代,我国现代汉语学科引进义素分析法,试图全面研究现代汉语的语义系统,提高词语的教学效果。

义素分析是建立在词与词之间语义特征的比较之上的,比较的目的是揭示语义系统内部的各种关系,从微观上理解词义。

进行义素分析一般分为三个步骤:

第一步,选取分析对象。分析对象应该是语义相关的一组词。我们选取"男人、男孩、女人、女孩"做分析的对象。

第二步,提取共同的语义特征。

男人:人、雄性、成年

男孩:人、雄性、未成年

女人:人、雌性、成年

女孩:人、雌性、未成年

第三步,用二元对立的方法完成比较表述,使已经得到的语义特征建立在非此即彼的对立关系中,用"+"表示有此特征,"-"表示无此特征,目的是用最少量的词语,描写尽可能多的词的语义特征。

男人:+人、+雄性、+成年

男孩:+人、+雄性、-成年

女人:+人、-雄性、+成年

女孩:+人、-雄性、-成年

这样,我们用三个词就描写了这四个词的语义特征。

根据上述的方法,我们对下列各组词进行如下的分析:

教师：＋人、＋学校的、＋教学
学生：＋人、＋学校的、－教学

拿：＋使拥有、－他人
给：＋使拥有、＋他人

bring：＋移动、＋向说话人
take：＋移动、－向说话人

see：＋感觉、＋用眼
hear：＋感觉、－用眼

在进行义素分析时，首先要注意选取意义最为相关的词进行分析，这样才能发现词义间最细微的差别。在上面的例子中，"教师"和"学生"是意义最为相关的一组词，"医生"和"学生"就不能算意义最为相关的一组词。"拿"和"给"意义最为相关，"走"和"拿"就不能说是最为相关。其次，还要注意选择概括性、适用性强的词来描写词的语义特征，例如我们在前面分析的一组词中选择了"雄性"来描写这组词的性别特征，而没有选择"男性"，就是因为"男性"的适用面窄，只适用于人，而"雄性"可以适用于一切具有"动物"这一语义特征的词。再次，要抓住词义的主要的、本质的特征进行描写，"有胡须"只是"男人"的伴随性特征，"穿裙子"是"女人"的习惯性特征，这些在进行义素分析时就不必考虑。

（二）义素分析的价值

义素分析实际上是对词义的形式化描写，它不但使我们人类得以在微观层次上认识词义，而且，更为重要的是它是计算机处理自然语言过程中所必需的知识，对建立机器翻译系统、人工智能系统有非常重要的意义。

说一种语言的人自然知道该种语言中有哪些语素、哪些词，知道他们的意义，知道如何把它们组合起来构成句子来表达意义。即使是没有受过教育的人，在交际上也不会出问题。有时候，人们也会犯这样或那样的错误，但是这些错误一经口出，人们一般会立即意识到并立即改正过来，虽然在他们做这一切的时候，可能也说不清楚这样做的原因。在义素分析出现以前，人们就一直是这样使用着语言，在它出现之后，人们使用语言的状况也没有出现什么不同。但是对计算机处理自然语言信息来讲，意义就大不一样了。我们要让机器理解一种自然语言，首先就要教会它们这种语言，而教机器学习自然语言与教儿童学习自然语言，方式是完全不同的。因为机器只能理解形式化了的东西。这就是义素分析的真正意义所在。

义素分析也能帮助我们清楚地说明本来是模棱两可的东西，比如同义词的区别、词语的搭配问题等。例如"奔驰"和"奔腾"这组同义词，用义素分析的方式说明二者的区别就很清楚明白。

奔驰：＋行进、＋快速、－跳跃

奔腾：＋行进、＋快速、＋跳跃

这两个词的基本意义都是"快速地行进"，不同的是"奔驰"不具有"跳跃"的特征，而"奔腾"侧重在"跳跃"的特征上。明白了这二者的区别，就会明白我们可以说"骏马奔腾"，而不能说"列车奔腾"的原因了。

当然，说汉语的人即使不明白不能说"列车奔腾"的原因，也不要紧，因为我们的语感会使我们觉得这样说很别扭而不去进行这样的组合，但是对计算机来说，或者对于学习汉语的外国人来说，知道这一点就非常重要。义素分析的这个意义在它出现之时还没有体现出来，正像乔姆斯基的转换生成语言学理论对计算机科学的影响一样。

不可否认，义素分析在实际操作中还存在着很大的难度。原因之一是词的数量庞大，词义系统很复杂，要建立一个像音素那样的整齐划一的语义特征系统不是轻而易举的事情。原因之二是，一种语言中的词义是使用该语言的人们对客观事物的认识的反映，这种反映往往带有很强的主观倾向，即对同一个词，不同的人的理解可能会有一些细微的差别，而这种差别反映在义素分析上，就会使语义特征的准确性有出入。原因之三是词义本来就具有模糊性的特点，因此，对于意义模糊的词要进行精确的语义特征描写，难度是可想而知的。

第四节　词的语音、语义聚合

语言是音义结合的符号系统。音和义的结合是任意的,因此,同一个语音形式可以表达不同的意义内容,同一种意义内容也可以用不同的语音形式来表达。这样就产生了形式和内容两个方面的聚合。

一、词的语音聚合

语音聚合是不同的内容用同一个语音形式来表达的结果。语言中的语音是一个封闭的系统,而语义则是一个开放的系统,因此,多个意义用同一个语音形式来表达是各种语言中的普遍现象。语音聚合的表现是各种语言中都存在着大量的同音词和多义词。

同音词和多义词是词汇学研究的对象,传统语义学对它们做了很多研究,这里只做简要的说明。

(一) 同音词

同音词是指语音形式相同而意义完全不同的一组词。这里的"意义完全不同"是说意义之间没有任何内在的联系,只是由于某种原因,例如历史上语音的改变、多义词的分化、外来词的进入,或者就是因为偶然的原因,几个意义就用同一个语音形式来表达了。在这几种导致同音词的原因中,偶然性应该是最主要的,因为音义结合的任意性是语言符号最重要的特点。

同音词本无所谓类别的问题,但传统上还是对同音词进行了分类。分类的标准是语言系统之外的书写形式。书写形式不同的同音词被称为异形同音词,书写形式相同的同音词被称为同形同音词。例如：

　　异形同音词：
　　公式—公事—工事—攻势　　　世纪—事迹—试剂
　　发言—发炎　　　　　　　　　即使—疾驶

由于—鱿鱼　　　　　　意译—异议
适宜—事宜　　　　　　同志—同治
flour—flower　　　　　to—two—too
sea—see　　　　　　　son—sun
pair—pear　　　　　　night—knight
farther—father　　　　read—reed

同形同音词：
仪表$_1$：人的外表
仪表$_2$：测定温度、气压、电量等的仪器
杜鹃$_1$：鸟名
杜鹃$_2$：植物名
花$_1$：种子植物的有性繁殖器官
花$_2$：用，耗费
满$_1$：达到容量的极点
满$_2$：少数民族名
米$_1$：去壳后的谷物统称
米$_2$：长度单位（外来词）
站$_1$：直立
站$_2$：车站（外来词）
last$_1$：（形容词）最后的
last$_2$：（动词）持续
cow$_1$：（名词）母牛
cow$_2$：（动词）威胁
well$_1$：（名词）井
well$_2$：（副词）好
patient$_1$：（名词）病人
patient$_2$：（形容词）耐心的
can$_1$：（名词）罐状容器
can$_2$：（动词）能
ball$_1$：（名词）球
ball$_2$：（名词）正式舞会

同形同音词由于语音形式和书写形式都相同,往往被误认为是一个词,这是同音词和多义词混淆的原因。

同音词在交际中可能产生歧义,造成理解上的混乱,但也可能取得很好的修辞效果。

(二) 多义词

几个意义用同一个语音形式来表达,而这几个意义之间有一定的内在联系,我们把这样的语音形式看成是一个词,叫多义词。但毕竟是一个语音形式表达了几个不同的意义,所以,我们把多义词看成是词在语音上的聚合。

多义词的几个意义之间的联系,往往是客观事物之间的联系在语言中的反映。多义词产生的方式可以证明这一点。"头"的基本义是"人身最上部或动物最前部长着口、鼻、眼等器官的部分"。说汉语的人通过它的位置联系到其他物体,赋予它"物体的顶端或末梢"的意义,例如"中间粗,两头细",并进而抽象出"事情的起点或终点"的意义,例如"开个头""到头了";又通过它的重要性赋予它"头目""领头的"以及"第一"等的意义,例如"他是这一帮人的头""头羊""头等"。这是通过引申产生新义的方式。

多义词产生的另一种方式是通过比喻。一个词的基本义能够产生一个比喻义说明基本义和被比喻的事物之间一定有某种相似性。例如,汉语中,"魔王"的基本义是佛教中专做坏事的恶鬼,后比喻非常凶暴的恶人。二者的联系是做坏事。英语中,butcher 的基本义是"屠夫",比喻义是"造成不必要的流血的人"。而 The general is a butcher 这句话的意思是"那个将军是个滥杀无辜的人";如果说 The doctor is a butcher 意思就是"那个医生喜欢给人做手术"。

二、词的语义聚合——语义场

(一) 语义场的性质

相同或相类的意义可以用不同的语音形式来表达,这是语言音义结合任意性的另一个方面。这些不同的语音形式由于具有某些共同的语义特征聚合在一起，从而构成了一个语义系统，这就是语义场。例如，在汉语中，"祖父、祖母、父亲、母亲、哥哥、弟弟、姐姐、妹妹……"都具有[＋亲属]的语义特征，于是它们构成了汉语的亲属语义场。

在语义场中，一个词的意义与其他词的意义相互联系，又相互制约。例如，在汉语的同胞直系亲属词中，"哥哥"与"弟弟""姐姐""妹妹"通过同胞关系联系起来，但在长幼方面与"弟弟"相互制约，在性别方面则直接与"姐姐"、间接与"妹妹"相互制约。这四个词的意义构成了一个系统，一方的存在以其他几方的存在为前提。

一种语言的词汇可以根据语义特征分成若干个语义场，例如，所有具有[＋动物]语义特征的词可以构成一个动物语义场，具有[＋植物]语义特征的词可以构成一个植物语义场。在一个语义场内，根据词与词之间的相互联系与相互制约的关系，又可以分出不同层次的小场或者说子场。例如，在[＋动物]语义场中可以分出[＋人]和[－人]的两个子场，在[＋人]的语义场中，又可以分出[＋男性]和[－男性]的两个子场，也可以分出[＋亲属]和[－亲属]的子场等。

语义场的划分反映了客观事物的相互联系与相互制约。一种语言究竟应该有多少个语义场，一个语义场内有多少个层次，与使用这种语言的民族对客观世界的认识有直接的关系。总的来讲，差别不会太大。例如汉语中有[＋动物]、[＋植物]的语义场，英语中也有；汉语中有[＋亲属]语义场，英语中也有。但是，具体到某一个特定的语义场中由哪些词构成，词与词之间的关系如何，不同的语言则会有所不同，这表现了语言的民族性。我们后面还会谈到这个问题。

（二）语义场中词与词之间的关系

第一，上下位关系。上下位关系是由语义场的层次性决定的。处于较高层次的语义场中的词叫上位词，与其相邻的较低层次的语义场中的词叫下位词。上下位关系就是相邻的上下层次语义场中的词之间的关系。先看两个简单的例子：

花：菊花、玫瑰、月季、紫罗兰……
sibling：brother, sister

"花"是上位词，菊花、玫瑰、月季、紫罗兰是下位词，它们之间的关系就是上下位关系。sibling 是 brother 和 sister 的上位词，brother 和 sister 是 sibling 的下位词，它们之间是上下位关系。

上位词的词义通常比较概括，下位词的意义比较具体，下位词包含了上位词所有的语义特征，同时又具有本身特有的语义特征，从而与其他词相区别。在此处为上位词的词，可以是其他词的下位词，在此处是下位词的词还可以有自己的下位词。看下面的两个语义场层次图：

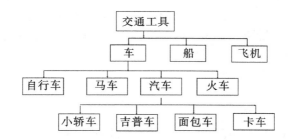

图一　交通工具语义场

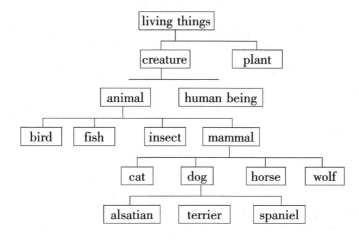

图二　生物语义场

在交通工具这个语义场中，有三个子场：车、船、飞机。在"车"这个子场中有若干个词，即包含着若干个子场，"车"是"自行车、马车、汽车、火车"的上位词，"自行车、马车、汽车、火车"是下位词，这些词与"车"构成上下位关系。其中"汽车"又有自己的下位词，这就是"小轿车、吉普车、面包车、卡车"，相对于这些词而言，"汽车"又成了上位词。每一个语义场都充满了这样的上下位关系。

第二，类义关系。同属于一个上位词的一组下位词都包含了上位词所表达的意义类别，它们之间构成类义关系。这些词可以叫做类义词。前面所举的例子中，"车、船、飞机"是一组类义词，"自行车、马车、汽车、火车"是一组类义词，"菊花、玫瑰、月季、紫罗兰"是一组类义词。类义词之间是并列的，没有包含与被包含的关系，它们共同属于一个较大的意义类别，又有彼此相互区别的语义特征。下面的这些词都是类义关系：

金、木、水、火、土
摸、爬、滚、打、踢
煎、炒、烹、炸、熘

有些类义词是可以遍举的，有些则是开放的。

第三，同义关系。构成同义关系的词肯定表达相同类别的意义，因此，可以说同义词也是类义词，但类义词却不一定是同义词。

同义词具有相同或相近的语义特征，它们的区别主要表现在理性意义的某些程度范围方面、附加意义方面以及语法功能方面。

"高兴"和"愉快"是一组同义词，它们都表达人的情绪、心态的性质。它们在理性意义上的区别是很细微的。在附加意义上，"高兴"比较口语化，"愉快"比较书面语化；在形式上，"高兴"可以重叠，"愉快"不可以。用义素分析来表示如下：

高兴：＋心情好、＋口语、＋重叠
愉快：＋心情好、－口语、－重叠

"充足"和"充沛"是一组同义词，它们的理性意义是表示事物的数量状态，区别体现在搭配对象方面，即语法功能上。"充足"的搭配对象往往是自然界或具体的物质方面的词语，例如"阳光充足""给养充足"等；"充沛"的搭配对象是与人有关的表抽象意义的词语,例如"精力充沛"。

　　充足:＋量多、＋搭配具体事物

　　充沛:＋量多、－搭配具体事物

　　soundly 和 roundly 是一组同义词,它们的感情色彩不同。soundly 是褒义的,roundly 是中性的。所以 He soundly berated them(他严厉地批评了他们)这句话,表明说话人是赞成这一行为的,而 He roundly berated them(他严厉地批评了他们)这句话,表明说话者的态度是中立的。

　　进行义素分析,对词的意义进行形式化的描写的最大难点在于对同义词的描写。说一种语言的人在具体的语境中很容易辨别出词语替换后的细微差别,但是要把这种差别用义素分析的方法形式化地表达出来,却不是一件很容易的事情。要找到真正分布广泛而又稳定的特征是一件难事,能否用较少量的特征(几百个)来概括整个词汇体系还很难下定论。

　　第四,反义关系。反义关系的词也包含在类义关系中,因为能构成反义关系的词必定表达相同的意义类别或者说是同一个语义范畴。因此,反义词也是类义词,但类义词不一定是反义词。反义关系内部又有细微的差别,这些差别可以体现在如下几个方面:

　　1. 互补关系:互补关系表现在否定一方等于肯定另一方。例如:

　　　　死—活　　　出席—缺席　　　　男性—女性
　　　　awake—asleep　integrity—fragmentary　true—false

　　用公式表示:－X＝Y,反之,－Y＝X。不是死的,一定是活的;没有出席,一定是缺席。

　　2. 相对关系:相对关系表现在意义上的对称,一方的存在以另一方的存在为前提。如果 X 是 Y 的学生,Y 就是 X 的老师,没有老师也无所谓学生,反之,没有学生也不会有老师。

　　　　老师—学生　　　医生—病人　　　　买—卖
　　　　give—receive　　employer—employee　payer—payee
　　　　borrow—lend　　trainer—trainee　　above—below

　　用公式表示:甲是乙的 X,乙是甲的 Y;没有 X,无所谓 Y。

3. 两极关系:两极关系主要表现在性质、程度上的差异。例如:

美—丑　　　　大—小　　胖—瘦　　快—慢
伟大—渺小　　爱—恨　　穷—富
young—old　hot—cold　easy—difficult
happy—sad　clever—stupid

两极关系的词都有"＋程度"的语义特征,可以同表示程度的词语组合,因此,两极关系的词一个显著特点是:在词义 X 和 Y 之间存在着一个过渡地带,否定了 X 不一定就肯定了 Y,还有中间状态存在。例如,说一个人"不穷"不等于说他"富",他可能既不"穷"也不"富",或者"有点穷",或者"有点富"。"不穷不富"是其中间状态,"有点穷""有点富"是其过渡状态。因此,前面的例子中,"既不美也不丑""不大不小""不胖不瘦"都是成立的。

"穷"和"富"是程度差异的两极,二者相互对立又相互依存,一方的程度增加了,另一方的程度会相应地降低。因此,"很穷"的反面是"很富","较大"的反面是"较小",younger 的反面是 older,hotter 的反面是 colder。

两极关系是客观事物之间的关系在语言中的反映,它们的意义是模糊的,不提供给我们有关绝对尺寸或规模的信息,但是,由于我们对客观事物的知识和对词义的了解,这一模糊性不会引起理解上的混乱。没有人会误把"一只大老鼠"看成是比"一头小牛""大"的动物。

两极关系词的另一个特点是:一方是有标记的,另一方是无标记的。有标记的一方专门用于对事物的性质、程度进行评价、说明,无标记的一方往往被用来对客观事物的性质、程度进行提问。我们通常会问:"他多高?""这条河有多长?"而回答这些问题时,我们通常说:"他高一米七十。""这条河有一百公里长。"即使被提问的对象很矮、很短,我们也不会说:"他矮一米五十。""这条河只有一公里短。""矮""短"是有标记的,"高""长"是无标记的。在这一点上,英语与汉语有相同的特点。英语中会说 How tall is he? 不说 How short is he? 回答是 Five feet tall,而不是 Five feet short。会说 How long is this river? 不说 How short is this river? 回答是 About one hundred kilometres long,不是 About one hundred kilometres short。

4. 部分否定关系:表示完全相反的两种状态之中存在着第三种状态,这种状态是对前两种状态的不完全否定,因此,构成了"肯定(X)——部分否定(Y)——完全否定(Z)"的规律。这里 Y 和 Z 都是相对于 X 来说的,即 Y 是对 X 的部分否定,Z 是对 X 的完全否定,而 Y 既是对 X 的不完全否定,也是对 Z 的不完全否定。例如:

赢—平—输
前进—停止—倒退
进攻—防御—退却
赞成—弃权—反对
正数—零—负数
大于—等于—小于
right—center—left
open—ajar—shut
always—often—seldom—never

(三)语义场研究的价值

一种语言的语义系统主要体现在语义场的关系以及语义场内词与词之间的关系中。语义场的研究成果是编好类义词典的前提,也是研究不同语言的语义对应关系的基础;而不同语言的语义对应关系的研究成果对翻译工作——尤其是机器翻译和语言教学——特别是外语教学有重要的现实意义。

第五节 语义的普遍现象和民族性

一、语义的普遍现象

语言的普遍现象理论是乔姆斯基首先提出来的。语言学家们很早就认为语言是人类特有的,是人类区别于动物的主要特征,但是,却没有很快地得出进一步的结论:人类先天就具备了学习某种语言的能力。这个结论是乔姆斯基提出的,现在已被越来越多的人所接受。支持这个观点的论据之一就是:人类语言在许多方面表现出了显著的相似之处即语言的普遍现象。

语言的普遍现象理论认为,一切人类语言都可以用一套有限的规则来进行描写。例如,人类语言在音位上的区别特征可以归纳为[＋/－鼻音]、[＋/－浊音]、[＋/－唇音]、[＋/－舌根音]等等,这些特征在各种语言中是普遍存在的,但是,并不是所有的语言都使用这些特征中的每一组,而是每种语言从中挑选自己可以利用的特征。

语义的普遍现象是说在各种语言的语义系统中存在着一组有限的语义特征,例如[＋/－有生命]、[＋/－人]、[＋/－男性]等等,究竟语言中需要多少个这样的语义特征来描写,或者说语言中究竟有多少这样的特征,现在还是个未知数。我们现在见到的事实是,各种语言都有几乎完全相同的语义场,每一个语义场中又包含着不同层次的小场。例如,根据有无生命的特征,语义系统可以分为[＋有生命]和[－有生命]的语义场;在[＋有生命]的语义场中又可以分出[＋动物]和[－动物]的语义场;在[＋动物]的语义场中可以根据不同的标准进一步分出大大小小的不同的场。至于一个语义场到底能分出多少个层次,有多少个词构成,则具体语言可以有自己的选择。

美国语言学家伯林和凯在1969年研究了近百种语言的颜色语义场。这个场中总共有十一种颜色词。这里指的是基本颜色词,不包括属于某一类颜色中的词,例如英语 scarlet 和 crimson 包含在 red 里;也不包括使用范围有限的词,例如英语的 blonde 主要适用于描写头发的颜色。这十一种颜色词是:white(白)、black(黑)、red(红)、yellow(黄)、green(绿)、blue(蓝)、brown(棕)、purple(紫)、pink(粉)、orange(橙)、gray(灰)。

每种语言从中挑选自己的颜色词。有些语言使用全部十一个词,有些语言只使用两个。他们发现,虽然这些语言的颜色场中词的数量并不相同,但是,它们却有一个基本的顺序,即假如一种语言只有两个颜色词,这两个词不是上述的随便两个,一定是白和黑;假如一种语言有三个颜色词,那么,第三个词一定是红。它们的顺序关系如下：

第一级：white, black
第二级：red
第三级：yellow, green
第四级：blue
第五级：brown
第六级：purple, pink, orange, gray

根据这个顺序,有四种颜色词的语言,其中一定有"白、黑、红",再在第三级"黄"和"绿"中任选一种;有五种颜色词的语言一定有"白、黑、红、黄、绿";有七种颜色词的语言就再加上第四级的"蓝"和第五级的"棕";有九种颜色词的语言就在第六级中任选两种。

每种语言中都有颜色语义场,各个语义场又总有基本相同的颜色词,表明了语义的普遍现象,而各种语言颜色场的大小差别又体现了语义的民族性。应该说普遍性包含在民族性之中。

二、语义的民族性

语义的民族性往往同社会历史文化背景有密切的关联,它可以体现在各个方面。我们先从语义场的民族性说起。

(一) 语义场的民族性

前面所举的颜色语义场的例子在说明语义的普遍现象的同时,也能清楚地说明语义场的民族性的特点。表示同一意义范畴的语义场在不同的语言中可以包含或多或少的词,体现了语义场的民族特色。

在一个语义场内,词与词之间的关系是互相关联又互相制约的,一个词的意义总是与其他词的意义密切相关的。不同语言的颜色场中词的数量多少不等,表示同一种颜色的词在不同的语义系统中的价值和意义也不同。这是显而易见的。新几内亚高地的Jale语只有两种颜色词"白"和"黑",而英语中颜色词却有十一种之多,可以想象Jale语的"白"和"黑"的所指范围大大超出了英语的"白"和"黑"。但是两种颜色所指的范围的中心是相同的,Jale语的"白"绝不会包括英语的"黑",这又体现了语义的普遍现象。亲属关系的词也能说明语义场的民族性的特点。

(二) 理性意义的民族性

各种语言中都存在着词的多义现象。我们前面讲过,词的多义现象往往是通过引申或比喻的方式产生的,基本义相同的词在有些语言中是多义词,在有些语言中可能不是多义词;即使都是多义词,在不同的语言中也可能有不同的引申义或比喻义,体现了词的理性意义的民族性。

汉语的"蓝"和英语中的 blue 都是表示颜色的词,它们的基本义都是"晴天天空的颜色或海水的颜色"。但是,汉语中的"蓝"是一个单义词,而英语中的 blue 则是一个多义词,除了表示颜色之外,还有"忧郁"的意义,I am feeling rather blue today 这句话的意思是"我今天觉得很不开心"。不了解这一点,就很难理解这句话的含义。

汉语的动词"玩"和英语的动词 play 是基本义相当的词,但汉语的"玩"只有三个义项,而英语的 play 有二十九个义项。汉语"玩"的三个义项分别是:①玩耍:孩子们在公园里玩得很起劲。②做某种活动(多指文体活动):玩儿足球、玩儿扑克。③使用(不正当的方法、手段等):玩花招儿。这三个意义之间的联系是比较明显的。这三个义项英语 play 也是有的,但除此之外,play 还有"进行比赛、演奏、表演、上演、播放(收音机、唱片)"等等义项。

英语中有一对同义词 person(人) 和 people(人们),在我们把英语作为第二语言来学习的人看来,好像就是单数复数的区别,如果是这样,那么 persons 和 people 应该没有什么区别了。实际不然。英语本族语者不会指着附近的一群人问自己的朋友:Have you met those persons? 他们在这里会用 people。而当所指的人不在场又是个别人时，他们才用 persons，例如他们会说 I have never met those persons。这种区别说外族语的人很难理解。同样的道理，中国人知道什么样的人我们可以称他们为"老师""阿姨""叔叔"等，虽然这些人并不真的是我们的"老师""阿姨""叔叔"。理解这些词的含义，对学汉语的外族人来说，也是一大难题。

（三）附加意义的民族性

附加意义的民族性在感情色彩、语体色彩和联想色彩中都有所体现。表示"火"和"血"的颜色的词在汉语和英语中都有，汉语用"红"来表达，英语用 red。虽同为形容词，由基本义引申出的其他意义的感情色彩在这两种语言中却并不相同。例如：

红：
① 像鲜血的颜色：红枣、红领巾
② 象征喜庆的红布：披红、挂红
③ 象征顺利、成功或受人重视、欢迎：红运、开门红
④ 象征革命或政治觉悟高：红军、又红又专
⑤ 红利：分红

四个引申意义都含有褒义色彩。

red：
① 鲜血或火的颜色的
② （头发）棕橘或铜色的
③ （人体的皮肤、嘴唇、舌头）粉红色的
④ （葡萄酒）深紫色的

四个义项都是讲 red 的所指范围，没有褒贬的感情色彩。但是，red 还可以做专有名词，所指的对象是共产主义者。

我们前面举过英语"马"的例子，它的几个关于"马"的词是为了不同的语体的需要而创造的，汉语中没有关于"马"的不同语体的词。汉语的"瞻仰"就是"看"的意思，但语体色彩和适用对象都不同于"看"，英语没有与"瞻仰"对应的词。

英语中表示"上帝的灵魂"这个意义，可以用 comforter，也可以用 holy ghost 这个名词短语。comforter 还有"安慰者"的意义，所以当人们在教堂里听到 The Comforter 时，往往联想到非宗教

的日常的"安慰者",感觉会很温暖,很舒服。而当听到 The Holy Ghost 时,人们往往会因为 ghost(鬼)而产生一种恐惧感。而同样是表达这个意义的 The Holy Spirit 则不会使人产生上述的任何一种联想。汉语把这三个语言单位一律翻译成"圣灵",中国人听起来也不会产生任何类似的联想。

词义是人们对客观世界的概括认识,由于被认识的事物是客观存在的,对各个民族是相同的,反映在词义系统中就表现为语义的普遍现象;又由于这种认识是主观的,往往带有各个民族的历史文化背景,在语义系统中就表现为不同的民族特色。有一种很流行的游戏牌,中国人把它叫"扑克"。"扑克"在汉语中实际是个外来词,在中国它也是个外来的事物。我们是把英语的 poker 按照发音翻译过来的。但是,对扑克中四种牌的名称,我们却既没有按音照搬,也没有按义命名,而是从我们自己认识的角度给它们重新起了名字:

红桃——heart(心)

黑桃——spade(锹)

草花——club(俱乐部)

方块——diamond(钻石)

两种语言都是从牌的形状方面来命名的。在中国人眼里,"红桃""黑桃"的形状都像"桃",一种水果。这种水果盛产在中国的大部分地区,很好吃。这两种牌靠牌面的颜色就可以区别了。"草花"的形状像植物的花朵,很美丽。"方块"的形状是一个菱形,方块形是我们经常用来形容物体形状的词。英语中的 heart、spade、diamond 都比较好理解,heart 像心的形状,spade 像锹的形状,diamond 像钻石的形状。只有 club 稍微复杂一些,我们中国人理解起来有些困难。club 的基本义是一种木制的棍棒,通常一端渐细并附有石制或金属制的头,作为击打的武器。在英语中很多球头状的东西都被称为 club,高尔夫球棒也叫 club。牌的形状是三个球状物聚集在短棍的一端,所以用 club 来命名,还是有内在的联系的。值得我们回味的是,同样一种客观对象,两个民族观察的角度却如此不同,或者说联想到的相似物如此不同,这与两个民族的历史文化、生活习惯有着密不可分的关系。各自联想到的都是他们最熟悉、与他们的生活最贴近的东西。两个民族都从形状入手为这四种牌命名,体现了语义具有普遍性,而命名的角度有所不同,又体现了语义的民族性。普遍性和民族性是相互对立又相互依存的。

第四章 词　汇

第一节　词汇和词汇学

一、词汇、词汇量、词语

　　语言学中的词汇是指一种语言中全部词语的总汇，它包括该语言全部的词和相当于词的固定词组、缩略语。词汇，跟语音、语义、语法等一样，也是语言结构系统的一个重要方面。在语言使用中，词汇又起着材料的作用，离开了词汇这一材料，也就无所谓语言。

　　词汇和词不是一个概念。词汇作为语言学的术语是一个特定的集合概念，它指的是语言中全部词语的总和（例如汉语词汇、英语词汇），而不是指具体的一个一个的词。"词汇"这个词具体使用时，所指的概念范围可大可小。既可以指一种语言中全部词语的总和（例如汉语词汇、日语词汇），也可指一种语言中某类词语的总和（例如基本词汇、一般词汇）；既可指一个人在某种语言上所掌握的词语的总和（例如鲁迅的词汇、巴尔扎克的词汇），也可指一种作品所用词语的总和（例如《三国演义》的词汇、《源氏物语》的词汇）。不管哪种说法，都是集合概念，不是个体词语。

　　一种语言的词汇，可以进行量的统计。语言的历史越悠久，词汇量就越大。而词汇量越大，表明该语言本身越丰富越发达，表现力越强。一种发达的语言的词汇是非常丰富的，但究竟包含多少词语，这难以精确统计。当代一些发达语言的词汇所包含的词语数量，现代的和历史的，加起来都有几十万个。例如《汉语大词典》《牛津英语词典》等所收词语的数量都超过了30万条。

二、词汇单位

词汇是一个系统,这个系统的组成者是词和固定词组以及相当于词的定型缩略语。

一般认为词是语言中能独立运用的最小的单位。它具有三个特点:(1)定型性;(2)完整性;(3)最小。

语言单位的"定型",是指语音形式和意义不轻易改变,两个方面都不是随意的、不定的。从形式上看,词具有一定的语音结构,它有固定的音节或音节的组合,还有一定的重音或声调。从意义上看,词有完整的、不可分割的意义,它表明客观现实中的某一事物、性质、特征、行为或关系等。例如现代汉语的"白、纸、写、犹豫、韭菜"等,它们都有固定的语音结构形式,都表明客观事物的一种事物或现象,它们的语音形式和意义都是定型的,它们是词,这是显而易见的。像"龙头、小姐、大话"等的意义也是固定完整、不可分割的,不是它的几个构成成分的意义的简单总和。"龙头"指的并不是"龙的头",而是指自来水管的放水活门;"小姐"指的并不是年龄小的姐姐,而是对未出嫁女子的尊称;"大衣"并不是指很大的衣服,而是指较长的西式外衣。英语的 blackboard 不是指黑的板子,而是一种教学用具;honeymoon 并不是指甜蜜的月份,而是指新婚后的第一个月。这些也是词。

"完整",是说它能独立地作为一个整体而被人们理解,独立地同别的语言材料单位组合。例如现代汉语中的"葡萄""枇杷"能独立地被人们理解其含义,可以作为独立的单位同"青""熟""吃"等组合。如果把它们分割成"葡"和"萄"、"枇"和"杷",那分割出来的东西就失去了语言材料的资格,不能单独地被人们所理解和掌握,也不能和其他单位组合。

"最小"是指词不能拆开扩展,内部不能再插入别的语言成分。

固定词组,是指词的固定组合体。在语言中某些词常常固定地组合起来,成为一个使用单位,它是词的等价物。它虽然由若干词组合而成,却并不等于是由独立的词相加的在词的上一层的单位,而是跟词处于同一个平面上,在造句功能上和词相同。作为语言材料,它同词一样,也是建造语言建筑物的直接单位。固定词组同词一样,以固定的声音和特定的意义存在于词汇之中。

各种语言中都有各具特点的固定词组,它大致可分成两种:一是专名用语,二是成语、惯用语。

专名用语主要指由几个词固定组合起来表达的事物名称,包括国名、地名、机构、组织、报纸杂志、作品等名称术语。例如汉语中的"中华人民共和国""台湾海峡",英语中 International Olympic Committee(国际奥林匹克运动会),日语中的"日本野鳥の会(日本野鸟协会)""《鶴に恩返し》(《仙鹤报恩》)"等。书刊影视歌曲等名称是固定词组,但跟普通的固定词组不同,一旦不作为书刊影视歌曲名称,便只是一般的词组,而不是词汇中的成员了。例如《我的老师》(文章名)、《深圳青年》(杂志名)是固定词组,但"我的老师""深圳青年"便只是一般词组了。

许多语言都有惯用语,它一般是指口语中结构比较定型、意义有所引申的固定词组。例如汉语的"钻牛角尖、开绿灯、吹牛皮;耳边风、拦路虎、小道消息"等,英语的 break the ice(打破沉默),日语的"口がうまい(能说会道)""温泉につかる(洗温泉)"等。

四字(音节)成语是汉语特有的固定词组。它是语言发展中逐渐形成起来的习用的、定型的词组。四字成语大多有出处,其中大部分是从古代文献中继承下来的,也有来源于社会流行语的。例如"滥竽充数、杞人忧天、毛遂自荐、一鼓作气"等来源于古代文献中的故事、传说,"狼子野心、水到渠成、七手八脚、半斤八两"等来源于古今社会流行语。外语中没有这种四音节成语,但有时可用汉语成语来翻译外语对应的惯用语或寓言故事。例如英语的 love me love my dog,可译成"爱屋及乌";日语的"似たり寄たり"可译成"半斤八两"。

固定词组同词一样,以固定的声音和特定的意义存在于词汇之中。固定词组在形式结构和语义方面有自己的特点。从结构上说,固定词组都有凝固成型的特点。就是说它的结构是一种特定的组合形式,不能像普通词组那样随意改变。第一,组成固定词组的各个构成成分,一般不能随便变换位置;第二,不能用同义或近义的成分去调换;第三,不能随意增加或减少成分。例如"胡作非为"不能换成"非为胡作","狐假虎威"不能说成"狐借虎威","一孔之见"不能说成"一孔见";日语惯用语"似たり寄たり"不能换成"寄たり似たり"、"気に食わない(不称心)"不能说成"気に食べない"。比较起来,成语的结构限制较严格,除某些场合能灵活运用外,它的组成成分既不能变动也不能拆开。而惯用语的凝固性比成语要弱,灵活性比成语要大。除名词性的惯用语变化较少外,动词性惯用语的结构成分可用同义词替换,可以前后颠倒,而且大多都可以拆开,可以扩展,例如"唱高调——唱什么高调/这种高调唱不得""走后门——走领导的后门/在他那里后门走不通"。

在意义上,固定词组一般具有整体性的特点,除专名用语外,固定词组的意义,一般都不能按字面意义僵硬地理解,不是它们的各个构成成分即组成它的各个词的意义的简单总和。即使知道构成固定词组的每一个词的意思,也知道组成固定词组的语法规则,也不一定能了解固定词组的意思。它们一般都有特殊的引申义和比喻义。例如"破釜沉舟",不能理解为"打破锅,凿沉船",它的实际意义是"比喻下决心不顾一切干到底";"马后炮"不是"马后面的大炮",而是喻指"不及时的举动"。日语的"足を洗う",这个惯用语是"洗手不干"的意思,如果一个词一个词地直译就成了"洗脚"了。英语的 break the ice 也不能直译为"打碎冰块"。

固定词组跟词相比,在于固定词组本身可以再分出多个完整定型的语言材料单位,而词不可能再分出更小的完整定型的语言材料单位来。

缩略词语,是指由词组紧缩、省略而成的词语。缩略词语包括缩语和略语两部分。

缩语是习用的联合短语的紧缩形式,一般选择其中各项的共同语素加上包含的短语项数构成,例如"抢种抢收——双抢""陆军海军空军——三军""春季夏季秋季冬季——四季"。也有的是根据共同的属性加上列举的项数而成,例如"金木水火土——五行""马牛羊鸡猪狗——六畜"。缩语称说简便,但容易使原来的具体内容落空。例如"八卦"的具体内容,"3W(WWW)"究竟指什么,人们已不太清楚了。

略语是词组的省略形式。口语中为了称说简便,把较长的名称以及习用的短语(可以是一般短语,也可以是固定短语)省略而变成了略语。略语又被进一步用到书面语中去,便逐渐稳固起来。例如汉语的"彩色电视机——彩电""师范大学——师大""中国共产党中央委员会——中共中央""中国语言文学系——中文系";英语的 World Trade Organization(世界贸易组织)——WTO, Test of English as a Foreign Language——TOEFL(托福)。

缩略词语本来是临时替代词组的,后来形式和内容都凝固化了,具备了一般词的特点,便转化为词。有些缩略词语渐渐凝固成了词,原来的专名用语反而用得更少了,例如"地铁(地下铁路)""空调(空气调节器)"等。

而未凝固还处于临时替代状态的词组的缩略形式,不能算是词汇成员,例如基层领导人在谈及本地区本单位的工作时常常说"四不准""三落实"等等,很难视为语言中的固定组合,因为它的含义并不稳定,常常因地因事而异。

固定词组在数量上比词少,功能上也不及词重要,它是词汇中一种非基本单位,但它往往成为学习运用某种语言的难点。

三、词汇学

词汇学是以词和词汇为研究对象的语言学分支,它是研究词汇的内部系统(包括词汇的划分、关系、发展等)和使用规则的学科。

词和词汇的研究比较早,可以说,人类开始语言的研究,就开始了词汇的研究。中国先秦时期的《尔雅》,是世界现存最早的语言学著作之一,也是词汇研究的最早成果。公元 4 世纪印度的《长寿字库》也是较早的词汇学著作。西方 18 世纪后期至 19 世纪初期的《全世界语言对比词汇》(1786～1789)、《米特里德》(*Mithridates*)(1806～1817)等对比词汇巨著,使词汇研究向现代科学推进了一大步。

但是,同语言学的其他分支学科语音学、语法学、语义学比较,词汇学的地位就特殊一些。长期以来,词汇学在西方语言学中并不是一门独立的研究学科,它渗透在音系学、形态学、语义学、应用语言学、计算语言学等学科中。20世纪50年代开始,前苏联逐步建立了词汇学,与此同时中国也开始了现代汉语词汇学的研究。当今,汉语词汇学已发展为汉语语言学中的一门独立的学科。现代汉语词汇学已经在词形、词义、词典、熟语、词语规范化以及词频、新词语等方面有了较大的研究成果。

词汇学按不同的研究对象和角度可分普通词汇学和具体词汇学,历史词汇学、历史比较词汇学和描写词汇学等。普通词汇学以人类语言词汇为研究对象,具体词汇学以某一种语言词汇为研究对象;历史词汇学的研究对象为个别语言词汇的历史发展规律,历史比较词汇学的研究对象为有亲属关系的多种语言或方言的词汇的发展过程和规律,描写词汇学研究的是某种语言在共时平面上的词汇的构成、体系及结构组织等。

第二节　基本词汇和一般词汇

任何一种语言包含的词语数量都是数以万计的,有的多达几十万。表面看来词语很庞杂,实际上,词汇内部并不是一盘散沙,词汇中的各个词之间是有联系地汇集在一起的,词汇可以说是一个庞大的体系。

词汇内部有一个核心,它是整个词汇系统的基础,这就是基本词汇。不同的语言系统有不同的词汇体系和基本词汇,例如英语有英语的基本词汇,日语有日语的基本词汇;同一语言不同的发展阶段形成不同的共时系统,基本词汇也会有所不同,例如现代汉语和古代汉语的基本词汇就有所不同。但相同的是,基本词汇里的词都表示与人们日常生活密切相关的事物和现象。例如自然现象,生活、生产资料,时令、方位、数量,人的器官肢体,基本动作行为和性质状态以及与日常言行有关的现象等。下列词都是汉语基

本词:

  天、地、气、星、风、雨、火、树、花、草、鱼、人;
  刀、车、马、船、房、布、菜、米、油;
  年、月、日、春、秋、南、北、上、下、前、中;
  一、二、十、百、千、万;
  手、头、心、肺、胆、皮、肉;
  吃、喝、说、睡、出、生、起、打、笑、走;
  老、少、大、粗、轻、快、白、长。

  其他语言的基本词大致也是这样。当然并不是所有的表达与人们生活密切相关的词都属于基本词汇,比如汉语的"吃"和"进餐"同义,可只有前者属基本词汇,因为一个词是不是基本词,还要看它在词汇体系中的地位如何。"吃"这个词,就其运用范围来说是全民常用;就其在语言中产生和发展的情况来说,它是悠久稳固的;就其在词汇中的功能和作用来说,它是构成新词的基础,有很强的构词能力。一般来说,基本词要具备这些特征。而"进餐"这个词就不具有这些特点。

  基本词汇具有以下性质:

  第一,全民常用。这是指基本词汇使用范围广,使用频率高,在日常交际中不可缺少,不需要特别解释,大家都懂,大家都会用。例如古代汉语的"弓、童、目、足、言、君、义、之、而"等,现代汉语的"眼睛、学习、老师、商业、非常、什么、因为"等,现代日语的"朝、秋、赤い、さくら、きっと、する"等,现代英语的 be、do、take、you、the、read、book 等。而像"进餐"等词并非人人都懂、会用,它就不是基本词。

  第二,稳固性。这是指基本词汇历史悠久,存在时间长;在长时间中它的所指范围是稳定的,能为本族人世代所用。英语的"of、man、live、this",日语的"よい(好)、さくら(樱花)、はい(是的)"等,都有悠久的历史。现代汉语的"水、土、人、风"等,从甲骨文时代到现在,一直使用,有三千多年的历史;"吃、好、了、的"等也有上千年的历史,而"爸爸、奶奶、眼睛、社会、学习、生产、现在、时候"等从现代汉语形成之初便存在并一直沿用到现在,今后还会继续使用下去;这些词所表达的概念是汉族社会的人们交际时所不能缺少的。而像"知青、插队"之类,曾经一度通行于广大人民的口语之中,可就那么几年,风行一时之后就不再运用了。所以算不上基本词。

第三,能产性。基本词汇是构成新词的基础,新词的产生都要利用原有的且为人们广泛熟悉的语言材料,基本词汇正有这些特性,能为新词提供构词材料。例如英语的基本词 live(生活)可以构成 livelihood(生计)、livelong(整个的)、lively(活泼的)、liveliness(活泼)、living(活着的)等几十个词。以日语的基本词"き(気)"为基础可以构成"にんき(人気)"(人缘)、"げんき(元気)"(精神)、"気掛り"(挂念)等一百多个词。汉语的情况略有不同,古代汉语的词以单音节为主,现代汉语的词以双音节为主。现代汉语基本词汇和一般词汇都由古代汉语的词汇发展演变而来。古代汉语的基本词汇(有的成员仍是现代汉语基本词汇的成员)是现代汉语新词构成的基础。而在共时条件下,基本词的构词能力又各不相同。现代汉语里,除代词和虚词外,单音节的基本词都有极强的构词能力,而双音节的基本词,构词能力一般都很弱,有的甚至没有构词能力。例如基本词"爸爸、眼睛、学校"等构词能力就很弱。构词能力强的语言材料曾经是词,而在另一时段却失去了词的身份,这在汉语中屡见不鲜。像"眼、耳、足、舌、桌、椅、金、银、道、德、福、基、际、朋、友、民、师、敌、导、处"等在古代汉语都是基本词,在现代汉语中构词能力仍很强,但它们都不是作为词,而是作为语素的身份存在的。

上述三个特点中,全民性和稳固性是最重要的。而能产性只是就基本词汇的整体来说的,并非每个基本词都有能产性。

不同语言中的基本词汇的范围和成员的数量是不完全一样的。汉语的"米""茶"是基本词,而在英语、俄语等西方语言中表示上述同样事物的词就不会是基本词;英语的 cream(奶油)、beef(牛肉)等是基本词,而在汉语中表示上述事物的词就不是基本词;日语的"さくら"(樱花)、"たたみ"(榻榻米)、"ふろ"(浴池)是基本词,其他语言中表示上述事物的词就很难归到基本词汇里去。不同语言中基本词汇的差异,是体现语言民族性的一个重要方面。

一般词汇是除基本词汇之外的词汇。它的特点是:变动大,成分庞杂。

变动大是说一般词汇经常处于变动之中,旧词逐渐退出,新词不断出现。例如现代汉语里使用频率曾经很高的词语像"土改、三反、忠字舞、红卫兵"等现在很少使用,而"哈韩族、闪客、QQ迷"等正在流行。《现代汉语新词新语词典》之类,每隔几年就会出来一部。词汇的发展变化主要就体现在一般词汇上。

成分杂是说一般词汇要表达人们交际各方面的概念、事物、现象、思想等,因此它的成员数量庞大。语言的词汇量大,主要就体现在一般词汇上。在发达的语言中,一般词汇成员的数量总要比基本词汇成员的数量多得多,它的内部组成成分也很复杂,它包含古词语、新词语、外来词、方言词、专业词语等。人们在学习生活工作中,语言使用上的风格和特点,主要是通过一般词汇的掌握的差异而表现出来。

一般词汇和基本词汇的关系是:

第一,由基本词汇中的成员作为构词材料产生的新词,绝大多数属于一般词汇。例如汉语基本词"网"构成的"网络、网状、网巾、网吧、网虫、网迷、上网、电网、情网"等词,都是一般词汇中的词。

第二,一般词汇中有些词,随着社会生活的发展,它们所表示的事物和概念在较长的历史时期中与人们的生活关系密切,具备了基本词汇中的词的特点,它就进入了基本词汇的行列。例如汉语的"党""电",在古代只属于一般词汇,在现代汉语里已成为人民生活中普遍运用的词,并以它们为基础,产生了一大批新词。"党""电"就变成了基本词。

第三,基本词汇中的某些词,也可以随着社会、语言的发展而转为一般词,例如汉语的"君""弓",在古代汉语里属于基本词汇,但到了现代汉语只能算一般词了。

以"基本词汇"和"一般词汇"分类来表述词汇系统,比较繁芜复杂,但对研究词的产生、构造和来源有重要作用,对语言教学、词典编纂和计算机处理等都有积极的作用。

第三节 词汇的构成

词汇的构成可以从多角度去考察,基本词汇和一般词汇是根据词汇在语言系统中的地位和作用划分出来的两个子系统;词汇中的词语还可以从使用频率、使用范围、发展和存在形式、来源等角度或标准进行分类。

一、常用词语和非常用词语

从词语的使用频率看,词语可以分为常用词语和非常用词语。使用频率高的是常用词语,词汇里除去常用词语的成员,是非常用词语。词语使用频率即"词频",一般都是用统计的方法确定的。例如《现代汉语频率词典》,收列高频词语有八千;《普通话三千常用词表》,收列了现代汉语最常用的三千个词。常用词语的确定,对语言教学、计算机信息处理、词典编纂有重要作用。语言学习一般都是把最常用的词先安排在初级阶段,把常用词安排在中级阶段,非常用词安排在高级阶段。

常用词语可以是基本词,也可以是非基本词。非常用词语与常用词语是相对的,这跟统计语料的选择,词频高低的界定,数量范围的控制都有直接的关系。

二、通用词语和非通用词语

从词语的使用范围上看,词语可分为通用词语和非通用词语。不受地区、职业因素等的限制,全社会都普遍使用的词语就是通用词语。而只在某地区、某领域或一部分使用的就是非通用词语。非通用词语主要指方言词和专门词语。方言词指存在于具体的某个方言中,有不同于民族共同语及其他方言的特殊含义、特殊构造材料或构造方式的词。

来源于方言但进入了民族共同语,并被全社会普遍接受和使用的,不算方言词,而是方源词。吴方言中的"尴尬""晓得",西南官话里"搞""耍",粤方言里的"看好""阔佬"等已进入现代汉语普通话词汇,不再算方言词。

而像西安话的"贼娃子"、上海话的"白相"、广东话的"手袋"、成都话的"上装",才可以算方言词。外语中也有方言词,例如标准日语的"谢谢",是"ありがとう",而在大阪则说成"おおきに";英语的"上级,上司",是 superior,而在方言俚语中说成 nibs。专门词语是意义所体现的概念比较专门化,使用范围比较窄,常用于某些部门、行业或社会集团的词语。原来是专门词语,但所表达的对象后来能为一般人所熟悉了解,且不一定按照原来的要领来理解运用,使用的范围也不窄,这时就不再属于专门词语。例如"辐射、手术、超载、脸谱、上台、卧底"等。而像"硝酸咪康唑、转接卡、黑匣子、格语法"等,只为各自专业、部门的人所熟悉和运用,这才是专门词语。

三、新词语和旧词语

从语言发展和词语存在形式看,语言的词汇中可以分出新词语和旧词语。新词是适应社会需要而新创造出来的词。新事物、新现象、新思维,不断涌现,这些都需要产生新词把它们表现出来。各个历史时期都会出现不同的新词,例如,现代汉语的"白区、清乡、鸣放、工分、生产队"等是过去某个时期的新词;"网络、主板、光盘、发屋、媒体、款爷、网虫、股民"等是近年来才出现的新词。英语里近年来的新词更多,例如,带 E 的就有 E-government(电子市政府),E-bank(电子银行),E-Business(电子商务),E-cafe(电子休闲),E-commerce(电子商务),E-consumer(电子消费),E-home(电子家庭),E-information(电子信息中心),E-mail(电子邮件),E-money(电子货币)等。

新词语具有三种形式:一是前所未有、新创造出来的,这种新词语利用原有语言材料并按通常的构词方式创造出来。例如英语的 clipbook(剪贴簿)就是由原有词 clip(剪贴)和 book(簿)组合而成的。二是刚进入普通词汇的专业术语,例如汉语的"主旋律、软件"等。三是刚赋予新义的原有词语,例如现代汉语的"强人、窗口、不倒翁"等。

新词语也有时间限度,一般来说,新词语存在 20 年后,它的新鲜的性质就消失了,就会由新词语转为普通的词语。

旧词语,是历史上存在时间较长,而现今在口头交际中绝少运用,只在书面语中沿用的词语。旧词语又分成历史词语和古词语。历史词语表示的事物、现象、观念今天不再存在或不适合现今社会的思想观念。例如汉语的"科举、太尉、太监"是表示古代事物、现象的名称,这些事物、现象今天已不存在;"邮差、脚夫、车夫、洋行"等是表示半封建半殖民地中国的事物、现象的名称,不适合今天的思想观念。英语的 knight(骑士),俄语的 царь(沙皇),日语的"御家人"(幕府将军的家臣)、"法皇"(出家为僧的太上皇)等等都是历史词语。古词语是指古代语言遗留至今带有古雅色彩的词语,它们所表示的事物或概念现在还存在,但已由别的词语所替代。例如日语的"赤し—赤い""やまい(病)—びょうき(病気)",英语的 yea(然)、eke(亦)等。汉语的文言词和一些古代白话词语也属于古词语。例如"勿、谓、俱、乃、朝夕、如此、风物""即刻、我等、无状、这般"等等。

旧词语虽然在口头交际上少见,但仍是现代词汇中的成员,有些旧词语在外交辞令(包括称呼)、重要声明、贺信贺电等庄重场合下还是不可缺少的。

新词语、旧词语的产生变化是各种语言都有的,只是多少、快慢有所不同,并往往与社会、政治、经济诸方面关系密切。

四、本族词语和外来词语

从词语的来源上寻找,词汇里可分出本族词语和外来词语。本民族语言固有的词语叫本族词语,是某种语言词汇的主体,也叫固有词。从外国语言和本国其他民族语言中连音带义吸收来的词语叫外来词语,这是词汇的来源之一,也是各民族、国家之间各方面交往的必然结果。英语中表示动物名称的是本族固有词语,而对应的肉食名称多借自法语,例如 pig(猪)/pork(猪肉,法语 porc)、calf(小牛)/veal(小牛肉,法语 veau)、sheep(羊)/mutton(羊肉,法语 mouton)。日语在早期吸收了大量汉语的词语,构成日语中具有特殊地位的"汉语词",对日语影响极大,以至都不把"汉语词"看做外来词语,例如"学生、先生、教室"等,明治维新前后吸收了大量英美等西方国家语言的词语,例如"ペイジ"(page)、"スタンド"(stand)等。越南语、朝鲜语也有不少来自汉语的借词。汉语也接受了很多外来词语,"葡萄、狮子"等来自汉代西域,"佛、菩萨、罗汉"等来自汉末魏晋的印度梵语,"沙发、坦克、鸦片"等又来自工业革命后的西欧,至于"消极、总理、景气、学位"等,是日语借汉字去意译西欧语言然后又以同样的书写形式进入了汉语。中国境内的少数民族也给汉语输入了一些词语,例如"站(驿站)、胡同"等来自蒙语;"喇嘛、哈达"等来自藏语;"萨其马"等来自满语。

外来词是音译词。借用外族先有的事物和概念而用本族语言的建筑材料和规律构造出来的词语,不是外来词,而是意译词。像汉语的"足球、铁路、黑板"等,无任何音译成分,不能看做是外来词。汉语的外来词,主要有以下几种类型:

(1) 纯音译外来词语:沙发、扑克、拜拜、拷贝、模特儿。
(2) 字母外来词语:DVD、CPU、OK、WTO。
(3) 半音译半意译外来词语:冰淇淋、新西兰、因特网、马克思主义。
(4) 半音译半注释外来词语:啤酒、卡片、艾滋病、拖拉机。
(5) 音译兼意译外来词语:俱乐部、维他命、香波、可口可乐。

由于外来词语与外来文化密切相关,所以其他人文科学,例如人类学、历史学、民俗学、文学等也对外来词语有浓厚兴趣。

第五章 语 法

第一节 语法和语法学

一、语 法

语言是音义结合的符号系统。在这个系统中,首先是一定的语音与一定的语义结合成数以千计的语言符号,例如"成册的著作"这个意义与 shū 这样的语音结合起来,形成了汉语中的"书"。然后符号和符号再进一步结合成复杂的符号和符号链,例如"书"和"桌"结合成"书桌",最终形成我们在交际过程中说出的一句一句的话。这种由小而大、由简单而复杂的组合过程显然是有规律的。比如"看"和"我"可以有两种组合:"看我"和"我看",意思不同;而"看"和"了"只能有"看了"这一种排列。语言符号系统的这种构造上的规律就是本章要讨论的语言中的语法规律。语法就是语言中词的构成、变化规则与组词成句的规则的总和。前者可以叫词法,后者叫句法,词法和句法合称语法。把语法分成词法和句法两部分,是西方语法研究的传统。事实上这两部分有时不好截然分开,至少在汉语这样的语言中就很难贯彻。不过,这种传统方法还是有很多的理据,已经为各国语法研究者所普遍接受。

二、语法和语法学

应当强调,语法这一规则系统,不是由哪一位先贤或哪些专家人为地制定的,而是讲这种语言的人们在千万年语言活动中共同约定并遵守着的。语法规则是一种客观存在，不能按某些人的主观意志随意改变。但是，事物的存在与人们认识到事物的存在是两回事。例如原始人类就具有呼吸系统、消化系统等等生理构造，但是在解剖学问世之前，人们对自身的这些生理情况却知之甚少甚至一无所知。同理，语法现象是客观存在的，语言学使我们认识到了语法规律的存在。对语法现象进行专门研究的语言学分支叫语法学。

语法学和语法关系密切，但二者又有着本质的不同。语法是客观存在的，而语法学是人对语法的认识。既然是人的认识就不可避免地有主观的成分存在，有各种分歧存在，分歧比较多比较严重又具有一定系统性时，就会产生学派。任何学科的发展都是如此。但不论分歧怎样严重，都不是语法自身的问题。例如"我吃了饭了"，有人认为句中的"了"是同一个"了"用了两次，也有人认为是两个不同的"了"分用在不同的位置；不管哪一种解释，都不能改变"了"的用法，都不能把"我吃了饭了"说成"我饭了吃了""我饭了了吃"等等。

"语法"和"语法学"作为术语有时在使用中区分得不是很严格，常常用"语法"指"语法学"，这应当引起我们的注意。

三、语法的特性

（一）抽象

所谓"抽象"，是指不容易观察不容易体验到事物的存在。在语言系统中，最容易体验到其存在的是语音，它是一种经由人体发出的可以传递信息的声波。语义的存在可能稍微隐晦一些，不过正常人在听到语音时总会引起一些心理上的反应，这种反应其实就是人接受了理解了语音所负载的语义的表现。相比之下，语法的存在最不容易观察到，它不像语音那样可以凭借生理功能来感受，也不像语义那样与心理现实有紧密的对应。比如"吃饭""看书"和"卖报"在语音词义上全然不同，可在语法上有很大的共性：都是动宾词组。但这所谓的"动宾词组"是对"吃饭、看书、卖报"三个组合在排列次序、成分功能、整体功能、内部构造上的共同点的概括,并且同时又舍去了这三个组合在语音词义方面的不同点。因此,语法的存在,尤其是汉语语法的存在,远不像语言其他成分那样容易被人们所感知。

(二) 稳定

和语言其他成分相比,语法在语言的发展过程中变化很少而且缓慢。举例来说,今天现代汉语语法的基本框架,例如主谓、动宾、偏正、联合在距今 3000 年的西周金文文献中已经大体具备。语法的这种稳定程度有时甚至超越了基本词汇,例如在今天的朝鲜语基本词汇中可以找到不少汉语的成分,但是由于朝鲜语的语法结构大异于汉语,专家们才断定朝鲜语和汉语没有亲缘关系,没有把朝鲜语与汉语归入同一语系。可以说,语法结构的稳定性能够较好地表现一种语言的基本面貌。

附带指出,有的语言学教科书把"民族性"也视为语法的一个特性。我们认为,这样的看法有欠妥之处。诚然,语法确实具有一定的民族性,不同民族的语言在语法构造上可以相差很多。但是,语法以外,语音和语义这两个语言要素同样具有很强的民族性。如果我们把民族性视为语法的特点,那就在逻辑上暗示语音语义没有民族性。这显然是欠妥的。

四、语法单位

语言本身就是音和义的结合体。这种结合有大有小,有简单有复杂,例如"买"就是汉语中最简单最基本的音义结合,"买书"就比"买"稍复杂,"买一本书"又比"买书"复杂,语言就是这样层层递加逐层复合组织起来的结构系统。所有这些组合,无论复杂和简单,都是音义的结合,都是语法系统的单位。

语法单位中最基本的是语素,是最小的音义结合体。汉语中的语素大多是一个音节,所以在汉语语法分析中识别确定语素并不困难,例如"我要买书"有四个音节,就有四个语素。由语素组成的最小的可以单独使用的语法单位是词。词和语素有时在外延上可以重合,例如"我要买书"是汉语的四个语素,同时也是四个词,但"我们要买书"有五个语素只有四个词。词和词按一定语法规律组合起来的造句单位叫词组或短语,词组的结构规律比较复杂:它可以由词和词组成(例如"一＋本→一本"),也可以由词和词组组成(例如"卖＋一本→卖一本"),或者由词组和词组组成(例如"卖完＋一本→卖完一本")。句子是最大的语法单位,它有一定的语调,前后有停顿,表达一个相对完整的意义。句子通常由词组在一定的语音语义条件下组成,但是个别的句子也可以只是由单个的词在一定语音语义条件下组成,例如"走!"虽然只有一个词但也是一个完整的句子,语法学上叫"独词句"。句子和句子也可以按一定的规律组成更大的单位,但这种单位有多大程度的语法性质还值得探讨。因此,一般的教科书在讲解语法单位时是到句为止。换言之,句子就是最大的最高一级的语法单位。

第二节 词 法

语法是词法和句法的总和。传统语法认为词法应该有三项内容:词的构成规律、词的变化规律、词的分类。这种看法是基于印欧语系的语言得出的。对于像汉语这种很少有词形变化的语言来说,脱离句法,词的分类无从谈起,因此汉语的语言学中总是把词的分类放到句法中讨论。

一、语素和词

语素是最小的语法单位,词是最小的造句单位,它们都是语法分析的基础。

(一) 语素

语素是最小的音义结合体。"最小"指不可再分。例如"看书"可以分成"看"和"书",所以"看书"不是语素,"看"和"书"各自都是语素，因为它们都是由一定的音和义组成同时又都是不可再分的。当然，"看"和"书"都可以再分成若干部分，例如把"看"分成 k、a、n 等，但这些都是语音单位，本身不负载任何意义，不在语法学讨论的范围内。同理，英语的 books 不是语素，只有 book 和 s 才是语素；book 是最小的语法单位，不可再分。b、oo、k 都不是语素，因为它们不负载任何意义。s 虽然和 b、oo、k 一样都是音素，但 s 本身表示一定的意思（复数），所以 s 就是一个语素。

汉语的大多数语素是单音节的，例如"我、要、读、书"，这可以说是汉语语法的一个突出特征。少量的语素是多音节的，其中有古代汉语遗留的所谓联绵字，例如"犹豫、彷徨"，还有一些则是外语输入的，例如"葡萄、巧克力、奥林匹克、布尔什维克、英特纳雄耐尔、布宜诺斯艾利斯"等。

语素是最小的音义结合体，这个概念是明确的。但在具体划分时仍存在一些不易操作的情况，例如音义关系的纠缠不清。对这类问题，处理的原则是：一音多义，如果各项意义之间毫无关联之处，就是一组同音语素；如果有一定的联系，就是一个多义的语素。例如汉语"书"和"叔"意思上没有任何关联只是同音而已，所以"书"和"叔"就是一组同音的语素，是两个语素。同理，英语的 read 和 reed 发音一样，前者是"读"的意思，后者是"芦苇"的意思，没有关联，所以 read 和 reed 也是同音的两个语素。反之，汉语的"借"有"借入"和"借出"两个意思，例如"从图书馆借了本书"（借入，书从他人处移向了说话人）、"把书借老王了"（借出，书从说话人处移向他人处），但是这两个"借"还是有联系的（都表示发生了移动），因此可以算是一个语素，一个多义的语素。同理，英语 party 可以指政党，也可以指社交聚会，这两个意思之间也是有联系的（都有"人群集中"的意思），英语的 party 也是一个多义的语素。汉语语素的识别有时会受汉字字形的影响，例如，"收获"的"获"和"获得"的"获"在简化汉字中都写成了"获"，学简化汉字的人就会认为这两个"获"是同一个语素。但是在繁体汉字系统中，要分别写成"收穫"和"獲得"，学繁体汉字的人就会认为它们各自是一个语素。

(二) 语素的变体

一个语素在不同语音条件下可以有不同的语音形式,这些语音形式就是这个语素的变体。例如英语表示名词复数的语素-s,就有[-s][-z][-iz]三套变体,分别适用于不同的语音环境。汉语"一、不"的变读实际也是语素的变体问题,只不过英语的变体体现在音素上,汉语的变体体现在声调上。"一、不"后面接阴平、阳平、上声音节时读成去声,后接去声音节时读成阳平。

(三) 词

1. 自由语素和黏着语素

美国语言学家布龙菲尔德首倡把语素分为自由的和黏着的。所谓自由语素就是能够单独成句的语素,所谓黏着语素就是不能单独成句的语素。例如"谁"和"呀","谁"可以单独造成一个句子表示疑问,"呀"就不行。"谁"是自由语素,"呀"就是黏着语素。自由与黏着是美国描写语言学中一对十分重要的基本概念。

2. 词

对于像汉语这样缺少形态变化的语言来说,确定词与词的界限是比较困难的。人们曾试图以自由和黏着为标准来划分词,也就是说把词限定为最小的自由单位。但是这种做法会把词的范围限制得很窄,许多虚词,例如"很、的、呀"等等都无法进入。比较通行的办法是把词限定为最小的能独立运用的语言单位。所谓"独立运用"是指能够单说(即单独成句,自由的)或能够单用。"单用"是指把一个语言片段中能单说的成分提出之后所剩余的成分。例如"谁呀"就是两个词,因为"谁"能单说,"呀"是剩余的,能够单用。如果我们限定只有能够单说的最小单位才是词,那么像"呀"这样的语言成分就很难处理。

3. 词和语素的关系

所有的词都是由语素组成的,最简单的词是由一个语素组成的,复杂的词是由多个语素构成的。例如"大""大学""大学生"就分别是由一个、两个、三个语素组成的词。这样,由一个语素组成的词和语素自身在外延上就重合了,当然其内涵仍然不同。说"大"是语素,因为它是语言中最小的音义结合体;说"大"是词,因为它是最小的能独立运用(单说)的单位。

二、词的构造

(一)词根语素和附加语素

因为词都是由语素组成的,所以要认识词的构造就要从语素的类别入手。根据语素在构词时的不同作用,可以将语素先分为两大类:词根语素和附加语素。词根语素是体现一个词的基本意义的语素,例如"桌子""石头"中的"桌"和"石","阿姨""老虎"中的"姨"和"虎"。又例如英语 worker(工人)、teacher(教师)中的 work、teach。词根语素在全部语素中占绝大多数,词根语素在构词时位置不固定,例如"桌"在"桌子"中居前,在"课桌"中就居后。附加语素是指附着在词根语素上的附加成分,像上述例词中词根语素以外的成分。附加语素在构词时位置是固定的,例如汉语的"子"(轻声)总是在词的尾部,"阿"总在首部。词根语素和附加语素在语义上也有所不同。一般而言,词根语素表达的意思比较具体,比较容易解释或理解,在构词时词的语义一般主要是靠词根来表示的。例如"刀子"的主要意思就是"刀"的意思。相比之下,附加语素的意思比较抽象,不容易解释或理解,例如"刀子"的"子",我们很难确切地说明它表示的具体意思。

(二)词缀和词尾

附加语素又可以分成两类:词缀和词尾。词缀是构词成分,表示附加性的词汇意义和语法关系,例如英语 teacher(教师)的-er,汉语"桌子"中的"—子"、"阿姨"中的"阿—"。词尾是指仅表示语法意义的附加成分,例如英语 books(书,复数)中的-s,teachers(教师,复数)中的-s。词缀和词尾是完全不同的两类成分。词缀是构词单位,添加了词缀就构成了另外一个词,例如英语 teach 是"教",teacher 是"教师"。词尾是构形成分,只构成同一个词的不同词形,例如英语 book 是"书"的单数形式,books 就是"书"的复数形式,book 和 books 是同一个英语单词的两个不同词形,而不是两个不同的单词。严格说来,汉语的"子"(轻声)之类只是词缀不是词尾。

(三) 词缀的分类

词缀在构词时位置是固定的,据此我们可以把词缀分成三类:前缀、中缀和后缀。前缀在词中总是在词根语素之前,例如汉语"阿姨"的"阿—",英语的 un-(表示否定,例如 unhappy, unknown, uncommonly)。后缀总是位于词根语素之后,例如汉语的"—子"(轻声),英语的-er。从世界各种语言的情况来看,中缀是比较少见的,它是指位于两个词根语素之间的附加性构词成分。汉语是否有中缀,专家们看法不一致,主张有中缀的认为"看得见""看不见"中的"得、不"就是一对儿中缀,它们既不属前也不属后。另外,在专门讲汉语语法的书中,也常常把"前缀"叫做"词头",把"后缀"叫做"词尾"。严格地讲,"词头"不妨与"前缀"通用,"词尾"与"后缀"不是同一个概念。

汉语从整体上看词缀不是太多,典型的前缀有"阿"(如"阿姨")、"老"(如"老师、老虎、老乡")、"初"(如"初一、初二、初三")、"第"(如"第一、第二、第三");典型的后缀有"子"(如"桌子、椅子")、"头"(如"石头、木头")、"者"(如"作者、目击者")。"儿"作为后缀的资格就远不及"子"、"头",例如"花儿、小孩儿",因为从语音上看,它的后缀性质不如"子"和"头"明显,它已经完全不能成为独立的音节,而是融合到前面的词根音节之中了。另外,汉字的写法也要注意,汉字的同一性和语素的同一性并不一致。例如"男子、女子"中的"子"、"光头、额头"中的"头"、"男儿、女儿"中的"儿"就都不是后缀,而是词根。它们无论是表达的意思还是语音形式都与"桌子、椅子"中的"子"、"木头、石头"中的"头"、"花儿、画儿"中的"儿"全然不同。

(四) 词干

既然词尾不是构词的成分,所以在分析词的构造时就没有必要附带词尾,也就是说,我们只需讨论词的词干部分的构造就可以了。所谓词干,就是指不包含词尾的词的形式,例如英语 books(书,复数)去掉词尾 s,剩余的 book 就是词干。teachers(教师,复数)去掉词尾 s,剩余的 teacher 就是词干,当然,teacher 这个词干本身是一个词根语素加一个词缀构成的,比 book 那个词干要复杂。

(五) 单纯词与合成词

词干中只含有一个语素的词叫单纯词,例如"人、手、天、地、一、二、三……",英语的 book(书)、teach(教)……。单纯词既然是只含一个语素的词,而汉语的语素绝大多数又是单音节的,所以汉语的单纯词绝大多数也是单音节的。多音节的单纯词在汉语中一是来自古代联绵字,例如"逍遥、徘徊、彷徨、犹豫"之类;二是来自外语。外来词由于种种原因,在进入汉语后有时不易识别,例如"葡萄"来自波斯语,写成"蒲桃"就可能引起误解;英语前缀 mini- 是"小"的意思,汉译有时写成"迷你",但并不是"迷你"的字面意思。

词干中含有不止一个语素的词叫合成词,例如"黑板、公路、桌子、木头",英语的 blackboard(黑板)、highway(公路)、teacher(教师)、cooker(炊具)等等。同样的意思在不同语言中可以用不同结构的词来表示,例如汉语的"牛肉、羊肉"都是合成词,在英语中 beef、mutton 是单纯词。从历时角度看,古代汉语单纯词要多于现代汉语,例如古人只说"衣、裙、耳、目",今人说"衣服、裙子、耳朵、眼睛"等等。

(六) 复合词与派生词

合成词可以根据语素的种类再做进一步的分类。完全由词根语素组成的合成词叫复合词,例如"黑板、菜刀"。汉语教科书习惯把复合词叫做复合式的合成词。由词根语素和词缀组成的词叫派生词,例如"板子、刀子"。汉语教科书习惯把派生词叫做附加式的合成词。英语 worker、teacher 中的 work、teach 都是词根语素,-er 是词缀,所以 worker、teacher 都是派生词。和英语相比,汉语的派生词不多,复合词很多,例如英语 worker、teacher,对译成汉语就是复合词"工人、教师",因为"工、人、教、师"在汉语中都是词根语素。这样看来,判定一个合成词是复合结构还是派生结构实质上就是对构成词的语素的性质的分析。由于语言是处在发展变化之中的,有些语素的性质并不容易确定,例如汉语的"人"在传统用法中当然只能视为词根,但近年来"××人"的说法屡屡见于报端和其他媒体,意思是从事某类职业的人或某个部门(如公司)的成员,例如"乐评人、股评人、制片人、中介人"等等,这会不会是汉语的新词缀还有待进一步的观察。

三、构词法

构词法是一种语言构造成词的语法规律。从各种语言的情况来看,构词的方法各式各样,不过带普遍性的构词方法大致有以下几种。

(一) 附加

在词根语素上添加词缀,例如汉语在"桌、椅"后添加后缀"子"构成"桌子、椅子",在"姨、师"前添加前缀"阿、老"构成"阿姨、老师"。英语在 like(喜欢)、lucky(幸运)前添加前缀 un-构成 unlike(不喜欢)、unlucky(不幸运),在 work(工作)、teach(教)后添加词缀-er 构成 worker(工人)、teacher(教师)。用附加法构成的合成词当然就是派生词,汉语由于词缀不多,且词缀也不是很活跃,所以附加法的使用不像英语那样广泛,汉语派生词在全部词中的比例低于英语。

英语、俄语等印欧语系的语言,由于附加法十分活跃,就出现了同族词现象,即在同一个词根上可以添加多个不同的词缀,组成一组词。同族词由于是在同一个词根基础上构成的,所以在词义上也就有许多相同之处,例如英语 press(动词,压)可以构成:加前缀的 impress(给人以印象),加后缀的 pressing(紧迫的)、pressure(压力)、pressurize(加压),加前、后缀的 impressible（可印的）、impression(印象)、impressionable（易印的）、impressionability（可印性）、impressionism（印象主义）、impressionistic（印象主义的）、impressive（给人印象深的）、unimpressive（给人印象不深的）、unimpressed(无印记的)等等。汉语词缀不多也不活跃,构词能力不强,所以汉语当中很少有像英语这样的同族词。但是,有的学者主张,只要是在同一词根语素基础上构成的一系列词都应视为同族词,而不必考虑是添加词根还是添加词缀。如果我们赞同这种看法,那么汉语当中也存在大量的同族现象。例如在"师"的前面添加成分就有"拜师、禅师、厨师、从师、大师、导师、法师、技师、讲师、教师、军师、老师、律师、名师、琴师、投师、业师、医师、幼师、宗师、祖师"等词,在后面添加成分就有"师表、师承、师传、师弟、师法、师范、师傅、师母、师生、师事、师徒、师兄、师友、师长、师资"等词。

(二) 复合

把两个或更多的词根语素组合在一起,例如汉语的"工人、教师",英语的 blackboard、highway。用复合方法构成的词当然就是复合词。复合方法是汉语最常用的构词法,汉语复合词的比例要大大高于英语,构造方式也比较丰富,汉语教科书列举的有主谓式("年轻、民主")、偏正式("长江、下游")、支配式("司机、进餐")、联合式("来往、亲戚")、后补式("集中、说服")等等,几乎与句法结构方式平行。从历史上看,汉语许多复合词本来是临时性的组合,即词组,后来由于经常使用,形成固定的组合,即复合词。

(三) 内部屈折

改变词根语素的语音形式,例如汉语的"买"读上声,变成去声就是另外一个词"卖";"瓦"(上声)是名词,读去声就是动词"瓦"

(盖房子时将瓦铺在屋顶上)。古代汉语教学中所谓"破读"其实就是内部屈折的构词方法。例如"衣"读成平声调是名词"衣服"的"衣",读成去声就是动词,"解衣$_1$衣$_2$我","衣$_1$"读平声,"衣$_2$"读去声。英语的food(名词,食物)— feed(动词,喂养),fill(动词,填充)— full(形容词,满)也是内部屈折构词现象。从各种语言的普遍情况来看,内部屈折都不是一种很能产的构词方式,即很少有新词是使用内部屈折方法构成的。

(四) 重音移动

改变重读音节的位置,例如英语compound,重音在前是"复合物"的意思,重音在后是"调和;使混合"的意思;detail,重音在前是"详情"的意思,重音在后是"详细说明"的意思。有时伴随着重音移动还会有音质的改变,例如英语conduct,重读音节在前是名词"行为",在后是动词"引导";前面的con-音节,重读时元音是后半低圆唇的,不重读时元音是央中不圆唇的。

(五) 其他

此外,汉语中还使用重叠的构词方法。这种构词法也有许多具体方式,一般是把同一词根语素重复使用,例如"哥—哥哥""星—星星"。汉语各方言都有重叠构词,不同方言有着种类繁多的重叠构词法,这可以说是汉语构词法的一个特色。

严格地讲,缩减或缩略也是一种构词方法,例如把"师范大学"缩成"师大",把"清华大学"缩成"清华"。外语常有把每个词的第一个字母截取下来的缩减构词方式,例如OPEC(欧佩克,即"石油输出国组织")就是Organization of Petroleum Exporting Countries的缩略形式。在现代科技语中,这种缩略形式使用得很多。随着《汉语拼音方案》的普及和科学技术的发展,汉语当中这种用词的拼音形式构成的缩略语也日渐增多,例如XK(产品许可证)、RW(软卧车厢)等。

总体上看,附加和复合不但是汉语也是许多语言中使用最多也最为活跃的两种构词方法。内部屈折和重音移动的使用不常见。从历史上看,内部屈折曾经使用得很多,但这种方法现在已经很少有再生能力了。我们只要检索一下最近十年汉语的新词就可以明显地感受到这一点。

四、构形法

构形法是构成同一个词的不同语法形式的方法。在印欧语系的语言和其他许多语言中,同一个词在不同的语法环境中要有不同的形式,构形就是构成这种种不同的词形。例如俄语中"书好"的"书"是 книга,"看书"的"书"就是 книгу,在词尾上要有一个变化。这就是典型的构形。常见的构形方法有以下几种。

(一) 附加

在词干上添加或变化一定的词尾,例如英语名词单数变复数时一般要添加词尾 s,动词从原形变化成单数第三人称形式时也要添加词尾 s,这些都是添加词尾。俄语的情形比较复杂,例如同是动词,英语动词只有原形和单数第三人称两种词形,俄语动词单数三种人称和复数三种人称各有形式,共六种变化。动词 читать(读)的单数一到三和复数一到三的六个人称变化形式依次是:

单数:читаю,читаешь,читает
复数:читаем,читаете,читают

(二) 内部屈折

改变词根语素的读音,例如英语 foot 是"脚"这个词的单数形式,复数形式是 feet;动词 come(来)的过去式不是在词干上添加 -ed 而是变成了 came。

(三) 重音移动

改变词的重读位置,例如俄语 окна(窗户),重音在后是单数第二格,重音在前是复数第一格。

(四) 重叠

重叠整个词或重叠其中的一些成分。重叠构形方法不常见，有的专家认为汉语动词、形容词的重叠用法其实就是一种重叠的构形形态。

(五) 增补（亦称"异根"）

用历史来源不同而词汇意义相同的一个词根来作为一个词形。例如英语动词的过去形式一般是在动词原形后加-ed，而 go（走）的过去形式是 went。形容词的比较级一般是在词的原形上添加-er，而 good（好）的比较级是 better，bad（坏）的比较级是 worse。

(六) 外部形态

靠添加虚词来构成不同的词形。例如英语中表示动作将要发生，一般的方法是在动词原形前添加 will 或 shall。此外英语、法语、德语、意大利语中名词前的冠词也可视为一种外部形态。

从总体上看，最普遍的构形方式是添加法。其余的方式都是补充性的。其中外部形态究竟算不算一种构形方式专家们还有不同看法。另外，不论哪一种词形变化，必须是存在对立的。例如英语名词复数要添加词尾 s，我们据此可以认定单数就是词的原形，但为了理论上的完整，也可以说单数形式是"零形式"。又例如英语名词的复数形式通常是添加词尾，所以在遇到不添加词尾也表示复数意义的情形时，例如 sheep（羊），我们就认定其复数形式是零形式。零形式的存在必须以非零形式为前提。比如汉语的"书"可以指一本也可以指多本，没有任何变化，都是 shū，所以汉语根本不存在"零形式"复数的问题。

五、构词、构形、形态

这是词法中极重要的三个互不相同又密切关联的概念。构词与构形在形式上甚至在名称术语上有很多相同之处,例如构词和构形都有"附加""内部屈折"等等。但是,它们还是有实质上的不同:构词的结果是产生了另外一个词;构形的结果只是产生了同一个词的不同词形而已。

形态是西方传统语法学的基础。所谓形态,广义上指词法范围内的语法形式,包括构形和构词两个方面。狭义的形态,则仅指构形变化。通常说到"形态"就是指构形形态,所谓汉语缺少形态变化,也是针对这个意义说的。

第三节 句 法

与词法对应,语法的句法部分讨论的是词组和句子的构造及其规律。

一、句法结构及其类型

句法结构是指词组或句子的语法结构。在汉语语法学中,"句法结构"有时是指词组或句子内部的构造,有时又可用来指词组或句子实体。例如在分析"吃饭"时说它是动宾结构,这是指这个词组的内部构造关系;在分析"我们吃饭"时说是动宾结构做谓语,这里的"动宾结构"是指"吃饭"这个实体。这两处的"动宾结构"所指称的对象有所不同。句法结构的主要类型有以下几种。

(一) 主谓结构

由主语和谓语两部分组成,主语是陈述的对象,谓语是对主语做出陈述的部分。例如"我工作","我"是主语,"工作"是谓语。主谓结构是各种语言中普遍存在的语法结构。在有形态变化的语言中,主语和谓语之间要保持形态上的一致关系,例如英语 I go to school(我上学),如果主语换成 he(他),谓语动词就要变成 goes。汉语由于缺少形态变化,所以汉语的主谓关系究竟是怎样表现出来的,从 19 世纪末的《马氏文通》一直探索到今天,专家们也远未形成较为一致的看法。

（二）支配结构

也叫"动宾结构"或"述宾结构"，由支配成分和受支配成分组成。支配成分由动词或动词性成分充当，表示一种动作或行为。受支配成分在句法上叫"宾语"，表示支配成分所表示的动作或行为所支配的对象，通常由名词或名词性成分充当。例如"写字、看书"中的"写""看"就是支配成分，后面的"字"和"书"就是受支配成分，即宾语。在富于形态变化的语言中，宾语往往要有一定的词形标志，例如俄语做主语的"书"是 книга，而做宾语的"书"就必须变成 книгу。有的动词可以同时带两个受支配成分，比如"借"，可以说"借你书"，"你"和"书"就都是宾语，"你"是动作的间接对象，叫"间接宾语"，又叫"近宾语"；"书"是动作的直接对象，叫"直接宾语"，又叫"远宾语"。"借你书"整个结构叫做"双宾语结构"。哪些动词可以带双宾语，这在各种语言中并不完全一致，像英语的 kiss 就可以有 I kissed him a good-bye（我和他吻别）这样的用法，而汉语的"吻"没有这样的用法。一般来说，表示给予意义的动词多是能带双宾语的。

（三）限定结构

也叫"偏正结构"，由修饰语和中心语组成。修饰语限制、说明、描写中心语。限定结构又分成体词（主要是名词）性的和谓词（形容词、动词）性的，分别以体词或谓词为中心语。例如英语的 good news（好消息）和 very good（很好），前者是体词性偏正结构，后者是谓词性偏正结构。习惯上，体词性限定结构中的修饰语叫定语，谓词性限定结构中的修饰语叫状语。汉语的情况比较复杂，不少谓词做中心语的限定结构整体上仍是体词性的，所以汉语限定结构的性质不容易确定，定语和状语也就不容易区分。另外，汉语的限定结构次序稳定，即修饰语一定在前，中心语一定在后；而英语、俄语等印欧语系的语言就不一定，修饰语可前可后，例如"一张新的中国地图"翻译成英语是 a new map of China，其中 of

China(中国的)是介词短语,修饰名词 map,修饰语在后。

(四)联合结构

也叫"并列结构",由两个或更多的地位相等的语法单位并列组成。例如"老张老赵""研究讨论"。联合结构的各个成分之间往往嵌入起连接作用的虚词,如上例可以改成"老张和老赵""研究并讨论"。和限定结构一样,联合结构在整体上也可以分成体词性联合结构和谓词性联合结构,前者如"老张和老王",后者如"讨论并通过"。有的联合结构经长期使用就成了一种固定用法,比如汉语的"问寒问暖"就不好改成"问暖问寒",英语的 bread and butter(面包黄油)也是如此。

以上四种句法结构是各种语言中普遍存在的。汉语语法学认为,汉语在这四种结构之外还有动补结构、连谓结构、兼语结构等。另外,主谓等四种句法结构的划分也是比较简单的,其中任何一种的内部都很有必要进行进一步细致的区分。例如同样是支配结构,就有必要再分成体词性宾语的支配结构和谓词性宾语的支配结构,否则就无法解释支配结构内部复杂纷繁的各种语法语义关系。

二、句法结构的表达手段

一定的句法结构要通过一定的语法形式来表示,而不是简单地把相关的词连在一起,例如汉语的"看我"和"我看"完全不同,前者是支配结构,后者是主谓结构,但它们使用的词是完全一样的。可见词必须通过一定的语法形式才能连接起来组成各种类型的句法结构。

常见的组成各类句法结构的语法方式有以下五种。

(一)词序

指词或词组的排列顺序。不同的排列顺序可以组成不同的句法结构,如上例的"看我"和"我看"。对于像汉语这种缺少形态变化的语言来说,词序是十分重要的造句方式。所谓词序不应该理解为个体词的排序,例如"我看你"和"你看我",句子的意思不同,个体词的排序不同,但是从句法结构上看都是"代词(主语)＋[动词(谓语)＋代词(宾语)]",词序并没有发生变化,它们的句法结构是相同的。

(二) 虚词

使用不使用虚词有时也可以组成不同的句法结构。例如"买书"是支配结构,"买的书"就是限定结构。使用不同性质的虚词也可组成不同类型的句法结构,例如"我的书"就是限定结构,"我和书"就是联合结构。在各种类型的复句中也常常使用不同类型的虚词,例如汉语的"因为……所以……""不但……而且……""只要……就……"等等,其他语言的复句中虚词也有很大的语法作用。可以说,虚词是复句的一种很重要的语法标志。不过虚词的使用也有一定的灵活性,例如"我的弟弟"汉语里还可以说"我弟弟";"你如果告诉我,我就告诉你"中的"如果"在口语中就很少使用,而整个句子的结构一点也不受影响。

(三) 形式的选择(selection of form,亦称"选择性")

选择不同功能的词或词组可以组成不同类型的句法结构。例如"买书"是支配结构,"好书"是限定结构,前者是动词和名词组成的,后者是形容词和名词组成的。又例如"买到新书"是支配结构,"很多新书"是限定结构,前者是动词性词组和名词性词组组成的,后者是形容词性词组和名词性词组组成的。可见选择什么类型的成分对于组成的句法结构的类型有密切的关系。选择性的问题实质是整体功能和局部功能的对应关系。至少在汉语中,这种对应不是一对一的,例如"调查人员"和"调查案件"都是"动词 ＋ 名词",但前者是限定结构,后者是支配结构。又例如"观看话剧"和"观看表演"都是支配结构,但前者是动词和名词组成的,后者是动词和动词组成的。

(四) 构形形态

对于有形态变化的语言来说,构形形态是极为重要的一种造句方式。这种方式一般表现在以下三个方面。第一,主谓结构中的主语和谓语动词之间要保持在人称和数上的一致,例如英语中的"我喜欢"是 I like,"他喜欢"就变成 He likes。第二,限定结构中限定语和中心语要在数、性等方面保持一致,例如俄语"我的书",单数是 моя книга,复数是 мои книги,中心语"书"книга 的词形变了,修饰语"我的"моя 也要相应调整。第三,支配结构中受支配成分要改变形式,例如英语的"我"做主谓结构中的主语时是 I,做支配结构中的宾语就变成 me。

(五) 语调

通常说的语调是指句子中语音的高低升降和停顿,对于造句来说,停顿是非常重要的一种方式。例如"我知道你知道",在"你"前如果有停顿(书面上常使用逗号),则全句就是一个并列关系的复句;如果没有停顿,就是主谓词组"你知道"做宾语的单句。

"洗得干净",如果重音在"洗",后面的"干净"就是可能补语,回答问句"洗得干净洗不干净";如果重音在"干","干净"就是程度补语,回答问句"洗得干净不干净"。总之,语调问题在语音学上就是很重要的问题,在语法学中也有重要的地位,尤其是像汉语这种缺少形态变化的语言,很多语调问题都与语法相关。目前这方面的研究还不够深入。

从各种语言的普遍情形来看,不同语言对以上几种方法的使用是不均衡的,例如俄语,由于形态变化极为丰富,所以构形形态就是俄语中最为主要的造句方式。汉语则是另一种典型,由于形态变化极少,所以词序和虚词是主要的造句手段。英语似乎是介于其中。同是主谓、支配、限定、并列等等结构,不同语言就会选择不同的构成方式。例如同是"我爱祖国"这一主谓结构,汉语是靠词序;英语一面靠词序一面还要有形态变化参与其中(动词形式必须是 love,不能用 loves、loved、loving 等等);俄语则不但动词要变化,而且名词"祖国"也要用宾格形式 родину,而不能是主格形式的 родина。另外,就现在人们对世界语言所了解的情况看,没有一种语言是单一地靠一种方式构成该语言中全部的句法结构的。俄语重于形态变化,但也不是说可以完全不顾词序;汉语重视词序和虚词,但也有少量的形态变化作为辅助的手段。例如俄语要表示"母亲爱女儿"就必须把"母亲"放在前面,把"女儿"放在后面,即 мать любит дочь。因为这两个词都是主格形式同于宾格形式,"母亲"主格和宾格都是 мать,"女儿"主格和宾格都是 дочь。不同语言在语法上的特点很大程度上就表现在主要选取哪些方式来构成句法结构的问题上。

三、句法结构的层次

句法结构不是由其全部组成成分按单一的线性关系排列而成的,而是某些成分先组合成一个复合的成分,然后再与别的单一的或复合的成分组成更大的片段直至组合成句。句法结构的这种性质就是其层次性。例如"同情我的同学"有两种含义,一是支配结构,"同情 | 我的同学";二是限定结构,"同情我的 | 同学"。这种歧义现象很好地说明了句法结构具有层次性。

从理论上说,任何一个句法结构都是由两个(如果是联合结构,也可以是由多个)片段直接组成的,这样的两个或多个片段就是句法结构的直接组成成分(immediate constituent,可以简称为"直接成分"),每一个直接成分又是由两个更小的片段,即两个更小的直接成分组成的。这样,我们可以由大到小,顺次逐层分析出一个句法结构的各个层次的全部直接组成成分。这种分析,就叫做直接成分分析,又叫做层次分析。习惯上,这种分析到词为止,因为词是最小的造句单位,再往下分析就超出了句法范围。例如:

```
努 力 争 取 农 业 持 续 稳 定 发 展
|    1    |           2           |
| 3 | 4 | 5 |          6          |
            |     7     |    8    |
            | 9 | 10 |
```

例子中的1、2就是整个句法结构的直接成分,3、4和5、6就分别是1和2的直接成分,等等。3、4、5、8、9、10都是词,不再分析。汉语语法学在层次分析时通常还要标明直接成分之间的句法关系,例如这里的1和2之间是动宾关系,3和4之间是状中关系,等等。所谓有歧义的句法结构,往往就是两个层次关系不同的句法结构的重合,例如:

例(1)和例(2)是由相同的词按相同顺序排列而成,且每一层级的直接成分之间都是偏正关系。但其意义仍有区别,因为它们的层次构造不同。即便是在有一定形态变化的语言当中,这样的问题仍然存在,例如英语 the beautiful girl's dress 可以是 the beautiful girl's | dress(漂亮姑娘的衣服),也可以是 the beautiful | girl's dress(漂亮的姑娘的衣服)。另外,联合结构的直接成分可以不止两个,例如:

老王、 老李、 老赵、
|__1__| |__2__| |__3__|

直接成分的分析是20世纪30年代由美国语言学家布龙菲尔德首倡,对普通语言学、对汉语语法研究有极其深刻的影响。遗憾的是,人们至今也没有发现一种客观的不受分析者个人感觉影响的分析程序。事实上,这种分析往往不是纯语法的,它要受到语义、语用多方面的控制。例如"颁布保护环境条例",对这个结构可以有以下三种分析:

颁 布 保 护 环 境 条 例
(1) |___| |_____|
(2) |_____| |_____|
(3) |_____| |___|

三种分析之中,只有(1)可取。因为(2)和(3)的分析在语义上都是无法理解的:动词"颁布"的对象应该是"法令、规定"等等表示行为规范或约束的词,而不能是表示动作的"保护"或"保护环境"。

句法结构的层次性是人类所有语言中普遍存在的客观现象,要认清词组或句子的构造就必须进行句法结构的分析。对于汉语这类缺少形态变化的语言来说,句法结构层次的分析尤其重要。在汉语教科书中,往往把句法结构的分析叫做"层次分析法",与之相对的是"句子成分分析法"(也叫"中心词分析法")。事实上所谓"句子成分分析法"也必须同时考虑到句子的层次构造,例如"我的同学从老家回来了",其中"我的"是定语,"从老家"是状语。这样的分析实质上就是全句一分为二,分为两个直接成分,然后又把主语部分"我的同学"一分为二,其中一部分是定语,一部分是中心语,这中心语做了全句的主语;再把谓语部分"从老家回来了"一分为二,其中一部分是状语,另一部分是中心语,这个中心语做全句的谓语。

第四节　语法单位的分类

语言学上的单位都有分类的必要,分类的目的是为了认清语言的结构。就像我们在语音学中把音素分成元音和辅音一样,我们有必要对语素、词、词组、句子这些语法单位做认真严格的分类。

一、功能和结构

在进行分类之前,我们有必要明确分类的角度。考虑到语法单位由小而大层层递进的特性,对语法单位的分类通常是从两个方面进行的:功能和结构。所谓功能,就是一个单位在组成高一级单位时的作用;所谓结构,就是一个单位的内部构造。例如我们可以说"书桌"是偏正式复合词,也可以说它是名词。前者考虑的是"书桌"的内部构造,是从结构方面对它做的分类,有别于支配式、联合式、陈述式等等;后者考虑的是它在构成高一级单位——词组时的作用,即语法功能,例如只做主宾语,不做谓语等等,有别于动词、形容词等等。并不是任何一级的语言单位都可以从这两个角度进行分类。事实上只有词和词组才可以这样做。语素因为是最低一级的单位,它只有功能没有结构,当然就无法从结构上进行分类;句子是最高一级的单位,对于句子就只能从结构上考虑分类而不必考虑功能分类了。

二、语素的分类

语素是最小的语法单位,在"词法"一节,我们曾把语素分为词根语素和附加语素,又把附加语素分为词缀和词尾。同时我们还指出,词根语素在构词时位置是不固定的,附加语素在构词时位置是固定的。这样,我们就可以把语素再分为定位语素和不定位语素。在给词下定义时,又把语素分成了自由语素和黏着语素。凡是能够单独成句的语素是自由语素,否则就是黏着语素。例如"谁呀"中"谁"可以单独构成一个表示疑问的句子,"呀"就不行。从词和语素的关系上看,还可以把语素分成成词语素和不成词语素,例如"学"和"习"相比,"学"可以单独构成一个词,"习"没有这个功能。所有这些分类,都是从语素的功能角度上进行的,因为语素是最小的单位,它不存在结构问题。当然我们也可以把语素分成单音节的和多音节的两大类,但这其实只是从语音结构上对语素进行的分类,并不能说明不同语素之间在本质方面,也就是语法方面的差别。

三、词的分类

词的分类可以分别从结构和功能两个方面进行。我们在"词法"一节已经对词做了结构上的分类:由一个语素组成的词是单纯词;由多个语素组成的词是合成词。完全由词根语素组成的合成词叫复合词,由词根和词缀组成的合成词叫派生词。复合词派生词按照内部各语素之间的关系都还可以进一步分类。

语法学上通常说的词类,是指从语法功能上对词进行的分类。词类划分是传统语法学的重要内容,也是现代语言学的重点问题。由于传统语法理论是建立在印欧语言基础之上的,而印欧语言又普遍地具有较丰富的词形变化，凭借词形变化上的特点和规律就可以对印欧语言的词进行基本的分类，所以词类问题在传统语法学中属于词法学。但是从更广泛的范围考虑，例如像汉语这样的缺少形态变化的语言，词类问题就不再是单一考虑词的词法特征就能解决的了，还要把词的句法特征也充分考虑到。因此，从语法功能的特点上给词分类，大致说来就需要有两方面的标准：词法标准和句法标准。

所谓词法标准主要是指词的形态变化上的特点，例如英语名词、动词、形容词的词形变化各不相同：名词是加-s词尾而变成复数形式的词，动词是加词尾-s变成单数第三人称形式的词，形容词是加词尾-er变成比较级形式的词，等等。另外，汉语双音节动词采取ABAB式的重叠，而形容词则采取AABB式的重叠，也属于词法上的特点，也可以作为划分词类的依据。

句法标准又称结合关系标准，它比较复杂，主要是指词可以和哪类词组合不可以和哪类词组合，以及组合成一个什么性质的单位。例如汉语能和副词组合的是谓词（即动词和形容词），不能和副词组合的是体词。能和程度副词组合的是形容词，不能和程度副词组合的是（一般的）动词。同样是和名词组合，组合成支配结构的是动词，组合成限定结构的是形容词。

词类问题比较复杂，大致说来有以下几个问题必须注意：

第一，任何语言靠单一的词法和句法标准都难以划分清楚全部词类，不同语言只是各有侧重而已，例如英语、俄语形态变化多，所以它们就可以多从词法特征上进行分类，汉语就必须多考虑词的句法特征。但即便是在英语、俄语中，也还是要考虑词的句法特征才行，例如英语中对虚词的分类就是从句法特征上进行的：只出现在名词性成分之前的是介词，只出现在停顿之前的是叹词，等等。

第二，划分词类不能以词义的分析为准，例如名词表示事物的名称，动词表示动作和行为，等等。这些词义分析都是合理的，也是必要的，但不应成为划分词类的标准。词类问题在本质上是语法问题，它的最终标准必须是语法上的。任何语义上的分析只能是参考性的,尽管它们很重要。例如"红"和"红色"都表示颜色,但是我们把"红"划入形容词,把"红色"划入名词,就是因为我们必须考虑到它们和别的词的组合能力上的区别,例如可以说"很红",而不说"很红色";可以说"红红的",而不说"红色红色的"等等。考虑词的句法特征还要注意,在汉语这样的语言中,不能简单地把某一词类和某一句法成分简单地对应。例如,如果认定动词只做谓语不做主语宾语,名词反之,只做主语宾语不做谓语,那就会把"我游泳""我喜欢游泳"中的"游泳"分别处理为动词"游泳"和名词"游泳",造成"词无定类"的情况,很多语法现象也就无从解释。

四、词组的分类

词组和词一样,可以分别从结构和功能两个方面进行分类。我们前面介绍的句法结构类型(主谓结构、支配结构、限定结构、联合结构),对于词组来说,就是从内部构造上进行的分类,可以把词组分为主谓词组、动宾词组(也叫"述宾词组")、偏正词组、联合词组。从功能上着眼,词组主要可以分成名词性词组、动词性词组、形容词性词组,也就是在构成更复杂的词组或句子时,语法功能上相当于名词的词组、相当于动词的词组、相当于形容词的词组。例如"我的同学",从结构上看就是偏正词组,从功能上看就是名词性词组。汉语由于缺少形态变化,所以不论是从功能上还是从结构上对词组进行分类都是不容易操作的,有些基本问题尚未解决。例如汉语教科书中所谓"动补词组",其内容纷繁杂乱,不少书都把"学会、洗一次、爬到山上"甚至连同文言的"生于1881年"同列为动补关系的词组,但又无法说明它们之间存在哪些共同的语法特点以区别于主谓、动宾等等关系。又比如对于"敢去、能去、可以去"这类结构,究竟是看成偏正结构还是动宾结构,大家也未形成一致看法,有的教科书索性不加分析而含糊地称为"能愿合成谓语",可见问题的复杂程度。

五、句子的分类

对句子的分类首先是把句子分成单句和复句,然后再进行细致的分类。在汉语语法学中,对复句习惯上分为联合复句和偏正复句,前者可以再分成并列、选择、递进等;后者可以再分成因果、转折、假设、条件等。对单句,首先分成主谓句和非主谓句,前者可以根据充当谓语的成分的性质再分成名词谓语句、动词谓语句、形容词谓语句和主谓谓语句;后者再分成名词性的、动词性的、形容词性的和叹词性的非主谓句。这样的分类系统当然都是从句子的句法结构特点上考虑的。其中有许多问题尚未很好地解决,例如单句和复句的区分。单句和复句的概念源于有形态变化的印欧语系语言,例如英语就可以根据限定性动词的情况来确定是单句还是复句。这样的思路显然不适用于汉语。汉语区分单复句的严格标准至今也没有很好地确定下来。另外,由于句子本身就是最高一级的语法单位,所以对于句子只能进行结构分类而难以进行功能分类,这个情况和语素的分类刚好相反。当然,句子还可以分成陈述句、疑问句、感叹句和祈使句,这四类句子每一类还可以做进一步的再分类。不过这样的分类是以句子的表达功能为标准的,我们这里讨论的分类是从句子的语法结构上进行的。

第五节 语法范畴

一、语法形式和语法意义

语法范畴是对语法现象的最高层次上的概括。为明确这一概念,我们先来分析语法现象中形式和意义的关系。

任何一种语法现象都有形式和意义两个方面。单纯的意义和单纯的形式都不存在于语法之中。例如汉语"我看"和"看我",从形式上看是改变了词序,相应地,意义也跟着发生了变化:从表示

"某人发出某动作"变成"动作涉及某人"。又例如英语名词添加了词尾-s 之后,相应地就从表示单数意义变成表示复数意义。这样,我们就把语法现象或语法成分中的形式方面叫做语法形式,把它的意义方面叫做语法意义。

要注意的是,语法形式和语法意义是一对相互依存的概念,脱离意义的形式就不是语法形式,不用语法形式表示的意义也就不是语法意义。例如汉语"地道""黄瓜"中的第二个音节都有两种读法:带声调的和轻声的。"地道"读成 dìdào 就是名词,读成 dìdao 就是形容词,词义当然也随之改变。而"黄瓜"无论是念 huángguā 还是 huánggua,都不改变词义,只不过前一种读音的口语化程度不如后一种,至多只是一种异读而已。因此,同为轻声变音,"地道"的变音就是语法形式,因为它构成了另外一个词,而构词当然是语法现象。"黄瓜"的变音与语法无关,所以不是语法形式。又例如英语名词复数的数量意义是语法意义,因为它是通过语法形式——添加词尾-s 表示出来的,而汉语"很多本书"中的数量意义就不是语法意义,因为它不是通过语法形式表现的,而是通过添加了实词"很多"表现的,是词汇现象,是词汇意义。也就是说,只有用语法形式表现出来的意义才是语法意义。

二、语法手段和语法范畴

所谓语法手段是指对具有共同点的语法形式的概括。例如英语动词添加-s 就可以变成单数第三人称形式,添加-ed 就可以变成过去分词。这两个语法现象当然是各不相同,但是它们之间也有共同之处,即都是在词干上添加了一定的语法成分,我们就可以将它们加以概括,概括出"添加"这一语法手段。至于添加上去的是不同性质的成分,添加前后的语法单位性质也各不相同,这些不同之处都可以不做考虑。food 改成 feed 是构词法的内部屈折,foot 改成 feet 是构形法的内部屈折(参见前面"构词法"与"句法结构的表达手段"),它们之间当然有很大的不同,但毕竟都是词内部的屈折,由此,我们就可以概括出"内部屈折"的语法手段。

和语法手段相对的就是语法范畴：对具有共同点的语法意义的概括。例如英语名词 book 表示的语法意义是单数，books 表示的是复数，概括地讲，它们都是表示数量概念，尽管它们有着明显的不同之处，我们还是可由此将它们概括成"数"的语法范畴。

三、常见的语法范畴

（一）数

表示事物的数量，这是各个语法范畴中最好理解的一个。印欧语言中普遍地存在这个范畴，通常是单数和复数的对立。有的语言之中除了单数、复数之外，还有双数，例如在梵语、古希腊语等语言中就是如此。梵语"船"的单数是 nauh，双数是 navau，复数是 navah。

（二）格

表示句中名词或代词与其他词之间的关系。在许多印欧语中，名词或代词在充当不同句子成分时要有不同的语法形式并表示一定的语法意义，这种现象就是语法范畴的格。例如英语的单数第一人称代词做主语就采取 I 的词形，表示动作的发出者，英语语法中叫做主格；做宾语就采取 me 的词形，表示动作的承受者，英语语法中叫做宾格。同理，第三人称代词的 he 是主格，him 就是宾格；she 是主格，her 就是宾格；it 则主格和宾格同形。但是英语的主格宾格变化仅限于人称代词，还要把第二人称代词 you 排除。英语名词一般只有通用格和所属格（名词后加 's）两个格。相比之下，俄语的格要丰富得多，名词有六种格的形式（如果考虑到复数，就有十二个格），分别做句中的主语、宾语、定语、不同的介词的宾语，表示不同的语法意义。例如 школа（学校）单数复数十二个格的变化形式如下：

单数第一格 школа，第二格 школы，第三格 школе，第四格 школу，第五格 школой，第六格 школе；

复数第一格 школы，第二格 школа，第三格 школам，第

四格 школы，第五格 школами，第六格 школах。

（三）性

表示事物的性属，也就是类别。对于习惯了汉语语法概念的中国人来说，性范畴是印欧语语法范畴中最难理解的。所谓"性属""类别"，都不是指现实生活中的各种分类，例如男女性别、雄雌性别。以俄语为例，任何一个名词必属于阴、阳、中三个性中的一个，例如 книга（书）属于阴性，журнал（杂志）属于阳性。一个具体的名词属于哪个性与它的词义没有多少联系，决定性的是词以什么性质的音素收尾。在俄语中，以一般的辅音收尾的属于阳性，以 а、я 收尾的属于阴性，以辅音 ь 收尾的阴性阳性都有可能，以 о 或 е 收尾的是中性。例如 солнце（太阳）就属于中性，而不像我们中国人想象的那样应该属于阳性。性范畴在俄语这样的语言中十分重要，因为在连词成句的时候必须保持性的一致。例如"新学校、新同学"在汉语或英语中都是把形容词"新"或 new 直接与名词"学校、同学"或 school、classmate 连接起来就可以了，而俄语还要保持其间的性的一致，"新学校"是 новая（新）школа（学校），"新同学"是 новый（新）товарищ（同学），两个"新"并不相同，因为它们要分别与后面的名词中心语在性范畴上保持一致。印欧语中，英语没有性范畴，但是俄语、德语、法语、西班牙语、意大利语等都有性范畴，具体的数量可以不同，例如俄语是阴、阳、中三个性，法语只有阴、阳两个性。

以上性、数、格三个范畴都是以名词为中心的语法范畴，其主要变化形式、语法意义都是围绕名词的。以下则是以动词为中心的几个常见的语法范畴。

（四）时

表示动作发生的时间与说话时间的关系。英语动词有现在时和过去时，前者表示动作与说话同时发生，后者表示动作发生在说话之前。例如 I live in China（我现在住在中国），I lived in China（我过去住在中国）。英语是否有将来时专家们尚未达成一致。俄语也有现在时与过去时之分,同时还有将来时。

(五) 体

表示动作行为进行的情况。俄语的体相对简单,有完成体和未完成体之分,前者表示动作的完成或结果,后者表示动作的过程。例如 Вчера я прочитал этот журнал（昨天我读完了这本杂志。完成体）,Вчера я читал этот журнал（昨天我读过这本杂志。未完成体）。英语的体较为复杂,有一般体、进行体、完成体和完成进行体。

(六) 人称

表示动作行为的发出者与说话人的关系。说话人为第一人称,听话人为第二人称,涉及的第三方为第三人称,人称还有单数复数之分,所以一般认为应该有六种人称,但具体形式在不同语言中的分配有所不同。以动词"读"为例,在英语中动词原形是 read,单数第一第二、复数第一第二第三人称都是 read,只有单数第三人称变成 reads。在俄语中,情况就复杂多了,动词原形是читать,单数一二三、复数一二三共六种人称形式分别是：

  читаю читаешь читает

  читаем читаете читают

要注意,人称范畴与人称代词是两回事,前者是以动词词形变化为形式的语法范畴,后者是一类实词。例如英语的 I、you、he,汉语的"我、你、他"都是人称代词,但汉语没有人称范畴,因为汉语的动词并不随着主语人称的变化而变化,不论主语怎样,动词都是"读"而不像英语那样有 read/reads 的变化。

(七) 式

表示说话者对于动作、行为与现实关系的态度,也叫"语气"。英语动词有三种式,陈述式表示一般的说明；祈使式表示命令、建议、要求等；虚拟式表示假设。例如 He will come（他要来。一般式）,Come in（进来。祈使式）,I wish he would come（我希望他来。虚拟式)。俄语也有这样的区别:Он пьёт чай(他喝茶。陈述式),Пусть он пить чай(让他喝茶吧。祈使式)。

(八) 态

也叫语态,表示动作与动作发出者、承受者的关系。一般有主动语态和被动语态之分,例如英语 He broke the glass(他打碎了杯子。主动语态,表示主语是动作的发出者),The glass was broken by him(杯子被他打碎了。被动语态,表示主语是动作的承受者)。

关于语法范畴,有以下几点值得注意。

第一,语法范畴必须有对立的内容。例如单数复数相互对立,概括出数的范畴;现在时过去时相互对立,概括出时的范畴。

第二,语法范畴必须有语法形式来表现。例如汉语表示多数概念是在名词前加"很多、许多",或加一些数量词组来表示,而"书"本身没有任何形式的变化,所以汉语没有数量范畴。

第三,不同的语言在语法范畴问题上,从形式到内容都会有不少差别,有些范畴的普遍性较高,出现在多种语言中;有的则相对较低,只出现在少数语言中。例如数的范畴就比较普遍,相比之下,性的范畴就不太普遍。

第四,任何一种语言都有自己的语法范畴,不存在没有语法范畴的语言。由于历史的原因,人们对印欧语系的语言研究得较多,目前概括出的所谓常见的语法范畴严格说来只是在印欧语言中较为常见的语法范畴。汉语的语法范畴有哪些,目前专家们还远未达成一致意见。不过,如果仅凭汉语没有性、数、格就断定汉语没有语法范畴,那肯定是错误的。我国著名语言学家朱德熙先生早在20世纪50年代就发现汉语形容词存在两种相互对立的形式,例如"红的—红红的""灰的—灰蒙蒙的""干净的—干干净净的";相应的,这两种形式表示两种不同的意义,前者表示事物的性质,后者表示状态。朱德熙先生指出,这种对立其实是汉语两种对立的语法意义,把这两种意义概括起来就是汉语的性质状态范畴。

第六节 语言的形态分类

语言的形态分类是指根据语言形态变化上的特点对人类语言进行的分类。按照这个标准,语言大致上可以分成四种:孤立语、屈折语、黏着语、多式综合语。

孤立语的特点是几乎没有词形变化,词与词之间的语法关系主要靠虚词和词序来表现,或者说虚词和词序是这类语言的最主要的语法手段。汉语被公认是典型的孤立语,此外,我国南方的一些少数民族语言,例如苗语、彝语和壮语,还有越南语都被视为孤立语。

屈折语、黏着语都是富于形态变化的语言,但是仍有区别。屈折语的一个词形往往可以表示不止一种语法意义,例如俄语的школа(学校)中的词尾 a,既表示阴性,又表示单数和第一格。一个词尾,三种语法意义。如果换成школы,词尾是 ы,那就是阴性、复数、第一格。而在黏着型语言中,一个词形变化就只表示一种语法意义,如果有多种语法意义需要表示,就要一个一个地把构形成分黏着上去,例如土耳其语中 odalarimdan(从我的房间,复数),oda 是"房间",其余的都是词形变化形式,lar 表示复数,im 表示第一人称,dan 表示离格(相当于汉语的介词"从")。另外,屈折语还有一个特点,就是词根部分不独立,词根不能作为一个独立形式使用。例如俄语 школа 中,школ-是词根,-a 是词尾,школ-是不能单独作为一个词形使用的,要么后面加 a,是单数第一格,要么加 ы,是复数第一格。由此看来,英语就不是很典型的屈折语,因为它的词根是可以单独作为一个词形来使用的。例如 schools(学校,复数),去掉词尾-s 就是词根 school,但 school 本身就是 school 的单数形式,是可以单独使用的,这与俄语很不一样。

比较典型的屈折语是俄语、德语、印地语、阿拉伯语,比较典型的黏着语是土耳其语、维吾尔语、哈萨克语、日语、朝鲜语。

多式综合语也叫编插语,也是一类富于形态变化的语言,主要分布在北美洲印第安诸语言中,其特点是动词词根附带上各种形态成分之后在语义上相当于其他语言的一个句子。例如在古典阿兹台克语（classic Aztec）中，titeclasolas 是"你将爱我们"，lasola 是词根"爱"，tec 是"我们"的宾格形式，ti 是第二人称（由于没有出现表示复数的词尾，所以 ti 是单数第二人称），s 是表示动作将要发生的词尾。这些形态成分如此连缀在一起，一个词形就表示了一个句子的内容。

  以上对语言的分类，主要是考虑语言的词法特征。此外还可以从句法特征上着眼，把语言分成两大类：分析型的和综合型的。分析型语言的特点是主要靠虚词和词序来构成各种句法结构，汉语是典型的分析语，英语、法语也可以算做分析语但不够典型。综合语型语言的特点是主要靠构形形态来表达各种句法结构，俄语、德语、印地语就是典型的综合语。

  孤立语、屈折语、黏着语以及多式综合语的分类格局主要是在 19 世纪确立的，是迄今为止最具影响的语言结构类型分类，为各国语言学家所接受。不过我们应该注意到，以上分类，不论是词法特征还是句法特征，都是由谙熟印欧语系而相对说来对其他语系语言就不太熟悉的欧洲语言学学者提出的，主要有施莱格尔兄弟（A. W. von Schlegel, 1767～1845; F. von Schlegel, 1772～1829）、洪堡特（Wilhelm von Humboldt, 1767～1835）、施莱赫尔（August Schleicher, 1821～1868）、施坦达尔（H. Steinthal, 1823～1899）。由于种种条件的限制，他们无法对世界语言做极广泛的调查研究，因而其分类就不可避免地有一定的局限性，而且各种语言之间有时也难以划出截然的界限，例如目前国际上最有影响的语言英语，其形态变化远不像俄语那样繁多，词根又可以独立使用，因而不算典型的屈折语；但是，它的词形变化比汉语又丰富得多，从这一点看，又不算是典型的孤立语。此外，有的欧洲学者甚至认为语言有高下之分，孤立语是人类语言的初始形态，屈折语是最高级形态，黏着语介乎其间。这当然是荒唐的说法。而且语言事实说明，一方面有些语言的词形变化正在由简单向复杂演变，但是，另一方面，也有一些在历史上词形变化相当丰富的语言，例如英语，正在逐步简化其词形变化。

第六章 语 用

第一节 语用和语用学

语言就其自身结构来看,当然是一套符号系统。但语言的本质是社会现象,语言是人们在实际交往中使用的符号系统。脱离了实际运用的语言研究,或者说纯粹的结构研究,是很难全面解释各种语言现象的。

语用学(pragmatics)是在20世纪70年代发展起来的语言学分支。它研究在一定的交际环境中语言的使用,即语用。这包括讲出语言和接受语言两个方面。以讲出语言为例:

(1) 早上好！　　　　(问候或寒暄)
(2) 明儿见。　　　　(道别)
(3) 你把灯关了。　　(提出要求)
(4) 我一定来。　　　(许诺)
(5) 这样好吗？　　　(询问)

这些句子就其结构来讲很平常,但在使用中却很有讲究。例如句(1)虽然是汉语的句子但并不适用于一般中国人之间,尤其是面对面的直接会话;句(2)虽是中国北方人分手时常说的一句话,但明显地不适合较正式的场合;句(3)如果是晚辈对长辈说,就会被视为不够礼貌。这就是说,语言除了其内部构造方面的规律——语音、语法、语义规律之外,还有另外的使用方面的规律。人们如果违反了这种使用方面的规律,就像违反了结构规律一样,难以达到应用语言进行交际的目的。这种语言使用方面的规律,我们可以称为"语用规律"。

语用规律的存在还可以通过不同语言之间的差异而感受到。

例如汉语和英语,不但在语音、语义、语法上存在差异,在使用上也一样存在差异,这些差异应该引起我们的高度重视,否则说出来的英语总是让英美人听着不舒服。例如前面"早上好"一句译自英语的 good morning,这在英语中本是极平常的问候语,生人、熟人、男人、女人、老人、孩子都可以说。但它很明显地不适用于一般的中国人群。而"您吃了吗""您上哪儿去啊"这些汉语中极普通的见面寒暄用语,如果直译成英语,就是不客气的实质性的询问了。

语用规律不属于语言的结构规律。在语言的结构规律中,和语用问题关系最为密切的当数语义方面的规律。可以说,语义研究和语用研究的关系相当密切,它们都研究语言的意义;但是二者之间又有明显的分别:语义学关注的是语言符号系统自身表示的意义;语用学关注的是在实际应用中的语言符号表示怎样的意义。举例来说,像"今天很冷"这样的句子,从语义学上来分析,这是一个表述,是一个由一元谓词("冷")和一个谓项("今天")构成的命题,并不复杂。但是从实用的角度看,问题就不太简单了。比如说话人可能是命令听话人多加些衣服,可以是征询听话人的意见是否取消原先订好的外出计划,等等;听话人可能听出了说话人的真实含义,也可能只从字面上理解,他们之间的这一简单的语言交际能否成功,很大程度上是取决于他们之间是否存在足够的语用条件。

和语音学、语义学、语法学相比,语用学的研究还处在起步阶段,很多内容还是探索性的,很不成熟。本书主要介绍言语行为、前提、会话含义、指示语和会话结构等几个问题。

第二节 言语行为

一、言语行为的研究

20世纪50年代英国哲学家奥斯汀(John Austin)首先倡导言语行为这一语言研究分支。他认为在交往过程中讲出的语句实际上有两层含义:命题含义和施为意义。命题含义是指语句的字面意义,可以靠语音语义语法规则来控制。施为意义是指语句在听话人一方所产生的效果,例如得到一个劝告、警告、威胁、允诺、称赞、要求、命令等等。又例如前面举过的"今天很冷",其命题意义只是一个简单的表述,它的施为意义可以是劝告听话人加穿一件衣服等等。这种施为意义不是从语句表面能够由语音语义语法规则推导出来的。当然人们不一定采取语言的办法,还可以采用其他办法,比如直接拿起一件衣服给对方穿上等等。因此,说话,即使用语言,与直接为对方加穿衣服一样,都是在施行一种行为。现代语言学认为,使用语言在本质上也是一种行为(action),与一般行为相区分,称"言语行为"。

言语行为理论使人们认识到,要真正理解语言的真实含义,认识语言的功能,就不能局限于对语言的语音语义语法结构的分析;尤其是在语义上,不能仅限于对语句内容的真值假值的判断上。使用语言就是在实施一种行为,由这种行为引起的种种问题、结果就必然要联系到语言结构以外的种种因素才能解释,例如说话人的目的、说话人与听话人之间的关系,等等。不考虑这些因素的作用就不可能对语言的作用有全面的分析和认识。

二、言语行为理论的基本内容

言语行为理论出自英国哲学家奥斯汀1955年在美国哈佛大学的一系列讲座,总题目是《论言有所为》(*How to Do Things with Words*)。在这个讲座中,奥斯汀奠定了言语行为理论的基础。他的理论可以分为前后两个时期:前期是基础性的,后期是在此基础上的修订和补充。

在早期理论中,奥斯汀强调语句并不都是一般所谓的陈述句,即用来叙述一个事实、一个情况的。事实上,确实有一些句子是陈述性的,但同时必须看到还有一些句子的作用不在于表述或描写什么事件、情况,而在于说出这些语句在本质上就是做一件事,就是实施一种行为,例如:

(1) 小王将要结婚。

（2）我保证小王将要结婚。

按传统的语言学理论，句(1)和句(2)都是陈述句，要说有差别也只是语法结构和语义内容上的。按奥斯汀的理论，句(1)和句(2)大有不同。说话人讲出句(1)就是在表述一件事；讲出句(2)就是在做出一个保证。句(1)是说，句(2)是做，是以语言方式在做事。句(1)是陈述句，是"有所述之言"；句(2)是行为句，是"有所为之言"，是"施为句"，即"实施行为句"。

但是，后来奥斯汀发现，这种将语句二分的做法有不够完善之处。首先，陈述句和施为句的界限并不容易划分。更重要的是，即便是一个无可争议的所谓陈述句也很难说就纯粹是在陈述而与实施行为毫不相干。例如"今天是星期天"，说话人讲出这样的语句固然可以理解为是一个表述，但更大的可能性是提示对方，比如今天是我休息的日子，请不要打扰，你无权要我工作，等等。这样的表述其实就是说话人在实施行为。所以，简单地将语句分为陈述的和施为的是不够妥当的。

在发现了这种语句二分理论的缺陷之后，奥斯汀对其进行了修补，提出了三分的说法。这种语句三分的理论后来被人们较为普遍地接受。具体说就是区分三种不同的言语行为：表述行为(locutionary act，也译做"以言指事"或"言之发"。注意：汉语的"表述行为"在这里是一个偏正结构而不是动宾结构)、施为行为(illocutionary act，也译做"以言行事"或"示言之外力")、成事行为(perlocutionary act，也译做"以言成事"或"收言后之果")。

表述行为是为了表述某事而说出话语；施为行为是在说出话语的同时实施了一种行为；成事行为是指说出话语后在听话人(有时也包括说话人在内)身上产生了某种效果。例如甲对乙说"请关上门"，话说出口，产生了符合语言结构规律的语音连续体(语流)并且负载了一定的语义，这就是完成了表述性的言语行为。说话人在说出"请关上门"的同时，就是向听话的一方实施了一个请求性的行为，因而说话人通过说话又完成了一个施为性的言语行为。听话人在听到"请关上门"这句话后(很可能)满足说话人的要求而关上了门。这样，说话人说出的话就收到了效果，这就是完成了成事性的言语行为。

三种言语行为之中又以施为性的言语行为最为突出，它大致可以分成以下几种。

1. 表态性的，例如保证、承诺、警告、威胁等，表示说话人的态度。比如甲对乙说"你明天必须来，否则我就辞职"，这是甲对乙的警告；乙对甲回答"我一定来"，这是乙对甲的承诺。广义地说，表态还可以包括说话人的情感，例如祝贺、道歉、感谢、埋怨、赞扬、谴责、批评等等。

2. 宣告性的，例如宣布、宣告、通告、通知等，这类言语行为是说话一方启动了事情的进程。比如大会主席对与会者说"我宣布，大会现在开始"这句话，就是他实施了对大会的启动程序。

3. 指使性的，例如指示、命令、要求、请求、建议等，是说话人对听话人施加影响。比如甲对乙说"我请你明天去一趟"，在完成语句同时，甲是向乙施加了影响。

应当指出，表述性的言语行为经常同时就是施为性的言语行为，例如甲对乙说"医生要我少喝酒"。这可以是甲对乙转述医生的话，但同时也实施了另一种言语行为，即婉言谢绝了乙对甲的劝酒，这就又成了表态的施为性言语行为。当然，并不是所有的表述性言语行为都同时又是施为性的言语行为。比如一个嗜酒如命的人很可能一面接受别人的劝酒，一面又在转述医生让他少喝酒的原话。这样，他说"医生要我少喝酒"这句话就只是表述性的言语行为了。

另外，施为性的言语行为是说话人能够控制、产生的，因而是可以确定的。相比之下，成事性的言语行为就有较大的不确定性。因为所谓成事性的言语行为是指话说出后在听话人身上产生的反应，而这个反应能否产生不光是靠话语本身，还要靠诸多方面的条件促成，这其中有许多不可确定的因素，不是说话人自己能控制的，因此很难说一定能实现。

进一步的深入研究可以使我们看到，言语行为还有直接和间接之分。这主要是指施为性的言语行为。直接言语行为是指说话人直接说出实施性的言语行为要达到的目的，这样的语句可以叫做直接施为句,例如甲对乙说"请你关上门",甲的目的是直接说出的。不过实际交往中人们经常不愿如此直白,甲可以说"外面有风"来表达同样的意愿。这样的表达就是间接的,也就是间接地说出自己的目的,间接地实施说话人的言语行为。这就是间接施为句。直接施为句的字面意义与施为意义一致,间接施为句的字面意义与其真实的施为意义当然就有一定距离,要靠听话人调动自己的各方面知识去推理去理解。由于种种复杂原因,听话的一方未必总能正确理解说话一方语句中的真实的施为意义。另外,间接施为句有时并不是直接向听话一方讲出,而是向第三方讲出,例如甲对乙说"外面有风",甲的真实施为意义是让靠近窗户的丙关上窗户,但又不便对丙直说,于是就采取了这种迂回的办法。

第三节 语用前提

一、前 提

前提和蕴含都是语义概念,也是哲学概念,同时,它们在语用学中也占有重要的位置。下面举例说明什么是前提,前提与蕴含的区别在哪里。

前提这一概念在语义学上是与句子的真值假值密切相关的。例如:

(1) a 他的哥哥是工程师。
　　b 他有个哥哥。
(2) a 饭菜放在屋里桌子上了。
　　b 屋里有桌子。
(3) a 他不敢再打妻子。
　　b 他曾打过妻子。

例(1)—(3)每组中的句子之间都有如下的真值假值关系:

如果 a 是真的,b 也是真的;如果 a 是假的,b 仍然可以是真的;如果 b 是假的,a 就不存在真值假值问题了,即 a 是不可能存在的命题了。在这样的条件关系下,我们说 b 是 a 的前提,或者 a 以 b 为前提。"前提"也可以称为"预设"。前提与蕴含不同。举例来说:

(4) a 他从未出过国。
　　b 他从未到过纽约。

例(4)a 和 b 的真假值关系是:如果 a 是真的,b 必是真的;如果 a 是假的,b 可真可假;如果 b 是假的,a 必是假的。符合了这样的真值假值条件,我们就说 a 和 b 在语义关系上是 a 蕴含了 b。为便于对比,列表如下:

前提关系	蕴含关系
a 真,b 真	a 真,b 真
a 假,b 真	a 假,b 真/假
b 假,a 不成立,无真假问题	b 假,a 假

二、前提的逻辑——语义关系

严格地讲,前提并不是一个单纯的语义概念,因为语句首先是交际单位。人们听到看到的并不是一个抽象的句型,而是在一定语用环境下的具体的句子。可以说,对这种具体的句子来说,语用因素十分重要。所以,全面的前提关系应该是指语句之间的语义和语用上的关系。这种语义和语用上的前提具有以下几个方面的性质:

第一,前提要受到人们普遍接受的逻辑规律的限制。例如:

(1) a 这首歌她觉得挺好听。
　　b 她听过这首歌。
(2) a 哈尔滨夏天气候宜人。
　　b 哈尔滨有夏天。

以上例句中 b 都是 a 的前提。

第二,前提不能是假的。前提如果是假的,语句就没有意义了。例(2)b 如果改为"哈尔滨一年只有旱季雨季",则 a 句就无法存在。

第三,对句子的肯定否定不影响前提的成立。例(2)a如果改为"哈尔滨夏天气候不宜人",b仍然是成立的。

第四,前提受语句焦点的影响。焦点不同,前提可以不同。例如:

(3)<u>老王</u>吓走了小李。
(4)老王<u>吓走</u>了小李。
(5)老王吓走了<u>小李</u>。

例(3)的焦点在"老王",前提是说话双方都知道有人吓走了小李,但有一方不知道是什么人吓走了小李。例(4)的焦点在"吓走",前提是说话双方都知道是老王使小李离开的,但有一方不知道老王是如何使小李离开的。例(5)的焦点在"小李",前提是说话双方都知道老王吓走了某人,但有一方不知道吓走了谁。

第五,前提可以通过一定的词语"触发"出来,也就是说,句中某些关键的词语有解释前提的功能。例如:

表示频率的副词:

(6)她今天<u>又</u>去了。(前提是:她此前曾经去过)

表示程度的副词:

(7)明天会<u>更</u>冷的。(前提是:今天已经很冷了)

表示评价的动词:

(8)他严厉地<u>批评</u>了老王。(前提是:老王办错了事)

表示动作变化的动词:

(9)他<u>继续</u>打印他的论文。(前提是:他曾经在打印论文)

三、前提的语用分析

语义学的前提概念是建立在句子的真值假值基础上的。但是,句子在实际使用中不可避免地还要遇到语用上的前提问题。

所谓语用上的前提,大致可以有以下几个方面。

第一,前提要与语言环境相适合。这方面的问题牵扯到许多因素,而且很难从语言学上加以归类、加以控制,也很难列举穷尽。我们试举几例来加以说明。

(1) 王红,请你来回答这个问题。

这是教师在课堂上经常要说的一类话。但是如果在同一个班上有两位名叫"王红"的学生,则老师的这一语言行为就显得不够合适。也就是说,例(1)的前提是"班上有王红这个人",但这个前提在这个具体的教学班,在这个具体的使用环境中就不合适了,因为听话的对象无法确定下来,纯粹从语义学出发的前提在这里失效了。换言之,前提的有效性不能脱离具体的语用要求。又例如:

(2) 请把卷子交上来。

老师如果想让这一要求(言语行为)能顺利实现,就必须满足以下语用前提条件:1)老师和学生在老师说话前就已经约定卷子要交上;2)老师和学生都知道要交的是哪一张卷子;3)已经到了(或十分接近)老师与学生事先约定的交卷时间。这些前提条件都是必要的,缺少其中任何一项,老师的要求(言语行为)就无法实现,因为它与语言环境不相适合。

第二,说出的话要符合听说双方共有的背景知识。例如一个初到美国的中国人向美国人打听在什么地方可以买到笔,美国人很可能指指附近的一家药店说"那儿就有卖的"。这句话会使中国人感到困惑:买笔应当去文具店或百货店,去药店干什么?其实,美国的药店与中国的药店不同:它卖药,但确有小百货店的功能。这个背景知识是初到美国的中国人所不具备的,因而使听说双方之间的语用前提不够充足,不足以顺利实现全部言语行为。

第三,前提有时是通过一定词语暗示出来的。例如"对不起,路上堵车了"这句话是迟到的说话人向听话人表示歉意,前提是说话人乘车而来。但这一前提是暗示出来的,这句话表面的前提是"路上有车",因为路上堵车基本无碍于步行。语用前提的这种暗示不能过于曲折,比如说话人为自己迟到而道歉,说"对不起,我的热水器坏了",其真实含义是家里的热水器出了故障,而修热水器的工人没能很快修好以致耽误了他及时赴约。如此曲折的语用前提是听话一方很难推理得到的,因而双方就很难进行有效沟通。

第四节 会话含义

人们在实际的语言交流中讲出的语句其含义可以和语句的字面意思有相当大的距离,甚至可能相反。说话人会依据一定的语言环境讲出这种话,听话人也能依据一定的环境去推理理解。这种依据一定的语言环境从句子的字面含义中推导出来的语句的实际的含义叫做语句的会话含义(conversational implicature)。

一、合作原则

人们在实际会话中,虽然有实际意义(即"会话含义")与字面意义之分,但由字面意义推导出"会话含义"这一操作过程并非无章可循。美国哲学家格赖斯(H. P. Grice)1967年提出了关于会话的重要规则的发现,即会话双方必须遵守一些基本原则,其中最著名的最具影响的就是所谓"合作原则"(cooperative principle)。格赖斯认为,会话双方都有共同的愿望:互相理解。为此,说话双方就必须遵守某些合作的原则。格赖斯所谓"合作原则"主要有以下几点:

1. 量的准则(quantity maxim):所说的话应含有谈话目的所需要的信息,不含有超出需要的信息。

2. 质的准则(quality maxim):不说自知是虚假的话,不说缺少足够证据的话。

3. 关系准则(relevant maxim):说话要有关联。

4. 方式准则(manner maxim):说话要清楚明白,这包括:避免晦涩;避免歧义;简练;有条理。

在实际的会话过程中,一般来说,人们是要遵守这些规则的,否则会话就很难进行至少很难顺利进行,举例如下:

某教师召集即将参加军训的学生开会,对学生说将宣布军训日程安排。这对学生来说十分重要,他们很注意地听教师讲。可是教师并未直接宣布军训日程,而是先用去 10 分钟讲军训的意义。这种做法当然招致学生反感。从"会话原则"上分析,就是因为教师违反了"量的准则",他的讲话中没有交谈目的所需要的信息。

某商业广告说花一元钱就可得到一份上好的冰激凌,这样的广告消费者一般是相信的,因为它符合人们日常的生活经验。但如果说花一元钱就可以得到一台电脑,这样的广告就很难赢得人们的信任,因为它违反了会话原则中"质的准则",它说了听话人认为是虚假的话,至少也是缺少足够证据的话。如果在"花一元钱,您就可以得到一台电脑"的大字后面用小号字体注明若干附带条件,受众就会有一种被耍弄的感觉,广告效果就更差,因为它违反了会话原则的"方式准则"中"避免晦涩"一条。

某教师在临近高考时对学生讲"高考即将开始,请大家注意要抓紧时间复习功课、游泳、外出陪父母逛街",尽管他的意思是让考生在考前要劳逸结合,但由于说话内容违反了会话准则中的"关系准则",即缺少足够的内在关联,因而让人难以理解。

但是在我们的实际会话中,人们对会话原则的遵守还表现出另外一面:他们并不是小心翼翼地时时处处遵守这些原则,有时会故意违背这些原则来达到一些特定的目的,而听话的一方也会利用这些原则推论对方话语的真实含义。例如某教师碍于情面,为学生写出如下的评语:"该生具备一定的工作能力。"这样的评语很难引起别人对这位学生的重视,因为"一定的工作能力"是个非常含糊的表述。现实生活中,一点工作能力都没有的人几乎是没有的,可以说人人都或多或少"有一定的工作能力"。因此,老师的这种评语对于学生求职升学来说,没有什么积极的举荐作用,它违背了会话原则中的"量的准则"。但这也许正是这位老师的目的:他本不打算给这位学生好评,可是碍于情面又不得不写上几句,于是就故意写出了这种对学生来说几乎是没用但又没错的话。学生拿到了这样的评语,也会从中推想出来教师对自己的真实评价。

二、礼貌原则

格赖斯提出的"合作原则",确实使得人们对于会话含义的认识取得很大进展,这是传统的语义学难以实现的。但是人们也发现有些现象似乎很难以"合作原则"来解释,例如既然有关系准则,为什么有时故意说些不着边际的话;既然有质的准则,为什么还要故意违反,说一些明知是虚假内容的话。学者们在格赖斯之后,从修辞、从语体等等方面又发现了另外一些规律,语用学上称为"礼貌原则"(politeness principle)。这方面,布朗(P. Brown)和列文森(S. Levinson)在1978年、利奇(G. Leech)在1983年先后提出了自己的主张。其中利奇的看法在我国语言学界被广为引用,他认为"礼貌原则"应该有以下内容:

1. 得体准则(也译做"策略准则""机智准则",tact maxim):使听话人尽量少付出而多获益。

2. 慷慨准则(generosity maxim):使说话人尽量少受益而多付出。

3. 赞扬准则(approbation maxim):尽力少贬损听话人而多褒奖赞誉。

4. 谦虚准则(modesty maxim):尽力多贬损听话人而少褒奖赞誉。

5. 一致准则(agreement maxim):尽力缩小听说双方的分歧而放大双方的一致方面。

6. 同情准则(sympathy maxim):尽力缩小说话双方间的反感而增加彼此的同情。

这些准则其实我们在生活中常常是自觉遵守的。例如中国古代文人称对方是"××兄",其实说话人比听话人大七八岁甚至十几岁;一桌丰盛的酒席被说成是"便饭""水酒";称自己的住所是"寒舍",其实房子质量很好;别人开的店铺尽管是小本生意也是"贵宝号",自己开的再好也是"小店";称自己的儿子是"犬子",人家的儿子是"令郎"。《三国演义》第七十三回关羽说了一句:"吾虎女安肯嫁犬子乎！"歧视性地回绝了东吴孙权的联姻请求，因而把双方关系推向了决裂。想打开窗户时征求别人意见，就说："Wouldn't you mind me opening the window ?"（您不介意我打开窗户吧？）教师给水平一般的试卷常常批一个 Good（好），是不愿打击学生的积极性。人们在讲话时既注意到"合作原则"，又对"礼貌原则"时有考虑，交际才能够较为顺利完成，实现了语言工具的交流功能。

三、会话含义与规约含义

实际的会话过程是相当复杂的，它牵涉到语言自身和语言以外的诸多方面。在明确了会话含义的概念之后，我们有必要把会话含义与其对立面区别开。前文我们称依照一定的语境关系从语句中推导出的实际含义为会话含义，实际上这种会话含义必须有一个基础。举例来说，某个南方人身处北方，面对漫天飞舞的雪花感慨道"北方就是北方啊"。这句话当然是违反了"量的准则"，它的会话含义是"北方大不同于南方"。人们在推导会话含义时必须依托另外一些同样是用语言符号表示出的含义。例如，"北方"，中国淮河秦岭以北的广大地区；"就"，表示肯定的副词；"是"，表示判断的动词；"主语 + 动词'是' + 宾语"句型表示的语法意义；等等。语句中的这些含义与语用因素无关，与说话双方是否遵守会话原则无关，是稳定的。我们可以称这样的意义为"规约含义"（conventional implicature）。

排除了规约含义，我们就可以对会话含义进行分类。从是否遵守会话原则的角度看，会话含义可以分为两类：

第一，特殊含义（particularized implicature），即有一方明显地或故意地违反"合作原则"，使得另一方必须从字面上去推论其真实的含义。这种情况我们已举证多次了。

第二，一般含义（generalized implicature），是指说话双方都遵守"合作原则"时说话中通常存在的含义。这是我们在生活中经常遇到的情形。

这两种会话含义的分布与我们使用语言的场合、交际的目的等等因素都有一定关联。例如在正式场合,在与初次相识的人的谈话中,在政论和科技学术文章中,一般含义体现得较多。在非正式场合,在与熟人老朋友的闲谈中,在文学作品中,特殊含义则体现较多。

第五节 指示语

一、指示信息和指示语

人们在实际会话中,必须有足够的信息表明话语所涉及的人物、地点、时间、关系等。这些信息可以统称为"指示信息"。指示信息不足,交际目的就难以实现。例如老师在上课时对大家说"请你来回答这个问题",学生就很难做出正确反应,因为学生不清楚"你"是指他们中的哪个人。这就是典型的指示信息不足的情况。

表示指示信息的词语在语用学上称为"指示语",比较典型的指示语有指示代词、人称代词、表示移动的动词、表示时间的副词或名词、表示地点的名词或短语、表示人物的称谓词语以及在一定语言环境中能表示人物关系的词语。

二、几种重要的指示语

(一)人称指示语

人称指示语表示话语过程的参加者的角色。最常见的形式是人称代词:第一人称代词表示说话人,第二人称代词表示听话人,第三人称代词表示谈话涉及的其他人。在富于形态变化的语言中,除人称代词之外,人称指示还可以体现在动词的人称变化上,例如英语动词单数第三人称的添加-s词尾,这个词尾也是人称指示语。

汉语复数第一人称代词还有包括式与排除式之分:"咱们"是包括式,包括说话一方和听话一方;"我们"则是排除式,它与"你们"相对,仅指说话一方以及与说话人相伴的人。英语的 Let's 的指示功能与汉语"咱们"一样,是包括说话听话双方的,但英语的 we 的用法就不是单一的了,要看具体的语境,它可以是包括听说双方的,也可以是仅指说话人的。总之,英语没有专门表示包括含义的人称代词。

第一人称关系有时也可以用表示称谓的名词表示出来,例如父亲可以对儿子说"爸爸还不是为了你好",这里的"爸爸"相当于"我"的指示功能,说话者自称"爸爸"而不称"我",显然是意在强调父子关系,加重语气,因为任何人都可以自称"我",只有父亲才可以在儿子前自称"爸爸"。

许多语言和汉语一样,在第二人称代词上有一般式和礼貌式之分。例如俄语的 ты(你) 和 вы(您)、法语的 tu(你) 和 vous(您)、德语的 du(你) 和 Sie(您)。这种区分可以帮助谈话双方指明相互关系。另外,第二人称代词还有一种泛指功能,即指向任何人,例如"你要想成功,你就得付出"。个别语言第三人称代词也有一般式和礼貌式之分,例如旧时的北京话"怹(tān)"。

第三人称代词在汉语中的使用显然不像英语那样活跃。英语在说话开始指明有关人物之后,就很少使用表示该人物的名称而用第三人称代词 he/she 来称呼。相比之下,汉语对表示人名或称谓的名词特别偏爱,尤其是对长辈,很少直接用第三人称代词来称呼。英语的 it 也是经常使用的,除了表示事物之外,还可以指称上文提到的事件。例如:

(1) Where is my pen? It is on the table.
(2) I will repair my bike, but it is a big problem for me.

如果把例(1)的答句翻译成"它在桌子上"就很不合汉语的习惯,例(2)的后半句翻译成"但是它对我来说很难"就让人费解了。

(二) 地点指示语和时间指示语

地点指示语用来指明谈话涉及的人、物的空间位置。最典型又最常见的地点指示语是表示近指关系和表示远指关系的指示代词,例如汉语的"这"和"那"。有的语言中,除近指和远指之外,还有一个表示中指的指示代词,即指示代词三分。日语和汉语某些方言就是如此。

时间指示语一般是以说话时间为基准的表示时间的词。最常见的是表示时间的副词和名词,例如"现在、过去、将来、以前、以后"等等。另外,在富于形态变化的语言中,时间指示也可以通过动词的时范畴变化来表示,例如英语的动词现在时、过去时等等。

(三)话语指示语和社交指示语

话语指示语比较简单,它是用来指明长篇谈话或文中部分与整体、部分与部分之间关系的。常用的话语指示语有"一、二、三……;第一、第二、第三……;上文、下文;上一段、下一段;首先、其次、然后、最后;以上、以下"等。章、节的标志也是一种常见的话语指示形式。

社交指示语比较丰富,其主要作用是指明谈话双方的关系。亲属称谓词语、人名、职务称谓词语、人物的敬称与谦称等都是很常见的社交指示语。中国传统的人名还有名、字、号之分,这种区别也起到了社交指示的作用,其中名是用来自称的,字和号是称呼他人的。敬称和谦称词语丰富是汉语社交指示的一大特征,例如"贵国、鄙人、尊家、寒舍"等等。前文提及的第二人称代词的一般式与礼貌式之分其实也是一种社交指示。

第六节 话语结构的语用分析

实际的会话谈话从整体上看是有一定结构规律的。这种结构规律当然要表现在语音语义语法层面,同时也要在语用上有一定表现。

一、会话结构分析

会话结构从语用的层面看,突出的一点是双方轮流发话,一个人说完另一个人接上,当然也可能是中途打断插入,呈现出"A—B—A—B……"的结构。在这种轮流讲话的过程中,一个人从开始讲到讲完的过程,在语用学上叫做一个"话轮"(turn)。这种谈话交替的过程其实是十分复杂的,我们在此只能介绍一些较为简单的情况或规律。

1. 第一个话轮开始时,说话人多是靠人称代词等指示性的词语为下一个话轮选定对话人,比如说话人说"老王,请递给我一支笔",下面如果有人接话,就应该是"老王"。当然,这样的称呼词语不一定要用上,尤其是在只有听话人和说话人两人在场的时候。

2. 话轮交替时,人称代词等指示性的词语往往要做相应的调整。比如甲对乙说"这本书老王答应让我看三天",乙如果追问就会说"借你几天?三天吗"。又比如甲批评乙等人"你们这些年轻人太不懂事了",乙可能辩称道"我们年轻人怎么不懂事了"。说话人不同,话轮交替,指示词就必须跟着调整。有些相声和小品就是故意违反这样的会话规则来制造效果。

二、信息结构分析

人们的会话过程在很大程度上其实就是一个信息传递与信息接收的过程。人们在传递信息时,语句中的不同成分所起的作用有很大的不同。每一个词和词组或是更复杂的成分,从信息传递的功能上看,都是一个负载信息的片段。所有通过语句传递的信息,可以分成两大部分:已知信息(known information),也叫"旧信息";未知信息(unknown information),也叫"新信息"。这样,就构成了在语音结构、语义结构和语法结构之外的另一种语句结构——信息结构。

语句的这种信息结构,其重要性不在语音语义语法结构之下,它直接关系到对语句所含信息的理解分析,但是目前语言科学对这种结构研究得还很不成熟。简而言之,大致有以下的内容。

所谓已知信息是指说话人认为听话人已经知道或了解了的信息。这种信息可能是上文已经说过,也可能是语言环境提供的。

相对地,未知信息是指说话人认为听话人尚不知道或不了解的信息。句子中的各个成分在传递信息上的功能是不相等的。只传递已知的信息的部分,其交际价值就较小;传递新信息的部分,其交际价值就大。语句各部分信息含量不同,这种不同首先是表现在次序排列上,一般是随着词语的出现次序而增加。也就是说,已知信息的信息含量低,表示这样的信息的词语排在句子的前部(常常是句首),我们称这一部分为句子的"主位"(theme)。新信息的信息含量高,表示这样的信息的词语排在句子的后部(常常是句尾),我们称之为"述位"(rheme)。"主位—述位"的这种线性排列通常是与句子的语调和重音相联系的。一般来说,语句的逻辑重音是落在表示新信息的词语之上的,例如:

(1) 老王买回来了新彩电。
(2) 新彩电老王买回来了。

例(1)中说话人认定听话人知道"老王"是谁,"老王"是已知信息,是主位,放在句首;"买回来了新彩电"是新信息,是说话人认为听话人不知道的信息,是述位,放在句末。例(2)中的情况则相反,"新彩电"是大家都知道的信息,放在句首,居主位;"老王买回来了"是新信息,是说话人认为听话人还不知道的信息,居述位。从语音上体会,例(1)和例(2)也不一样。例(1)中的逻辑重音在"新";例(2)中的逻辑重音在"买"。简单地说就是,说话人要突出的部分往往是新信息,而新信息中的关键词语就是信息焦点(information focus)。信息焦点一般是要重读的,一般落在句子的后部。

实际情况当然要复杂得多。出于多种因素,例如说话人说话时的情绪、所处的环境,都有可能使信息焦点发生移动。这其中以疑问句的焦点位置最为突出,最能说明问题。例如在回答"谁回来了"时,信息焦点就会移到句首,可以说"老王回来了","老王"当然是重读的。在回答"老王怎么样了"时,信息焦点可能又在句末了,可以说"老王挺好的"。在回答"老王和谁一块儿回来的"时,信息焦点可能就在句子中部了,可以说"老王和小李一块儿回来的"。一般说来,特指疑问句的疑问词,例如"谁、什么、哪里"往往是句子的信息焦点,在语音上就是重读音节。反复问句的疑问点,例如"你去不去"中的反复部分(即"去不去")也是焦点,也要重读,尤其是其中的第一个音节。是非问句的焦点一般是在谓语部分,例如"你去吗"中的"去",要重读。选择问句的焦点通常是在表示选择项的词语(通常是两个选项)中的第一个,例如"你喜欢篮球还是排球"的"篮球"。

第七章 语言的发展

第一节 语言的发展变化及其原因、特点

一、语言的发展

语言在不断地发展变化着,只是速度极其缓慢,以致我们有时很难察觉。举例来说,我们用现代汉语(普通话)朗读古代诗歌,有时就会觉得在押韵和平仄上都有问题,更不必说领略其韵律上的优美。例如唐代白居易的名篇《长恨歌》一开始有"汉皇重色思倾国,御宇多年求不得。杨家有女初长成,养在深闺人未识"四句,用今天的普通话来朗读,完全没有韵律可言。其实这四句诗在唐代是押韵的,只是在第一、二、四句这三句上压的是入声韵,而入声在北方方言中至迟在元代就已基本消失,入声韵自然也就无从谈起。这说明从唐代到今天汉语的语音成分发生了巨大变化。在语法方面也是如此。古汉语说"时不我待",现代汉语只能说"时间不等待我",也就是说,古代汉语否定句中代词宾语要放在动词之前,而今天汉语的宾语一律放在动词之后。在词汇方面,古今的变化就更为明显,我们今天阅读古代文献的最大障碍就在于此,尤其是那些古今词性相同词义相通的词,例如古人今人都用"走"来表示移动,但古人的"走"是疾行,是"跑"的意思,今人的"走"则是一般速度的步行;"钟"在古代是指一种用金属制成的响器,"钟"有"计时工具"的意思是很晚的事。

所谓语言的发展演变应该是指不同时期语言系统的发展变化,例如以上所举诸例。临时性的语言调整不能视为语言在发展

变化。例如北京话中两个上声字在连读时第一个上声字要改读成阳平声调,比如"组长"的"组",以致"组长"与"族长"无法分辨。这只是临时性的音变,不是语音演变。又比如"教室"的"室"应读去声,但有不少北京人习惯读成上声,这种情况应视为不规范的异读,也不是语言的演变。男老师的妻子可以被学生尊称为"师母",如果有学生把女老师的丈夫尊称为"师爸",那也只是即兴的创造,仍然谈不上是语言的变化。不过,在临时调整、不规范的使用、临时性的创造与语言系统的演变之间,我们有时也很难划出一条截然的界线。例如"同志"原是指政治上志同道合的人,并且多是在政党内部使用;20世纪50年代开始扩大了使用范围,在一般公民间也有使用的。这种使用范围的逐步扩大最终导致了"同志"一词词义的扩大,除"政治上志同道合的人"之外增加了"人们惯用的彼此之间的称呼"这样一个义项,也就是导致了语言在词义方面的一个变化。以前有"酒吧"这个词,现在仿照它的结构造出了"网吧",并被大家所认可所接受,汉语因而增添了一个新词。换句话说,我们今天能够认可的所谓语言变化,最初一般只是以个别人的个别临时用法的面貌出现的,它很可能不被接受,至少不被多数人接受。它最终被大家认可需要一定的时间,更重要的是自身要有一定的价值,例如具有独到的表达效果,方便快捷,等等。

二、语言发展的原因

语言发展变化的原因可以从两个方面来认识:一是语言外部的原因,即语言所处的社会的发展变化;二是语言内部诸要素之间的相互作用。

任何语言都是处在一定的社会之中并为之服务的,社会自身的发展进步推动语言的发展,使语言的各个组成成分、各项功能必须及时调整改进,必须与所服务的社会相适应。例如东汉时代许慎于公元100年编写了著名字书《说文解字》,共收入汉字9353个;九百年后(公元1008年)北宋陈彭年等人编的《广韵》收字已达26194个;再过九百年,公元1915年,欧阳溥存等人编的《中华大字典》收字 48000 余个。当然汉字并不完全等同于汉语中的词,不过这组数字还是能够说明汉语从公元 100 年到今天是在不断发展的。举例来说,近代物理化学的发展,使汉语中出现了"镭"这个词及相应的汉字;近代中国社会制度的革命,使汉语不再有"臣"的第一人称用法和"陛下"的第二人称用法。

社会对语言的推动还表现在社会自身由统一而分化或由分化而统一的运动中。从历史记录上看,在发生较大规模的社会变更以后,语言往往要随之发生变化。拉丁语的由小而大、由盛而衰也许最能说明问题。拉丁语最初只是欧洲亚平宁半岛西海岸拉丁部族的语言,它与古代印度语、希腊语同属一个语系。拉丁语在半岛上定居的确切年代现在已很难考证,据传说,拉丁民族是在公元前 753 年建立的罗马城。拉丁语早期不过是半岛上诸方言之一,随着罗马共和国的建立及其日益的强大,拉丁语的地位也日益提高,终于成了整个半岛的共同语。从公元前 3 世纪开始,罗马的版图逐渐扩大,到公元前 1 世纪征服了整个意大利,以后又征服了伊比利亚半岛和高卢地区(今法国),直至达齐亚(今罗马尼亚)。拉丁语就进一步扩展到了这些地区,这些地区的土著语言就完全被拉丁语言排挤掉了。到公元 5 世纪,罗马帝国解体,拉丁语的地位也就大为降低,罗马帝国控制的版图内原有的各地方言进一步分化成新的语言,也就是后来的法语、意大利语、西班牙语、葡萄牙语和罗马尼亚语。

此外,不同社会之间的密切交往也是语言发展变化的一个原因。公元 4～6 世纪,中国北方的游牧民族例如匈奴、鲜卑、羌、氐,进入中原地区成为统治者,同时中原地区原来的汉族统治者又迁至江南。这样,就使得中国各民族语言之间、汉语内部各方言之间出现了空前的大交流大融合。例如长江以南的大城市南京(即西晋末年的建邺,后改称建康)原是讲吴语方言的,西晋王朝由中原退至江南,以建邺为新的国都,史称东晋。由于北方来的移民人数众多,其中还有皇亲国戚高官显赫,原建邺城的吴语方言很快就被融合。再比如,近代中国为了摆脱贫穷落后的状况,向西方向日本等国学习。公元 19～20 世纪,汉语中出现了许多新词。这些词有的直接来自西方,例如"咖啡、坦克、沙发、吉普车";有的则是通过日文的中介间接进入汉语,例如"组织、干部、封建、地主、革命、社会、军事、法人"等等。在欧洲,公元10~13世纪,由于讲法语的诺曼人统治了英国,英语不但地位大为降低,且接受了大量的法语词,例如今天英语中表示国家机器的不少词汇,像army(军队)、judge(审判)、exile(流放)、tax(税收)。第二次世界大战结束以后,美国的经济军事实力上升为世界第一,又有大批英语(严格说是美式英语)的词汇回灌到法语当中,例如motel(汽车旅馆)、hot-dog(热狗)、jazz(爵士乐)、drugstore(药店)、self-service(自助)。

语言发展演变的另一个重要原因在语言内部。语言内部的各个系统之间相互影响,一个系统发生变化往往就会带动其他系统。例如古代汉语的语音结构比现代汉语复杂,主要是韵母数量大大超过现代汉语。以中古汉语为例,宋代《广韵》的韵母大约在140个,而今天汉语各方言中,北京话才有38个韵母,十分复杂的闽南方言潮州话也只有85个。由于韵母数量的减少,再加上其他因素,使汉语语音结构大为简化,结果是同音字(即同音语素)大为增加。例如"燎"与"聊"、"褒"与"包"、"堡"与"饱"、"鞭"与"边"、"官"与"关"、"平"与"瓶"、"笼"与"隆"的韵母原本并不相同,现在都是同音字了。同音字的大量出现势必影响语言的交际功能,为了解决这个问题,语言系统采取了加大词的长度的措施,例如古汉语说"鞭",现代汉语就说"鞭子";古汉语说"史",现代汉语就说"历史",等等。其结果就是汉语从以单音节词为主变成了以双音节词为主。这种双音节为主的词汇结构又会推动语法结构的改变。

三、语言发展的特点

语言的运动发展有其自身的特点,其中突出的有两点:渐变和不平衡。这两个特点又是由语言自身的一些特性决定的。

语言的发展是逐步的渐变的,这是由语言的基本功能决定的。语言是作为人类社会最重要的交际工具而存在的,是人们每天每时都要使用的。因此,它的发展变化必须是逐步实现的。如果它采取突变的方式,则必然影响人们的正常交际活动。今天把比六大一的数字叫 qī,明天还要这样,不能突然更换成 bā。又例如作为教学用具的黑色挂板,虽然目前已有不少学校改用暗绿色为底色的,但是"黑板"一词仍然继续使用,并没有换成"绿板"。英语当中也是一样,黑色的黑板和绿色的黑板今天都保持过去的名称 blackboard,而不叫 greenboard。又例如古代汉语"走"的意思是跑,今天汉语中"走"的意思主要是一般速度的步行,但是不能说今天就全然没有以"走"为跑的实例,例如"走狗、走穴、奔走",可见语言的改变是逐步的、缓慢的。所有这些都是为了使语言的交际功能不受太大的影响。当然,这并不意味着语言是一成不变的。任何语言的现状与其古代面貌相比都有了很大的不同,因为社会是在不断发展变化的,语言必须做出调整才能与之适应。也就是说,一面是求稳定,一面是求变革,两个方面都是语言所必需的。其结果就是,语言一定要改变,但改变是逐步的,是渐变的。

　　语言发展的另一个突出特点是不平衡性。不平衡又较为突出地表现在语言各系统之间。一般来说,语言的词汇是开放的,与社会现实生活联系紧密,最容易最直接地反映社会生活的内容,或者说社会生活的内容最直接地体现在语言的词汇系统中而不是语言的其他系统。举例来说,我们在汉代字书《说文解字》中,可以轻而易举地找到数以十计的关于牛、马、羊等动物的细致分类的词语,而这些词语在今天的汉语中大多数已不复存在,例如"犙(三岁的牛)、牭(四岁的牛)、牡/犅/特(公牛)、牲(全牛)、牺(宗庙之牲)、犡(白色脊背的牛)、犖(白黑相杂的牛)、牷(纯色的牛)、㹈(牛的膝下骨)、犕(騙牛)、牟(牛鸣)、牵(引前)、犏(杂交的牛)、牢(牛圈)"等等。原因就是这些动物在现代社会生活中的地位和作用大为降低,表示这些动物名称及相关的词由常用词退至一般词,由普通的一般词又变成了极少使用的冷僻词语。人的记忆力是有限的,人们没有必要记住这些难得一用的词,而需要记住新的经常使用的词。又比如最近二十年中国社会发展迅速,这在词汇中也得到了充足的表现,像"网吧、网民、网址、网页、网股、网虫、网校、网站、局域网、校园网、互联网、因特网、宽带网"这样的新词几乎每天都要产生。可是相比之下,我们几乎难以找到近二十年来汉语的语音语法上的变化。22个声母、38或39个韵母、阴阳上去四个声调,g、k、h不拼齐齿呼、撮口呼韵母,j、q、x不拼开口呼、合口呼韵母,这样的语音格局至少已有百年以上的历史,尽管这一百多年是中国社会剧烈变革的时代。主语在谓语之前,动词在宾语之前,修饰语在中心语之前,这样的语法结构更是维持了至少上千年,尽管这个时期中国社会不知有过多少分化统一。与词汇系统相比,语言的语音系统和语法系统是相当保守的。从各国语言的普遍情形来看,语言系统中,词汇的变化最快,语音次之,语法再次之。

严格说来,不但语言各个系统的发展不平衡,就是同一系统内部也有差别。就以变化最快的系统——词汇系统来说,基本成分极稳定,很少有变化。像汉语的"人、手、口、风、云、雨、上、下、前、后、夫、妻、父、母、兄、弟、男、女、一、二、三……",至少在公元前一千年的甲骨文中已有记载。也就是说,语言的基本词汇有相当的稳定性。它和语法结构一起,最能表现一种语言的基本面貌。惟其如此,语言学家在探求不同语言之间是否存在亲缘关系时就必须考察语言的基本词汇和语法结构。

语言发展的不平衡性还表现在语言的不同地域分支上。以汉语来说,论形成的历史是北方在前,但是论语音的情况却是今天南方诸方言更能保持古代语言的面貌。例如古代四声中的入声,在今天大多数北方方言区已经消失,只在山西省大部及其毗邻地区还保有一些;而南方吴、湘、粤、赣、闽、客家六大方言都保有入声。"古无轻唇音"是上古语音的一个基本特征,今天一般的汉语方言都不再如此,唯有闽方言中还有不少字在遵守这一条读音规则,例如"分、蜂、缚"在厦门、福州、建瓯等地声母是[b]或[p],而其他各地的汉语方言都是念唇齿音(即轻唇的)。从上古到中古,汉语一直有浊塞音、浊擦音、浊塞擦音,到近代的北方方言基本消失,而今天南方的吴方言仍然基本上成系统地保有这些浊音声母。

从社会语言学的角度看,语言的不平衡性还可以体现在使用语言的不同人群上。例如老年人可能比较保守,他们遵循比较严格的语言规范,对新出现的用法难于接受;年轻人会乐于接受甚至创造一些违反现有规范的用法。又比如中老年人的方言发音比较纯正，能够较准确地表现方言的特点，而年轻人的方言中会掺有不少民族共同语的成分。一些过于粗鲁的用法在女性尤其是年轻女性这个群体中难得听到，而"理念、互动、价值观、一定意义上、某种程度上"这些青年学生、知识分子喜欢用的词语也难得在体力劳动者中听到。

第二节 语言各系统的发展变化

一、语音系统的演变和发展

语音系统的变化主要体现在音位系统上，具体说有两个方面。

（一）音位的分化与合并

语言中音素的数量及其关系是在运动变化的，这就形成了音位的变化。汉语唇音声母的分化和塞音声母的合并也许是最好的例证。上古汉语中没有轻唇音（即唇齿音），只有重唇音（即双唇音），今天我们念成唇齿音的字在上古阶段的汉语中都是双唇音。唇齿音的出现，一般认为是汉代以后。而这些在汉代以后改读唇齿音的字在上古时期是读双唇音的，这就是音位的分化。举例来说，"布、铺（店铺）、步、暮"四字分别与"付、赴、附、务"四字的声母在上古阶段是一样的，"布、付"的声母都是[p]，"铺、赴"的声母都是[pʰ]，"步、附"的声母都是[b]，"暮、务"的声母都是[m]。到中古阶段，也就是隋、唐到宋的阶段，音位开始分化，/p/、/pʰ/、/b/、/m/每一个音位都一分为二，/p/分化成/p/和/f/，/pʰ/分化成/pʰ/和/fʰ/，/b/分化成/b/和/v/，/m/分化成/m/和/ɱ/。举例来说，上古阶段"布"和"付"都念[p]，到了中古阶段只有"布"还念[p]，而"付"改念[f]。同样，"赴、附、务"在上古阶段分别与"铺、步、暮"同声母，分别念[pʰ、b、m]，到了中古"赴、附、务"就分别改读[fʰ、v、ɱ]了。从中古到现代，汉语语音又发生了一些重大变化，浊塞音声母的消失就是突出的一方面。举例来说，上古中古时期都有浊塞音[b]，但是到了现代汉语，浊塞音[b]消失，上古中古时期声母为[b]的字改成声母[p]和[pʰ]。例如"脯"和"步"在上古中古声母都是[b]，到了现代，一个念[pʰ]，一个念[p]。这样，上古以来声母一直相同的"脯"和"步"到中古以后就变成了声母不同的字，这是/b/音位的又一次分化。/b/分化成了/pʰ/音位和/p/音位，原来属于/b/音位的字分别归入/p/和/pʰ/。同时，中古的/f/、/fʰ/、/v/合并成/f/，上古至中古一直不同声母的"付、赴、附"变成了声母相同的字，声母都是[f]。这就是音位的合并。

（二）音位关系的改变

音位的存在与消失当然要影响到音位之间的关系。例如汉语上古阶段既有清塞音又有浊塞音，清塞音又分送气与不送气的，例如[b][p][pʰ]，由于它们能够辨义，因而是对立关系，分属不同音位。到现代汉语，[p]和[pʰ]仍然都存在，但是[b]已经消失，[b]与[p][pʰ]之间的对立关系也就不复存在，但是[p]和[pʰ]之间的对立关系依然存在。同样的道理，上古阶段只有双唇音没有唇齿音，到中古分化出了唇齿音，于是也就出现了双唇音与唇齿音的对立。音位关系的改变还表现在音位之间的组合关系上。例如现代汉语舌尖前音声母和舌根音声母不拼齐齿呼，但是中古时期是可以拼合的。例如"酒、将、秋、修、习"等字在中古时期声母都是舌尖前音而韵母是[i]韵头的，"基、启、琴、香、形"等字在中古时期都是舌根音声母拼[i]韵头韵母。又比如中古时期"因殷"和"音阴"不同音，前者以[n]为韵尾，后者以[m]为韵尾；"滩"和"贪"也是如此，前者以[n]为韵尾，后者以[m]为韵尾。但是这些不同音的字现代汉语已经同音，因为现代汉语中[m]只能出现在音节开始部分做声母，不能出现在音节收尾的地方做韵尾，做韵尾的鼻音只能是[n]和[ŋ]。[ŋ]的情况与[m]正好相反，它在古代汉语中既可以做韵尾也可以做声母，例如"瓦、我、业、岳"等字在古代就是以[ŋ]为声母的，可是现代汉语中的鼻音声母只有[n]和[m]。

从总体上看，语音的演变呈现出明显的严格的规律性。出现在不同词中的同类音在同一历史时期同等条件下要发生同样的变化。例如上面所说的中古时期以后汉语浊塞音声母[b]消失,就是说,所有中古读[b]的字都不再读[b],一律改读成清塞音。当然,任何规律总难免有例外,但例外也应该是能够得到合理解释的。例如"觉"字在今天北京话中按语音演变规律应该读成阳平,但有一些北京人读成上声,这是受到了东北方言的影响。今天东北方言中"觉"读上声,在历史上,东北方言与北京方言有着紧密的渊源关系。语音演变的规律具有以下特点:1.受一定的语音条件制约,例如中古舌尖前音,声母字,今天北京话中一部分读舌尖前音,一部分读舌面前音,这个分化就是由后面的韵母决定的:今天开口呼合口呼韵母前,读舌尖前音;今天齐齿呼撮口呼韵母前读舌面前音。前者如"簪、蚕、尊、村",后者如"尖、签、俊、迅"。2.受一定的地域限制,例如中古时期的舌根音声母在今天北京话齐齿呼撮口呼韵母前演变成舌面前音,如"家、角、江、解",但是这条规律并不适用于南方许多方言,例如湖南、江苏、浙江、广东许多地区这些字今天仍读舌根音声母。3.受一定的时间制约,例如"屿"字古代是全浊声母上声字,按语音演变规律今天应读去声。但是人们受了这个字右半部声旁的影响误读成上声("与"今音也是有上声与去声两读的,但上声字音是优势字音),错过了由中古音向现代音演变的时间,这个字也只能读成上声了。

二、语法系统的演变和发展

语法系统是语言中最保守的,很少有变化。例如汉语中的主要语法格局,主谓、动宾、偏正之类,在西周时代的金文文献中已出现。但这并不意味着语法面貌就是一成不变的。我们只要认真检索古代文献就能看出一些变化。语法的发展和变化主要表现在语法成分的组合规则、聚合规则两个方面。

(一)组合规则的演变

组合规则的演变主要表现在词序的改变,这在汉语这类缺少形态变化的语言中表现得尤其突出。比如上古汉语否定句中疑问代词或人称代词做宾语在动词之前,例如《论语·阳货》"日月逝矣,岁不我与",《左传·宣公十五年》"我无尔诈,尔无我虞",《左传·成公三年》"臣实不才,又谁敢怨"。这种宾语前置的句式是先秦汉语的常规句式,直到南北朝以后才逐步消失。又比如上古汉语介词加表示地点的名词组成的介词词组一般是与动词宾语一起放在动词的后边,例如"有美玉于斯"(《论语·子罕》)、"河内凶则移其民于河东"(《孟子·梁惠王上》),这种句式到魏晋开始有所变更,演变到现代汉语,表示地点的介词词组一般不能与动词的宾语都置于动词之后。

(二)聚合规则的演变

聚合规则的改变主要表现在形态和词类两个方面,形态的变化当然又是与语法范畴的变化连在一起的。比如古代英语(公元5~12世纪)与现代英语一样有数的范畴,但是还有性的范畴,分成阴、阳、中三性,例如 mōna(月亮,阳性)、sunne(太阳,阴性)、tungol(星球,中性);还有格的范畴,例如 hund(狗,阳性)的单数5个格和复数5个格分别是:

	单数	复数
主格	hund	hundas
属格	hundes	hunda
与格	hunde	hundum
宾格	hund	hundas
工具格	hunde	(缺)

这样的格局到中古英语(公元12~15世纪)已无法维持,更不必说现代英语。现代英语名词没有性范畴的区别,格范畴也只剩下普通格和所属格两个,而且所属格的语音形式与普通格的复数形式在发音上又是一样的。

汉语一向缺少词形变化,但是如果我们仔细考察史料还是可以找到一些变化的痕迹。例如古代汉语内部屈折的构词方式要比现代汉语丰富,像"风、雨、宾、客、妻、女、王、衣"等等许多字都有所谓"破读",也就是用改变声调的形式来改变词性,将名词改成动词。这种方式现代汉语已不多见。词法上的另一个突出变化是词缀的交替。上古汉语的"有""伊"等前缀到汉代已不多见,代之而起的是"阿"。例如后汉三国魏武帝曹操小字"阿瞒",蜀后主刘禅乳名"阿斗",南北朝《木兰辞》中有"阿爷、阿姊",到敦煌文献中更加丰富,有"阿你、阿他、阿谁"等人称代词,到现代汉语(普通话)中"阿"已明显萎缩,只剩下"阿姨"。后缀"子、儿、头"也是从中古时期略显端倪到唐代以后逐步兴旺的,至宋代已经定型。今天的时态助词"了、着、过"也是从唐代开始逐步活跃起来,有的研究人员认为这是汉语构形法的发展,认为"了、着、过"就是汉语动词的"体"范畴。我们以"了"为例说明汉语语法变化的一种主要途径——实词虚化。

汉语助词"了"是从动词"了"(了结,终结)虚化而来的。动词性质的"了"在汉代已出现,在晋代以后的史料中还有,例如:

> 官事未易了也。(《晋书·傅咸传》)
> 为客无时了,悲秋向夕终。(杜甫诗)
> 若无知足心,贪求何日了。(白居易诗)

但同为唐人诗句,有的"了"在语法位置上已不再是处于谓语位置,而是虚化,降到了补语位置,表示动作或行为的完成,例如:

> 半啼封裹了,知欲寄谁将。(孟浩然诗)
> 春风为开了,却拟笑春风。(李商隐诗)
> 二三豪杰为时出,整顿乾坤济时了。(杜甫诗)
> 咒虽百种作了,凤凰要自难漫。(敦煌变文《燕子赋》)

这种"了"已经很接近助词"了",因为它紧贴着动词。但唐代的这种"了"一遇到宾语就回退到宾语以后而与动词分离,例如:

> 作此语了,遂即南行。(敦煌变文《伍子胥变文》)
> 画人卢珍看壁了,明日下手。(《六祖坛经》)

真正的助词应该是紧贴动词而把宾语移到助词之后,这样的用法在唐代不多见,到宋代才大批出现,例如:

如今与了燕京,如何只三十万。(《三朝北盟会编》)

与他弹压,不可交乱,恐坏了这军人马。(《王俊首岳侯状》)

不过两个月,碾成了这个玉观音。(《碾玉观音》)

聚合规则的另一种发展是词类的变化,这在汉语中表现得比较突出。今天的汉语与印欧语系的语言相比,量词系统是一个突出特征。但是上古汉语是没有量词的,偶尔有一些类似量词的词及其用法,例如:

不稼不穑,胡取禾三百廛兮。(《诗经·魏风·伐檀》)

子产以幄幕九张行。(《左传·昭公十三年》)

汉王赐良金百镒,珠五斗。(《史记·留侯世家》)

这里的"廛""张""镒""斗"可以说是量词的雏形,但还不是真正的量词系统:第一,它们只是零星的单位名称,在上古汉语中尚不具普遍性;第二,它们的语法位置也不是量词的位置。真正意义上的量词是在魏晋以后才逐步形成的。另一个词类问题就是最近几十年间比较突出的所谓"非谓形容词"问题。"非谓形容词"的说法是20世纪60年代我国著名语言学家吕叔湘先生首倡的,这类词是指一些不做谓语、不受否定副词"不"的修饰、在句子中只能做定语的形容词,例如"大型、小型、中式、西式、正面、反面、男、女、多方位、大功率、全天候"等等。用"非谓形容词"来命名是考虑到这些词和形容词有相通之处有共同的语法功能,另外数量不多,尚不值得为它们在词类系统中单列一个席位。但是,90年代以后我国出版的汉语语言学教科书则逐渐地以"区别词"这个术语来取代"非谓形容词"的说法,一方面是因为这个词类的特殊性逐渐为大家所认识;另一方面是这类词的数量在几十年间增长极快,以至必须考虑在词类系统中单独列出而不再作为形容词中的一个次类。

除了组合规则、聚合规则两个方面之外,从总体上看,语法规律的类推作用在语法的发展和变化中也很值得重视。所谓类推作用,就是某些语法规则在一定条件下可以扩大自己的使用范围,把另外一些语法成分纳入该规则。例如中古时期英语名词以清摩擦音[f][s][θ]收尾的,变成复数时,应该先把清摩擦音的词尾变成对应的浊摩擦音[v][z][ð]然后再加上复数词尾[z]或[iz],例如wife[waif](妻子)的复数是wives[waivz],house[haus](房子)的复数是houses[hausiz],但是现代英语中大多数名词单数变复数时只是直接加上词尾-s,这个规则覆盖面最宽,自然影响也就最大,因而类推到一大批以[f]收尾的名词,例如belief(信仰)、roof(屋顶)、chief(首领)、proof(证据)、scarf(围巾)、wharf(码头),这些名词的复数就采取直接加词尾-s的形式,而不采取先变成浊辅音再添加词尾的办法。当然,类推的作用很难影响到所有同类型的语法现象中去,否则就谈不上有例外了。例如上面wife、house等词,又如man(人,男人)/men,foot(脚)/feet。事实上这些词早在古代英语中就是这样变化的,比如mann(人,男人)/menn。另外,像scarf、wharf这些词又具有两种复数形式,既可以采取传统的先把词尾清辅音改成浊辅音再加词尾的形式,也可以直接加词尾-s,这都说明类推作用也要受到一定限制。

从总体上看,类推作用会使语法规律更加简明整齐,更有利于语言的规范化和学习。但是语言的所有规则都不是一朝一夕形成的,语言本身不是一套脱离社会的人工的符号系统。它在使用中要受到许许多多语言外部因素的影响,受到许多外语的影响,语言不可能是十分整齐的。当语言规则过于凌乱无序时类推规则就要对语言加以调整,但调整即便是百分之百地有效,也不能保证今后语言的发展还是完全整齐划一的。综观各国各民族的语言,语法规则难免有一定程度的例外,同时例外又要被限制在一个较小的范围内,就是很好的说明。

三、词义和词汇系统的演变与发展

(一) 词义的演变

词是语音和语义的结合体。词的语音形式在语言千百年的运动中发生了种种变化,与此同时,词的意义部分也要发生种种变化。这种变化是很明显的,例如我们今天很难读懂古人留给我们的文献,其主要原因是不认识字,也就是不了解古代的词义;或者字虽与现代的字同形,但字义已全然不同。总体看,词义的演变规律不像语音的演变规律那样容易概括归纳,而且具体的情况也相当复杂多变。词义的演变主要有以下几种情况。

第一,词义内涵的变化。词义实质上是人对客观世界的认识的概括,而人的认识能力和水平是在不断发展提高的,这就使语言中的词义也要不断地进行调整、充实。例如"天"和"地",东汉许慎《说文解字》解释为"天,颠也,至高无上""元气初分,轻清阳为天,重浊阴为地";《现代汉语词典》(第6版)解释"天"指"天空","天空"是"地面以上很高很远的广大空间","地"指"地球;地壳"。《说文解字》中"人"解释为"人,天地之性冣(最)贵者也",《现代汉语词典》(第6版)对"人"的解释是"能制造工具并使用工具进行劳动的高等动物"。

第二,词义外延的变化。词义的外延指词义指称的对象及其范围。外延的变化有缩小、扩大、转移三种情况。

缩小是指词义指称的范围缩小,例如"党"在20世纪50年代以前指各个政党,现在如果没有一定语境的专指作用,通常情况下只指中国共产党。"宫"本是泛指房屋,《说文解字》中说"宫,室也",《尔雅》有"宫谓之室"。秦汉以后,封建礼法不断细化,"宫"仅能指帝王或宗教使用的房屋,例如"阿房宫",以后又有了"宫殿"的说法。"朕"在先秦还是一般的第一人称代词,例如屈原《离骚》中有"帝高阳之苗裔兮,朕皇考曰伯庸";从秦代开始才专用于帝王。"水"在古代本指江河,也可以指喝的用的水;在现代汉语除"渭水""汉水"等专有名词外,"水"不再指江河。英语 meat 本来指各种食品,后来仅指肉类。

扩大是指词所指称的对象范围有所增加。例如古代汉语的"江""河"都是专有名词,专指长江和黄河,所谓"江河淮泗"(长江、黄河、淮河、泗水河);现代汉语的"江"和"河"已不再是专指哪一条江和河,而是泛指江河。"库"在古汉语是专指储存武器的地方;现在则指可以存放任何类物品的地方,例如"库房、车库、仓库('仓'在古汉语中专指粮库)"。"体"在古汉语仅指四肢,《论语·微子》有"四体不勤,五谷不分,孰为夫子"的话,现在"体"指整个身体,例如"体质、体魄、健体"。英语 journey 原指一天的行程,现在泛指旅行。place 原指大街广场,现在可以泛指任何地方。

转移是指词所指称的对象发生转移,由指向甲转向乙。例如"兵"本指兵器,《说文解字》里说"兵,械也",《左传·隐公元年》有"大叔完聚,缮甲兵,具卒乘,将袭郑",《战国策·楚策》有"故北方之畏昭奚恤也,其实畏王之甲兵也,犹百兽之畏虎也"。但是后来的"兵"主要不是指武器,而是指使用武器作战的人——士兵。"去"本指离开,《孟子·离娄下》有"去三年不反,然后收其田里",《史记·廉颇蔺相如列传》有"臣所以去亲戚而事君者,徒慕君之高义也";现在的"去"是"向着目标行进"的意思。英语 book 原指山毛榉,是一种树的名称,造纸术传入之前,西方人用这种材料书写;后转指装订成册的读物,也就是书。

词义外延的这些变化也可以从词义的义素组成上来解释。例如"兵"原来的义素有[＋工具]、[＋作战],现代意义上的"兵"的义素组成就是去掉了[＋工具],换成了[＋人],词义发生了转移。

第三,义项的增减。义项的增加和减少当然也会导致词义发生变化。例如"后门"本指房屋或院落后面的门,随着"走后门"这个惯用语的普及,"后门"也就增加了一个义项"比喻通融或舞弊的途径"。"同志"本指政治上志同道合的人,随着 20 世纪 50 年代以后使用上的逐渐泛化,"同志"就增加了"人们惯用的彼此之间的一般称呼"这样一个义项。俄语的 περο 原指鹅毛管,由于初期的蘸水笔就是用这种鹅毛管改造的,以后就用 περο 指钢笔尖,这样 περο 就增加了一个义项。英语 menu 原指饭馆中使用的菜单,现在也指电脑操作程序中的项目表。相反,也有的词义项在减少,例如"军"在古代可以指军队或军队的编制,例如《论语·子罕》"三军可夺帅也,匹夫不可夺志也";此外古汉语的"军"还可以指驻扎,例如《史记·项羽本纪》"沛公军霸上"。这个"驻扎"义项在现代汉语已经不存在了。

第四,附加色彩的改变。词义附加色彩的改变最突出的是感情色彩的转变。例如"鼓吹、追随、宣扬"在 20 世纪二三十年代都是褒义的,但是到五六十年代已经成为贬义的了。"太太、先生、小姐"这些称谓词语从50年代开始明显地从褒义转向贬义,但是从80年代返回褒义,以后又有了中性用法。

(二) 词汇系统的演变

与词义的演变相比,词汇系统的演变更容易观察。词汇系统是由语言中千千万万的词汇集起来的,它与社会现实的联系极为紧密。社会现实在很大程度上决定了语言词汇系统的面貌;反之,人们也可以透过词汇的组成来认识社会。近二十年汉语词汇的大量增加就是很好的说明。词汇系统的演变大致有以下几种情况。

第一,新词的增加。社会处于不断的发展变化之中,尤其是现代社会,每天都要涌现出一些新生事物。这就要求作为交际工具的语言符号体系必须跟上,必须提供新的词语来为新生事物命名。新词新语的产生主要有以下几种途径。

1.利用原有的语言材料构成新词,例如汉语用"电"和"脑"合成了新词"电脑",用"族"做类似词缀的成分派生出"工薪族、打工族、追星族、上班族",用"热"造出了"旅游热、留学热、开发热、房地产热、手机热、空调热、熊猫热、电脑热"等等。英语用 ice(冰)和 cream(奶油)合成了 ice cream(冰激凌),用 lip(唇)和 stick(棍,拐杖)合成了 lip stick(唇膏)。造出的词是语言中的新成分,但是造词使用的材料(主要是语素)和规则是语言中原有的。造词是语言补充新词汇,丰富语言表达手段,表达新事物的最主要的途径。

2.借词,即从别的语言或本民族语的其他方言中借用词汇,这也是增加新词的一条重要途径。汉语早在西汉初期就从中亚一带的国家和民族语言中借用了大批词汇,例如"葡萄、苜蓿"来自波斯语言。东汉以后,随着佛教的广泛传播,汉语当中又出现了一大批来自印度梵语的词汇,例如"佛陀、菩萨、罗汉、三昧、僧伽"等等。19世纪以后,中国人开始向西方学习,大批西方语言的词汇,主要是英语的词汇进入汉语,例如"坦克、沙发、麦克风、咖啡、巧克力、摩托、马达、布尔什维克(俄语)、康拜因(俄语)、布尔乔亚(法语)",还有大批经过日文转写的,例如"干部、支部、共产主义、辩证法、生产力、法人、反对、组织"等等。西方各国由于历史的原因彼此的交往相当频繁,在语言上也就相互影响得更多,以英语而论,从古至今都有大批的外来词进入。例如古代英语 pipor(胡椒)来自拉丁语的 piper,pea(豌豆)来自拉丁语的 pisum,torr(塔)来自拉丁语的 turris;Temese(泰晤士河,今英语 Thames)来自凯尔特语 Tamesa;早期现代英语(1500～1700)也有大批外来词:comrade(同志,法语camarade),chocolate(巧克力,法语 chocolat),shock(震惊,法语 choc),volunteer(志愿者,法语voluntaire),violin(小提琴,意大利语 violino),volcano(火山,意大利语 valcano),armada(舰队,西班牙语 armada),banana(香蕉,西班牙语 banana),canoe(独木舟,西班牙语 canoa),quartz(水晶,德语 quarz),noodle(面条,德语 nudel),waltz(华尔兹舞,德语 walzer),brandy(白兰地酒,荷兰语 brandewijn),deck(甲板,荷兰语 dec),tea(茶,汉语厦门方言),oolong(乌龙茶,汉语北京方言),ginseng(人参,汉语北京方言),litchi(荔枝,汉语北京方言),soy(大豆、酱油,日语,借自汉语粤方言)(以上英语材料引自李赋宁《英语史》)。有时借词来自本民族语的其他方言。汉语方言复杂,这方面的表现就较突出,例如普通话的"档次、垃圾、瘪三、货色、尴尬"来自吴方言,"冰激凌、雪糕、炒作、发廊"来自粤方言,"过细、过硬"来自湘方言,"龙眼、马铃薯"来自闽方言,"晓得、搞、名堂、耗子"来自北方方言的西南次方言。

3. 旧词新用,也就是给原有的词赋予新的含义。例如"下海"原指20世纪初期非职业的京剧演员转变成职业演员,90年代指非职业的经商转为正式的职业的经商,其间有很长时间人们几乎已把这个词忘记了。"黑五类"是"文化大革命"时期的词,指家庭出身属于地主、富农、反革命、坏分子、右派的人,到了90年代有一种食品叫做"黑五类",是用五种黑色食物加工而成。

4. 词义分化。词义分化指古代多义词分化成后来的同音词。多义词是一个词有多个义项,这些义项之间当然存在种种联系。但是,随着时间的推移和社会的变化,人们可能逐渐将此淡忘,使多义词原有的义项之间失去了联系,一个多义词就演化成了一组同音词。例如"管"原指竹管,古代钥匙是用竹子做的(《左传·僖公三十二年》有"郑人使我掌其北门之管"),所以"管"在古代又有"管理"的意思,是一词多义,即多义词;今天的钥匙当然不再是竹子做的,人们也很难想到管理和竹子有什么联系。

第二,旧词的消亡。语言原有词汇不可能恒定不变,随着社会的各种发展变化,词汇格局中总要有新成分加入,原有成分就要淘汰。当然原有成分也不是一朝一夕地就从语言中退出,而是逐步淡化。例如"文化大革命"时期的词汇,像"早请示、红卫兵、最高指示、批倒批臭、斗私批修、三忠于四无限"今天也不是完全没有人使用,但是已经很明显地退出了常用词的范围。再有一种情况是词所表示的事物并没有消失,但是在社会生活中的作用大为下降,那么表示这类事物的词就要退出常用词乃至最终完全退出语言词汇系统,例如前面所举《说文解字》中大批关于牛马羊详细分类的词,今天汉语中它们已不复存在。另外,词语的替换也是旧词退出、新词出现的一种情况。例如古代汉语以单音词为主,现代汉语以双音词为主,古代的"首、颈、鼻、目、耳"就分别被"头(或'脑袋')、脖子、鼻子、眼睛(或'眼')、耳朵"代替。又比如汉语在翻译外语词汇时更喜欢意译形式,但是在初期往往采用音译,而后又用意译的形式取代音译的形式,例如"电话"取代"德律风"(英语 telephone)、"民主""科学"分别取代"德谟克拉西"(英语 democracy)、"赛恩斯"(英语 science)。

第三节 语言的分化和统一

语言的分化和统一是语言发展的两种主要趋势,在不同语言的不同历史阶段中,这两种趋势分别是语言发展的主流。不论分化还是统一,都与当时语言所处的社会历史条件紧密相关。

一、语言的分化

所谓语言分化,是由社会的分化和语言自身的不平衡发展造成的。在分化的初期,一种语言会分化成若干种方言。以后,随着社会的进一步分化,方言会进一步分化成若干种语言。另外,在使用上造成的语言内部差异也是语言分化的表现。

(一) 方言

方言是和民族共同语相对的概念,指一种语言的地域分支,是社会分化的结果。语言使用人数较多、分布地域较广,就很难避免产生方言的情况。汉语方言数量之大、分歧之严重,在世界各语言中算是很突出的。方言内部也不是完全一致,往往还要做进一步的划分,语言学上叫"次方言",例如汉语北方言就有华北、东北、西北、西南、江淮等次方言。有些次方言内部仍有不容忽视的差别,例如同属闽方言的闽南次方言,其中潮州话和海南话仍有很大的不同,汉语方言学上习惯叫"××话"。

方言形成的原因很复杂,主要有以下几个。第一,交通的阻隔。随着社会生产的发展,或是出于其他原因,一个民族活动的范围会逐步增大。由于古代交通工具不够发达,生活在不同地区的同一民族的人们很难经常来往。在经历了一定的时间之后,语言就会产生一定的分歧,这种分歧积累到一定程度就会形成方言。汉语闽方言可以算是一个好例证。闽方言约在汉末晋初才逐步形成,与北方中原地区的汉语相比,它是汉语一个后起的"年轻"的方言。但是闽方言现在仍保留大批上古汉语特征,与中原汉语迥异,就是因为交通阻隔,闽方言区人民很难与中原地区人民来往。第二,大规模移民。闽方言的形成也可以说是中原向东南移民造成的。又比如今天南京虽地处长江南岸,但仍属于北方方言区,原因就是两晋之交"永嘉之乱"的大规模移民。第三,社会割据。一个统一的社会如果出现若干局部政权也会导致方言产生。今天北方方言与南方诸方言的差异就与南北朝的割据局面密切相关。

方言之间的差别以语音差别最为突出,其次是词汇差别,语法方面的差别最为细微。方言之间的差别有大有小,最严重的甚至无法通话,例如今天的北京人就听不懂广东、福建一带的方言。尽管如此,这几个地区的方言之间还是存在着很多语音词汇语法的对应关系。例如"江、九、郊、介"等古代舌根音声母的字现在北京话读成舌面前音,在广州在闽南读成舌根音,而"将、酒、椒、借"等古代舌尖前音现在北京话读成舌面前音,在广州读舌叶音,在闽南读舌尖前音。另外,北京、广东、福建等地的方言实际上都是中原汉语在不同时期的扩展和搬迁,三地的人都是汉族,操不同方言的人之间有民族共同语——汉语普通话,生活在一个统一的社会之中,因此,虽然它们彼此很难通话,但仍属于一个民族共同语之中的不同方言。反之,有些国家或民族之间的语言,其差别小到几乎不影响通话的程度,例如俄语与乌克兰语、白俄罗斯语、塞尔维亚语之间,德语与荷兰语之间,但是由于不具备上述条件,习惯上仍将它们视为不同的语言。

方言的发展方向与民族共同语的约束力呈相反方向。民族共同语约束力不断加大,方言之间的差别就逐渐缩小,反之就逐渐加大。如果民族共同语的约束力长期不变,则方言间的差别也就相对稳定。中国最近几十年国家政治稳定,经济发展,教育普及,各方言区之间的人们来往日益密切,方言的差别就在明显缩小。一些有入声的方言其喉塞音韵尾在减弱,北京话轻声词和儿化词也在减少,就是很好的说明。

(二) 亲属语言

亲属语言是社会进一步分化因而带动语言进一步分化的结果。如果使用各个方言的社会完全分裂,民族共同语的约束力不复存在,各方言就会分化为不同的独立的语言。这样的语言由于是从同一个语言中分化而来,在历史上有着特殊的联系,也就是在语音词汇语法上具有一定的对应相似关系。人们把这种联系形象地比做是亲属关系,这样的一组语言被形象地称做"亲属语言"。例如今天的法语、意大利语、西班牙语、葡萄牙语、罗马尼亚语都是古代拉丁语的不同方言的后代,它们就是一组亲属语言。简而言之,亲属语言就是具有共同历史来源的语言。

亲属语言既然是从同一个原始的基础语言发展而来,它们彼此就必然存在着语音词汇语法的对应关系,也就是亲属关系。语言学家就是由此入手来确定若干种语言之间的亲属语言资格。也就是说,不同语言之间如果发现一定的对应关系,就可以认定它们有亲属关系,是亲属语言,否则就不能认定。我们试以英语、俄语、汉语三种语言的十个基本数词为例来加以比较说明:

  英语:one, two, three, four, five, six, seven, eight, nine, ten
  俄语:один, два, три, четыре, пять, шесть, семь, восемь, девять, десять
  汉语:一、二、三、四、五、六、七、八、九、十

  很明显,英语、俄语之间相似的对应关系虽然不多但还是存在,例如它们的 three 和 три, six 和 шесть,是相当接近的;two 和 два 也有相同之处(都是用舌尖中音开始,都是圆唇的)。相比之下,汉语和它们之间就一点对应关系也没有。我们可以说,英语、俄语是亲属语言,汉语不是它们的亲属语言。

  语言学上的这种分析方法叫做历史比较法,即:把相近的语言从语音、基本词汇、语法构造上加以比较,找出其对应关系,以确认它们共同的历史来源及演变关系。历史比较法是研究语言亲属关系和语言发展规律的一种特定方法。历史比较法的基础或者说出发点就是亲属语言既然有共同的历史来源,它们之间就必然或多或少地存在着语言各个层面上的对应关系。运用历史比较法时必须慎重,所比较的材料必须是能够反映语言基本特征的。一般认为,为防止偶然性的巧合,应该以不同语言的基本词汇和语法结构为对比的材料。试想我们如果以"沙发、坦克、麦克风、烧卖、饺子"为材料进行分析,势必得出汉语和英语是亲属语言这样的荒唐结论。

(三) 语言的社会变体

  语言的社会变体也叫社会方言,是语言分化的另一种形式。生活在同一社会的人们,由于社会地位、职业、性别、年龄、受教育程度等方面的差别,形成了各种群体。为满足群体特定交际的需要,全民语言中会分化出一些特殊成分。含有这些特殊成分的特定群体的语言就是语言的社会变体。社会变体所用的基本词汇和语法结构与全民语言几无差别,社会变体最突出的地方在于有一批特殊的词语。

社会变体有许多,最突出的是行业语、阶级习惯语和隐语。

行业语是指某些行业内部交际时使用的语言,主要是一些特殊的词语,例如农业上的"墒情、底肥、三夏、密植、套种"等,工业上的"车间、厂房、班组、库存、锻工、车钳铣刨"等,影视行业的"画外音、编导、美工、蒙太奇、淡入、封镜"等,学校中的"考试、复习、及格、监考、会考、中考、高考、考研"等。随着不同人群之间的交往的深入和扩大,行业用语也会逐渐进入到全民语言中去,例如学校用的"考试、复习",体育比赛用的"犯规、裁判",商业上用的"利润、亏损",军事上用的"侦察、反攻"等等。

阶级习惯语是指某些阶级、阶层为适应自己的特殊需要而使用的一些特殊词汇,或对某些全民常用的词汇赋予特殊的色彩。例如"朕"是封建社会皇帝的自称,其实"朕"本是普通的第一人称代词,封建统治阶级为强化封建等级观念特为帝王制定了一系列的区别于一般民众和官员的标志,词语当然是其中重要的方面,这是所谓"礼法"的要求。俄国伟大作家托尔斯泰的名著《安娜·卡列尼娜》中描写的俄国贵族彼此经常使用法语的情况,也可以说是阶级习惯语的一种表现。

隐语又叫"黑话",是一些特殊人群为保护自身利益发明的秘密用语。例如从"一"到"十"这十个数目字在旧时代许多行业中就有另外的说法,外人无法听懂。例如粮食行业是"席、林木、各、甲、为时、文、眼上、言尖、贺路、丑",棉花行业是"了、败、川、晓、丸、龙、汤、千、边、欠",刺绣行业是"偏、时、习、言、百、俄、之、水、越、旦",古董行业是"由、申、人、工、大、王、主、井、羊、非"(以上隐语材料引自吴汉痴主编《切口大词典》)。隐语不同于行业语,因为行业语没有保密的目的,行业以外的人听不懂只是由于相关背景知识不够,而隐语显然是为了保密而故意设计的。

(四)语言的功能变异

功能变异是指由语言使用的场合、目的、对象、方式的差别导致的语言变异,功能变异也可以视为语言的一种分化。口语和书面语的差别是功能变异中较为普遍且显著的一种。口语是语言存在的口头形式,以语音为物质材料;书面语是语言存在的书面形式,以文字为物质材料。人类当然是先有口语后有书面语,口语是书面语的基础;但是书面语不是口语的简单的书面再现。一般来说,口语的交际对象就在说话现场,受呼吸节律的制约,口语句子不会很长,有时不够完整,口语的变化速度较快,有相对明显的方言特征;书面语的交际对象不在现场,书面语语句较长,句式整齐,措辞周密,书面语比较保守,方言特点不突出。此外,口语和书面语在词汇上也有相当的距离。汉语口语和书面语的差别比较大,书面语又有文言和白话之分,其间差别之大,系统性之强,在世界各民族语言中是十分突出的。直到现在,虽然人们已经对白话文的地位不再怀疑并且以白话文作为汉语的标准书面形式,但是在白话文中还是可以看到相当数量的文言句式和虚词。

(五) 网络语言

当今社会提及语言的变体就不能不涉及所谓"网络语言",即在互联网上常见的一些特殊表达方式。就汉语而言,网络语言既有自己创造的一些词,例如近年来的"雷人"(惊人)、"神马"("什么"的谐音)之类,也有利用图片或者英文字母或者汉语拼音字母或者阿拉伯数字谐音的形式,例如"再见"写成"88",因为这组数字发音与"拜拜"(来自英语 bye-bye 的译音)谐音;"我"被写成"偶",这是利用普通话字音去模仿广东话"我"。这些特殊的表达形式最初只是在互联网范围使用,不过很快就渗透到日常口语中,特别是城市青少年,继而进入一般人群,例如"雷人"已被收入 2013 年商务印书馆出版的权威工具书《现代汉语词典》(第 6 版)。

以传统的语言学分类,我们很难安置"网络语言"。它有社会变异的一面,因为主要是城市青少年人群在使用;同时又有功能变异的一面,即主要用于网络世界。就结构而言,它最有别于一般语言之处当然是词汇。网络语言自问世之日就饱受争议。近年来,在中国社会极具影响的高考作文题中是否允许写入"给力、神马、雷人"等词就引发了各种歧见,在各地主管部门之间、师生之间、官方与民间、专家教师内部等,各种看法缠在一起,实在让人有些不知所措,以致有关部门和专家不得不做出适当的解释。

所谓"网络语言"有两种,一种是像把"我"说成"偶"、把"女朋友"写成"GF"的;另一种是像"给力、雷人"这样的。第一种其实只是语言中原有词语的改头换面而已,文字游戏的成分居多,上年岁的人可以对它们不屑一顾。第二种情况就复杂了:它们有时确乎能够表达出传统词语表达不出的意思或者效果。例如"雷人",有"使人吃惊"的意思,又有"由于对某事某人感到不可思议而受到惊吓"的意思。不说"雷人"而说"吓人""惊人",有时(例如一些娱乐场合、一些揶揄性的话语)确实不如"雷人"给力。但是这个"雷人"并不好用,因为语言中传统词语已经很丰富,给"雷人"留出的空间非常有限。

二、语言的谱系分类

公元 18~19 世纪,西方学者借助历史比较方法,对人类语言,主要是亚欧大陆及非洲的一部分语言,做了较为全面的分析对比,提出根据语言之间的共同历史来源及亲属关系对语言进行分类,这种分类叫做语言的谱系分类。我们在前文已经指出,历史比较法可以有效地确认语言之间是否存在亲属关系。进一步的观察可以发现,同样是具有亲属关系,还有远近之分,也就是语言对应关系是否丰富是否严整。例如把英语、俄语、法语、意大利语、西班牙语的"一"到"十"十个基本数词做一比较:

英语:one,two,three,four,five,six,seven,eight,nine,ten
俄语:один,два,три,четыре,пять,шесть,семь,восемь,девять,десять
法语:un/une,deux,trois,quatre,cinq,six,sept,huit,nerf,dix
意大利语:uno/una, due, tre, quattro, cinque, sei, sette, otto, nuove,dieci
西班牙语:uno/una, dos, tres, cuatro, cinco, seis, siete, ocho, nueve,dies

不难看出,它们之间有高度的一致性;同时也能看出,法、意、西、英、俄语之间有若干对应关系,它们与汉语之间则一点对应关系也没有。这样,语言学家认为,法语等上述五种语言是亲属语言,其中法、意、西语的关系更为接近。为了清楚地表达语言之间亲疏不一的关系,语言学家建立了三级系属概念:凡具有亲属关系的语言即属于同一语系;同一语系之内亲属关系相对较近的语言划入同一语族;同一语族之内亲属关系较近的语言划入同一语支,属于同一语支的语言之间对应关系最为紧密。根据这样的思路,语言学家对世界上的主要语言做了初步的谱系分类。这项工作受到许多因素的制约,专家们的见解也不尽相同,一般的看法是把分布在亚欧大陆及非洲一部分的语言分为印欧、汉藏等 9 个语系。有的语言,例如亚洲的越南语(即我国西南地区的京族语言)、朝鲜语、日语,系属尚未最后确定。

世界主要语言中,印欧语系人口最多,汉藏语系次之。就单个语言来说,汉语的人口最多,英语的国际通用度最高。就研究情况来说,印欧语系的成果最为丰富。我国是多民族国家,一般认为,56 个民族共使用 59 种语言,其中使用人口最多、影响最大、研究最深入的当数汉语。从语系上讲,中国境内诸语言分属于汉藏、阿尔泰、南亚、印欧、马来-玻利尼西亚,还有系属不明的京族语和朝鲜族语。汉藏语系分布在中国的中部、南部,阿尔泰语系分布在中国的北部,南亚语系的语言在中国的云南省,印欧语系的语言在中国的新疆地区,马来-玻利尼西亚语系的语言在中国的台湾省。

[附录]世界语言谱系分类概况

(一)汉藏语系
  1. 汉语
  2. 壮侗语族:
    (1)壮傣语支:壮语、布依语、傣语、老挝语、掸语等
    (2)侗水语支:侗语、水语、仫佬语、毛南语等
    (3)黎语

3. 苗瑶语族：
   （1）苗语支：苗语等
   （2）瑶语支：瑶语等
4. 藏缅语族：
   （1）藏语支：藏语等
   （2）羌语支：羌语、普米语等
   （3）彝语支：彝语、傈僳语、纳西语、哈尼语、拉祜语、白语等
   （4）景颇语支：景颇语等
   （5）缅甸语支：缅甸语、阿昌语等

（二）印欧语系
1. 印度语族：印地语、乌尔都语、孟加拉语、茨冈语等
2. 伊朗语族：
   （1）东部语支：阿富汗语、沃舍梯语等
   （2）西部语支：波斯语、库尔德语、塔吉克语等
3. 斯拉夫语族：
   （1）东部语支：俄语、乌克兰语、白俄罗斯语
   （2）南部语支：保加利亚语、马其顿语、塞尔维亚语、斯洛文尼亚语
   （3）西部语支：波兰语、捷克语、斯洛伐克语等
4. 波罗的语族：
   （1）东部语支：立陶宛语、拉脱维亚语
   （2）西部语支：古代普鲁士语等（已消亡）
5. 日耳曼语族：
   （1）东部语支：峨特语等（已消亡）
   （2）西部语支：荷兰语、德语、英语、佛兰德语、伊狄士语等
   （3）北部语支：瑞典语、丹麦语、挪威语、冰岛语等
6. 凯尔特语族：
   （1）高卢语支：高卢语等（已消亡）
   （2）不列颠语支：布列塔尼语、威尔士语等

(3) 盖尔语支：爱尔兰语、苏格兰语等
7. 意大利克语族：
(1) 拉丁语（后发展为拉丁语族）
(2) 奥斯干-温布利安语支（已消亡）
8. 拉丁语族（亦称"罗曼语族"）：
(1) 伊伯利亚-拉丁语支：西班牙语、葡萄牙语、卡达伦语等
(2) 高卢-拉丁语支：法语、普鲁凡斯语
(3) 东部语支：罗马尼亚语、莫尔达维亚语等
(4) 意大利语
(5) 萨丁语
(6) 勒多-罗曼语
9. 希腊语族：古希腊语（已消亡）、希腊语等
10. 安纳托利亚语族：赫梯语（已消亡）
11. 吐火罗语族：焉耆语（已消亡）、龟兹语（已消亡）
12. 阿尔巴尼亚语
13. 亚美尼亚语

（三）乌拉尔语系

1. 芬兰-乌戈尔语族：
(1) 芬兰语支：芬兰语、爱沙尼亚语等
(2) 乌戈尔语支：匈牙利语等
2. 撒莫狄语族：涅涅茨语、牙纳桑语等

（四）阿尔泰语系

1. 突厥语族：
(1) 布尔加尔语支：楚瓦什图语等
(2) 古兹语支：土耳其语、土库曼语、特鲁赫曼语、嘎嘎乌兹语、阿塞拜疆语、撒拉语等
(3) 克普恰克语支：哈萨克语、塔塔尔语、巴什基里亚语、吉尔吉斯语
(4) 葛逻禄语支：维吾尔语、乌兹别克语
(5) 回鹘语支：裕固语、雅库特语、图佤语、绍尔语、哈卡斯语等

2. 蒙古语族：
   （1）本部蒙古语
   （2）布里亚特蒙古语
   （3）莫戈勒语
   （4）达斡尔语
   （5）土族语
   （6）东乡语
   （7）保安语
3. 通古斯-满洲语族：
   （1）通古斯语支：埃文尼语、鄂温克语、鄂伦春语等
   （2）满洲语支：满语、赫哲语、锡伯语等

朝鲜语、日语的系属不明，有人认为应属于阿尔泰语系。

（五）闪-含语系

1. 闪语族：
   （1）东部语支：阿卡德语等（已消亡）
   （2）北部语支：古迦南语、腓尼基语（均已消亡）、希伯来语
   （3）南部语支：阿拉伯语、埃塞俄比亚诸语言
2. 含语族：
   （1）埃及语支：古埃及语（已消亡）、科普特语（宗教仪式中使用）
   （2）拜尔柏尔语支：北非和撒哈拉的各种拜尔柏尔语
   （3）库希特语支：索马里语、加拉语等
   （4）乍得语支：豪萨语等

（六）伊比利亚-高加索语系

1. 卡尔特维利语族：格鲁吉亚语、赞语、斯万语
2. 达格斯坦语族：阿瓦尔语、达尔金语、拉克语、列兹金语、塔巴萨兰语等
3. 巴茨比-启斯梯语族
4. 阿布哈兹-阿迪盖语族：阿布哈兹语、阿迪盖语、卡巴尔达语、库伊语等

巴斯克语的系属不清楚,有人认为应属于伊比利亚-高加索语系。
(七)达罗毗荼语系:塔米尔语、马拉雅兰语、卡纳拉语、库伊语等
(八)马来-波利尼西亚语系(亦称"南岛语系")
  1. 印度尼西亚语族:爪哇语、马来语、塔加罗语、高山语等
  2. 美拉尼西亚语族
  3. 密克罗尼西亚语族
  4. 波利尼西亚语族
(九)南亚语系
  1. 扪达语族
  2. 孟-高棉语族:孟语、高棉语、佤语、布朗语、德昂语等
  越南语的系属不清,有人认为应属南亚语系。
(十)其他。

在非洲大陆,还有很多语言,20世纪60年代美国语言学家提出"尼日尔-科尔多凡语系",其中贝努埃-刚果语支的语言种类最多。这个语支中班图诸语言是最重要的,如分布在坦桑尼亚、赞比亚、乌干达等国的斯瓦西里语,在刚果的卢巴语,南非的祖鲁语等。另外还有在尼日利亚的伊博语、约鲁巴语等等。其中仅班图诸语言人口就过亿。在美洲,有属于印第安语系的语言,如秘鲁、厄瓜多尔、玻利维亚的凯楚亚语,美国和墨西哥的河比语,等等。印第安诸语言的种类约有上千种。在大洋洲,也有一些当地土著语言。

三、语言的统一

(一)语言的统一

语言的统一是语言发展的另一种趋势。语言的发展与社会的发展有密切关系。社会趋向统一,语言也就朝着统一的方向发展。这里有两种情况:一是同一个社会由分裂局面走向统一,一是各自独立的不同社会由于战争或其他原因走向统一,合并成一个社会

统一体。无论是哪一种统一，都会影响到语言的发展。前一种情况会导致属于同一种语言在不同地区的变体——方言统一成全民族共同使用的语言，也就是民族共同语；后一种情况会导致不同语言逐步统一成一种语言。当然，所有这些变化都不是短时间能够实现的。方言发展为民族共同语，主要方式是各地方言逐步向共同语靠拢，几种不同语言统一成一种语言主要是采取一种语言逐步取代以至最终融合其他语言的方式。本节讨论语言统一的第一种情况，即方言向民族共同语的发展。第二种情况详见本章第四节。

（二）共同语及其形成

共同语又叫民族共同语，是一个民族各地区全体成员共同使用的语言，例如现代汉民族的共同语就是普通话。

共同语都是在某一个方言的基础上形成的，这个充当基础的方言叫做共同语的"基础方言"。在众多方言中选择哪一个方言做基础，与方言自身的结构特点几乎无关，主要是考虑各方言的社会历史条件。相对于一般方言区来说，基础方言所在地区在人口上占有优势，在经济文化上比较发达，在政治上往往是民族的国家的中心。例如汉语的基础方言一直是由北方方言充任的，这首先是由于北方方言在人口上处于绝对的优势。现代汉语中，北方方言人口占汉语总人口的72％以上，几乎是其他各地方言的人口总和的三倍。北方又一直是中国社会的政治中心，从先秦到汉唐盛世，从宋元明清到现代社会，莫不如此。在文化上，中国文学史上优秀的作品几乎都是用北方话写成的，北方话凭借文学作品传遍汉语各方言区，这又是其他方言无法相比的优势。世界其他主要语言的情况也大体相同，都是对政治、经济、文化、人口的综合选择。例如巴黎方言成为法兰西民族共同语的基础主要是政治因素，因为巴黎从公元6世纪起就是法国历代王朝的政治中心。英语的伦敦方言能够成为英语的基础方言，是因为伦敦从公元11世纪起就是不列颠岛的商业和政治中心所在地，公元18世纪产业革命以后更是成为整个英国的工业中心和国际贸易中心。意大利语的情形更有特点：公元19世纪意大利人民在战胜了法国、西班牙、奥地利等国的镇压之后完成了整个意大利的统一，统一的意大利当然需要建立统一的民族共同语。在这个过程中,意大利人并没有选择首都罗马的方言为基础方言,而是选择了北部的多斯冈方言作为民族共同语的基础方言。主要原因是,文艺复兴前后,在多斯冈地区出现了一批世界水平的文学巨匠,例如但丁、薄伽丘、彼特拉克,他们使用多斯冈方言写出了世界文学宝库中的名著,他们的文学成就使多斯冈方言成为意大利各方言中最具影响的方言。

基础方言的重要性是不容置疑的。对于像汉语这样方言分歧巨大的语言来说,不论选择哪个方言为基础方言都会使其他方言区的人们感到一些不便。但是,对于统一的民族共同语来说,基础方言非有不可。从理论上说,如果把各方言的特点,也就是说,对于其他方言区的人来说比较不容易掌握的难点(尤其是语音方面的)统统抹掉,那么我们最终得到的就只能是零,即失去了语言的基本材料。从事实上看,20世纪初期中国第一流的语言学者曾经做过这种尝试,即以北京音为基础,再加上入声和尖团音的区别作为"国语"的语音系统,结果这样的共同语在推广中遭到了彻底的失败,因为它没有任何一个活生生的现实的方言作为自己的基础。

基础方言并不等于民族共同语。例如汉语的北方方言和汉语的民族共同语就有一定的区别;即便是北方方言的代表——北京话也与汉民族共同语有一些细微的区别。选择了某一个方言为基础方言也不意味着民族共同语对其他方言的所有成分就一概排斥。事实上,民族共同语也从非基础方言中汲取养分以丰富自己的表达力,例如汉语普通话中"垃圾、名堂"一类词语就是来自南方的吴语方言;当代不少新词新语,也来自南方各方言。

共同语有书面的和口头的两种形式,其中书面的形式对方言的影响较大。当然,现代社会传媒手段的多样化使得口头的共同语也在加快普及。一般来说,方言主要是以口头形式存在的,在书面上,各个方言之间是通用共同语的。即便像汉语这样方言分歧严重的语言,各个方言区的人们从古至今在书面语上也是基本没有分歧的。从世界各国的情况看,书面的共同语更容易形成,并且比较稳定;书面的共同语也更容易普及。汉语的书面共同语至迟在公元前的西汉时代就已形成,并且广泛使用,而口头的共同语至今尚未真正地得到普及。

(三) 共同语的地位

与各地方言相比,共同语是民族语言的代表,是民族语言的中心。它在语音、词汇、语法各方面对各地的方言都有一定的约束力,制约着方言的发展方向。这方面,汉语各地方言中普遍存在的文白异读现象是一个较有说服力的例证。所谓文白异读是指同一个字(语素)在同一个方言中有两套读音,这两套读音分别出现在不同的词语中,一套是书面语的词语,称为"文读",也叫"读书音";另一套是口语中的词语,称为"白读"。例如厦门话中"挂"的文读韵母是[ua],白读韵母是[ui];"瓜、跨、花"的文读韵母是[ua],白读韵母是[ue];"胡、狐、湖、呼"等字在潮州话中文读韵母是[u],白读韵母是[ou]。很明显,文读音比较接近普通话。有文读音的存在,方言有可能逐步接近普通话。

在多民族国家中,各个民族之间还需要一种共同的交际语言,这种语言叫做民族交际语。民族交际语一般是众多民族语言中最具影响的一种民族语言。就像确定哪个方言为民族共同语的基础方言一样,确定哪个民族的语言为民族交际语不是看语言自身的结构特点,而是看哪个民族在国内的人口较多,经济文化较为发达,政治影响较大。我国各民族的民族交际语是汉语,这个汉语当然是汉民族共同语,即普通话。个别国家,例如欧洲的瑞士、美洲的加拿大有不止一种语言被确认为民族交际语:瑞士境内通行德语、法语、西班牙语、罗曼茨语;加拿大有英语和法语两种。不过相比之下,瑞士通行的主要是德语,加拿大除魁北克省外,主要是讲英语。

一般来说,在一个统一的社会中,语言也是统一的。但是也有例外,即在一个统一的社会中语言并不统一,例如上述的瑞士和加拿大。也有另外一种情况,社会不是统一的,是相互独立各不管辖的几个国家或地区,语言却是统一的。例如现在的英国、美国、加拿大、澳大利亚、新西兰,它们各自是独立的主权国家,但是语言却统一使用英语。当然这所谓统一的英语彼此也略有区别,例如美式英语卷舌音很突出,而英式的基本没有。还有一些单词的拼法也小有区别,例如"剧场"英国人拼成 theatre,美国人用 theater,词义上也可以有区别。但总体上说,它们之间的区别很小,甚至小于汉语北方方言中的两种次方言之间的区别,它们之间一点也不存在通话的困难。

(四)共同语的规范

语言的规范是指一种语言在语音、词汇、语法以及书写方面的标准。任何一个民族的语言都需要有一套这样的标准。由于语言是在不断发展变化的,规范的具体操作标准当然也要不断调整。1955 年中国科学院召开了现代汉语规范问题学术会议,会议确定把汉民族共同语称为普通话,主张在全国大力推广。1956 年 2 月,国务院关于推广普通话的指示中对普通话的含义做了严格清晰的说明:普通话是以北京语音为标准音,以北方话为基础方言,以典范的现代白话文著作为语法规范的现代汉民族共同语。这个规定为以后的汉语规范化工作制定了总的原则。从各国的情况看,语言规范化工作主要有以下内容:确定共同语的标准,制定统一的正音法、正字法,编写出版规范的词典和各类语文工具书,研究和整理语言中一些有分歧的问题并提出相应的解决办法,推广标准的用法,清除语言中不健康的成分,指导语言教学和语言实践活动,扩大语言规范的影响等。随着社会的发展,人们各种交往不断增加,语言规范工作已经不单纯是语文问题,而是与社会的政治、经济、文化诸多方面都有密切关系的一件大事。1982 年 12 月第五届全国人大第五次会议通过的《中华人民共和国宪法》明确规定:"国家推广全国通用的普通话。"2000 年 10 月第九届人大常委会第十八次会议又通过了《中华人民共和国国家通用语言文字法》,在中国历史上第一次将语言文字规范化工作纳入了法律范畴。

当然,强调语言文字的规范并不意味着排斥语言使用中的创新。事实上,任何一种具有强大生命力的语言都不能没有创新,语言从古至今的巨大变化就是最好的证明。对一些与规范标准不尽一致的用法要谨慎对待,要根据语言自身的发展规律,因势利导,区别对待。对于符合语言发展规律的创新,应使之巩固下来,作为新出现的规范用法;对于不符合语言发展规律且妨碍人们使用语言进行交际的不健康的用法应予排斥;对一时难以下结论的新用法可以进一步地观察,不宜做简单生硬的规定。既然语言在发展变化,规范的标准也应不断调整。最近几十年中国政府主管部门颁布的一系列语言文字规范标准很大程度上都是对过去时代标准的修订,有的甚至与原有标准相悖。而正是这种不断地修改和补充才使得汉语不断地朝着健康、规范的方向发展。

严格说来,规范还要看具体的使用环境、交际目的、交际对象等等复杂的因素。从整体上看,语言规范的主要对象在书面语。这是因为书面语比较稳定,可以把规范的成果保存下来并加以推广,供大家模仿学习。当然,口语方面的规范也是不容忽视的,因为语言毕竟是要用语音做物质材料的。汉语书面语规范的普及可以说至迟在汉代就已实现,可是口语的规范,即便是简单的语音规范,直至现在也尚未实现。中国政府从1994年开始在全国范围内,首先是在播音员、演员、教师,然后是在其他相关行业组织进行"普通话水平测试",这对推进汉民族共同语的口头形式的规范将起到很大的作用,并将带动整个语言规范化工作。

第四节 语言接触

所谓语言接触是指不同民族的语言相互的接触和影响。这可以说是各种语言的普遍现象,也就是说,一种语言在发展过程中不可避免地要受到其他语言的影响。这些影响各不相同,小至个别词语的改变,大至整个语言的消失。因此,语言接触是研究语言的发展演变的一个十分重要的方面。

一、语言成分的借用

语言成分的借用和吸收,语言结构的模仿,是不同语言之间相互影响的常见现象,涉及语言的语音、词汇、语法等各个层面。就语言结构来说,词汇是开放的,它与社会生活的联系最为紧密,最容易发生变化,可以说,任何语言中都存在不少从其他语言借用来的词语,汉语也是如此。在不同历史时期,汉语分别从中亚、西亚、日本、欧洲各国引入了大批借词,这一点我们在前文已有论述,这里不再重复。这种词语语言学上叫"借词",也叫"外来词"。严格的借词必须在语音上与外语有联系,也就是所谓"音译词",例如"坦克"译自英语的 tank,是音译的,是借词;假设最初将 tank 译成"战车"那就不是借词了。汉语借词的结构主要有三种。一是完全音译,例如"坦克"(英语 tank)、"沙发"(英语 sofa)、"咖啡"(英语 coffee)、"拷贝"(英语 copy);二是一半音译一半意译,例如"新西兰"(英语 New Zealand)、"剑桥"(一译"康桥",英语 Cambridge);三是音译之上再加汉语的一个类名作为补充,例如"啤酒"(英语 beer 音译为"啤",再加上汉语的"酒")、"芭蕾舞"(法语的 ballet 音译为"芭蕾",再加上汉语的"舞")。由于汉语书写系统中有大量的同音字,汉语语音又有严重的方言分歧,今天普通话中不少借词的语音从汉字字音上分析与外语有较大出入,例如英语 Canada 译成"加拿大",从普通话来看,倒是"卡拿大"比较接近,但是"加拿大"的写法已是约定俗成了。澳大利亚著名城市 Sidney,中国内地译成"悉尼",台湾地区用"雪梨",大概也与方言分歧有关。

与日语相关的词语输出输入是汉语外来词中一个复杂而特殊的现象。日本自 19 世纪"明治维新"以来,翻译了大批的西方语言词汇以适应社会变革的需要,其中主要的是来自英语。但是日文的翻译方式较为特殊:从古代汉语中借用了大批的现成词语来意译英语。例如"组织"一词在古代汉语指纺织,《辽史·食货志上》"饬国人树桑麻,习组织"。日语借去翻译英语 organization,日语发音是 soshiki,音义均与古代汉语相去较远,成为日语中一个新词。后来日语"组织"一词又返回汉语,成为我们今天使用的"组织"。这种多次进出的现象,其根本原因是汉日两种语言使用了同一套书写符号——汉字。其他词还有"封建、革命、共和、教授、艺术、自由、社会、反对、博士、硕士、学士、文化"等等。

和词汇系统相比,语音和语法系统是封闭的,它们不容易受语言外部因素的影响,因而任何语言中外来的语音和语法成分都是不多见的。例如我国东邻的日本民族和朝鲜民族,在历史上曾深受汉民族文化影响,长期使用汉字,在他们的语言中存在大量的汉语借词,甚至有从汉语借入的基本词汇,以致有人怀疑它们可能与汉语同源。但是,在语音和语法方面,这两种语言与汉语全然不同,完全是另外的系统。一般而言,本民族语言系统中的外来语音成分都和外来词有密切关系,在借用外语词语的同时也在一定程度上借用了外语的语音成分。例如四川省甘孜藏族自治州道孚县等地使用的道孚语中的卷舌元音和复元音,只出现在汉语的借词中,例如"梨儿[liɚ]、洋芋[joŋju]、黄豆[xuaŋtəu]、萝卜[lɛpu]、瓜瓜[kuɑkuɑ]"。还是在甘孜藏族自治州,部分藏族居民使用扎坝语,这种语言中的鼻化元音只出现在汉语和藏语借词中,例如"网[wã]、扁担[piẽta]、板凳[pẽti]、算盘[syẽpẽ]"。现代汉语中"卡"字本来只读 qiǎ,读成 kǎ 是接受大量外来词的结果,例如"卡片、卡车、卡宾枪、卡介苗、卡路里、卡拉OK"等等。同样,在一种语言的语法系统中也很少见到外语的语法成分。借用外语语法成分,比较常见的形式是借用构词词缀。例如俄语中的-ист 显然是借自英语的-ist,诸如 коммунист(共产主义者)、декабрист(十二月党人)、империалист(帝国主义者)等等词;俄语借用了英语的 anti-(反对)前缀,就有了 анти(表示"反对"的前缀),比如 антивоенный(反战的)、антинародный(反人民的)、антипартия(反党)等等。云南蒙古族使用的嘎卓语则是另外一种情况。它受到汉语语法影响,在表达复杂的结构关系时,借用了汉语的许多书面语虚词,像"越……越……""不但……而且……""虽然……但是……"等等,例如"ji(他)soiza(虽然)si(是)na(病)lawa[助词],tasi(但是)xɛ(还)li(来)ja(了)sɛ[助词]。(他虽然病了,但还是来了。)"

另外,对外语语言结构的模仿还较突出地表现在仿译词上。所谓仿译词是指把外语词的构词成分、构词规则连同词义一起翻译引进的词。例如英语 Oxford,是由 ox(牛)和 ford(渡口)复合而成的,汉语就对译成了"牛津",即"牛"和"津"(渡口),也是偏正结构。英语 honeymoon,汉语对译成"蜜月"。

二、语言的混合与融合

不同语言之间的相互影响在最初阶段只是零星的，主要表现在词语的相互借用上。随着不同民族的交往日益深入和广泛，语言间的相互影响也不断深入。比较明显的有两种方式：语言的混合与融合。

（一）语言混合

语言混合是指两种或多种不同语言，其要素相互混合从而形成一种新的语言系统。根据混合的程度和发展情况，语言混合又可分为"洋泾浜"和"克里奥尔"两种形式。

"洋泾浜"本是旧上海外国租界的一个地名。那里中国人和外国人杂居共处，频繁往来，有些人以不够正规的英语和外国人交谈。他们用英语的词汇，汉语的发音习惯，再加上一些不英不中的所谓语法，形成了一套特殊的语言交际工具。这种所谓的英语后来被讥称为 Pidgin English(business English 的不正确发音)，即"洋泾浜"（一译"皮钦"）。只懂正规英语或汉语的人是听不懂"洋泾浜"的，因为它用英语的词汇，又全然不顾英语的语法。例如问价钱，标准英语是 How much is it? 而"洋泾浜"英语是 How muchee belong? 其中的 muchee 显然是汉语化发音的 much，至于 belong 的用法就全然无法用普通英语语法去解释了。He is in China now(他现在在中国)这句话在"洋泾浜"中变成令人费解的 He belong China-side now。这样的所谓英语后来居然广泛流传在东南沿海城市和其他国家，并且成为语言混合物的代表。无论"洋泾浜"怎样发达，它的社会地位还是相当低下的：它没有得到全社会的认可，因而不是一个国家或地区的标准语言。

"克里奥尔"是语言混合的另一种情况。"克里奥尔"(Creole)原指在拉丁美洲或美国出生的欧洲后裔，也可以指这些欧洲后裔与黑人或印第安人生育的混血后代，以后又引申为克里奥尔人讲的法语或其他语言。就语言结构来说，"克里奥尔"和"洋泾浜"的本质是一样的,都是把多种语言的成分混合在一起,形成一种新的非此非彼的交际系统。但是"克里奥尔"要比"洋泾浜"形式相对完善一些规范一些,它的词汇量已经具有相当的规模,语法也比较成系统。造成这种情况的主要原因是使用"克里奥尔"的地区多是不同民族或部落杂处,大家彼此无法用一种自然语言相互交际,于是只能选择这种混合的语言系统。随着时间的推移,这些混合语在一些国家和地区地位日益升高,最终成为正式语言。例如今天北美洲牙买加使用的就是以英语为基础的"克里奥尔",海地通行的则是以法语为基础的"克里奥尔",又叫"海地法语";非洲几内亚比绍和佛得角通行的是以葡萄牙语为基础的"克里奥尔"。可以说,"克里奥尔"现象与西方殖民主义行为有密切联系。社会地位较高是"克里奥尔"与"洋泾浜"的最大不同。

(二) 语言融合

语言融合是指一种语言受到另一种语言的排挤而最终完全被取代,是不同民族深入长久广泛接触的结果。这也是语言统一的一种形式(另一种形式是不同的方言统一为民族共同语,详见前文)。语言的融合是随着不同民族(或氏族、部落)的接触或融合而产生的一种语言演变现象。融合不是混合,融合过程中并不产生新的语言或交际系统。融合通常是以一种语言作为基础,保留自己的语法结构和基本词汇,另外一种或几种语言逐渐失去交际功能而走向消亡;最终,两种或多种语言融合为一种语言。语言的融合与民族间的相互关系极为密切。从占统治地位的民族所采取的政策来看,语言融合可以有强迫融合和自愿融合两个类型。

强迫融合是占统治地位的民族的统治者,强迫被统治的民族采用统治民族的语言文字,禁止或限制被压迫民族使用自己的语言文字。但是,在语言的融合中,哪一种语言能够成为胜利者,并不决定于使用这种语言的民族在政治上是否处于统治地位,而是决定于民族的经济、文化的发展情况,以及人口的多少、语言本身的丰富和发展程度等。因此,强迫融合可能成功,也可能失败。例如,古代的罗马帝国统治了亚平宁半岛,以后又征服了高卢和伊比利亚半岛，罗马人使用的拉丁语先后吞并了当地人所使用的厄特鲁思语、高卢语、巴斯克语等。近代的英国、西班牙殖民主义者占领了澳大利亚、南美洲等地后，英语、西班牙语就排挤掉了当地土著人所使用的语言。这是强迫融合成功的例子。但是，也有相反的情况，占统治地位民族的语言非但没取得胜利，反而被当地的语言所同化。例如公元11世纪入侵英国的诺曼统治者使用的法语，曾一度在英国通行，但最终还是被当地的盎格鲁-撒克逊语所替代。公元12世纪，我国宋金对峙，金政权（女真族）曾统治北方大片汉族地区，也曾企图利用行政力量来推行自己的语言，禁止说汉语，但最终还是汉语取得了胜利，女真族改用了汉语。所以，语言的融合有它自身的发展规律，一个民族在政治上军事上的优势不能简单地决定语言的胜负。自愿融合是处于统治地位的民族，为了学习被统治民族的先进的经济和文化，自愿放弃本民族的语言，而采用被统治民族的语言。比如公元5世纪，鲜卑族统治者建立的北魏政权，统一了中国北方，曾极力推行汉化政策，禁止讲鲜卑语，提倡讲汉语。结果鲜卑人都学会了汉语，鲜卑语反而消亡了。《魏书·咸阳王禧传》曾记录北魏高祖与咸阳王的一段朝政对话：

> 高祖曰："自上古以来及诸经籍，焉有不先正名，而得行礼乎？今欲断诸北语，一从正音。年三十以上，习性已久，容或不可卒革；三十以下，见在朝廷之人，语音不听仍旧。若有故为，当降爵黜官。各宜深戒。如此渐习，风化可新。若仍旧俗，恐数世之后，伊洛之下复成被发之人。王公卿士，咸以然不？"禧对曰："实如圣旨，宜应改易。"高祖曰："朕尝与李冲论此。冲言：'四方之语，竟知谁是？帝者言之，即为正矣，何必改旧从新。'冲之此言，应合死罪。乃谓冲曰：'卿实负社稷，合令御史牵下。'冲免冠陈谢。"

鲜卑族当时是居于统治地位的民族，汉族处于被统治地位，根本不可能去强迫统治民族讲汉语。鲜卑民族却自愿放弃本民族的语言而使用汉语。其根本原因就在于汉族在经济和文化方面高于鲜卑民族，且人口也远远超过他们。语言的融合是一个漫长的过程，一般来说总要通过双重语言制的阶段，最后导致一种语言排挤、替代另一种语言而完成语言的统一。双语现象是指被融合民族的成员一般会讲两种语言：本族语和在融合中占优势的那种语言。双语现象的产生，跟两个民族的广泛接触有必然的联系，尤其在民族杂居的地方最容易形成双语现象。双语制是语言融合的必经阶段。但双语制最后是否导致语言的融合，则决定于社会历史条件：如果两个民族向融合的方向发展，相互间的关系越来越密切，其中一个民族就会放弃自己的本族语，完成语言的融合，例如前面讲的鲜卑语和汉语的关系；如果两个民族向分离的方向发展，那么它们就继续各说自己的语言，历史上元代蒙古民族与汉民族的关系大体上属于这一种情形。

第八章 文 字

第一节 文字和语言

一、文字的本质

　　文字是记录语言的书写符号系统。

　　文字记录语言,是在口语的基础上产生的。自从有了人类,就有了语言;语言从诞生的时候起,就是有声语言。所以,语言是一种听觉符号系统。语言的形式是语音;语言的内容是语音所负载的信息。文字借助于一套图形符号把语言的形式和内容转换成我们的视觉能够感知的系统,这就使语言有了书面形式。

　　语言是一个复杂的系统。这个系统是由一个个最简单的要素按照一定的规则构成的。从语言的形式角度看,最小的单位是音素;音素和音素可以组合成一个个音节,音节是我们的听觉上能够自然辨别出的最小的语音结构单位。从音义结合的角度看,最小的音义结合体是语素;语素和语素可以组合成一个个词,词是我们说话的时候能够自由运用的最小的造句单位。

　　文字系统相对于语言系统来说不算复杂。这个系统由一个个能够独立运用的图形符号构成,这就是"字"。在记录语言时"字"的功能就是转换语言系统中的一个个最简单的要素:词、语素、音节或音素。但是,一种文字在记录某种语言时,它的"字"只可能主要与该语言系统的一种要素相对应:要么是词,要么是语素,要么是音节,要么是音素。因此,笼统地说一切文字中的字都具有形、音、义的观点是不恰当的。至少不能把"义"一概理解为词的意义或语素的意义。但是深受汉字特点影响的中国人却长期以来很难正确地理解这三者的关系。

　　形、音、义三方面,只有形是属于文字本身的,音和义都是属于语言的东西,而语言中音和义的结合又是十分复杂的。一种语言中,有些语素或词的意义可以用一个音素来表达,有些要用一个音节来表达,有些则可能用几个音节来表达。反过来,有些音素能表达语素的意义,有些音素能表达词的意义,有些音素则永远也不能表达语素或词的意义。各种语言音义结合的情况也不相同。汉语中语素的形式基本上是一个音节,这是比较整齐的。英语的情况则复杂得多。文字和语言的结合也不是一种模式,有些文字从语言音义结合的符号层入手来记录语言,有些则从语言的形式语音层入手来记录。因此只有记录了语言的词或语素的文字体系的字才谈得上有形(字的形体)、有音(词或语素的形式)、有义(词或语素的意义),只记录语言的音节或音素的文字就不可能有词或语素的意义。汉字体系是从音义结合的符号层入手来记录语言的,因此汉字体系的字和语言中的词或语素相对应,它们当然就具有了词或语素的意义。从语言的形式入手来记录语言的文字却并不如此。我们不能想当然地认为所有的文字同它们所记录的语言的关系都像我们使用的汉字与它所记录的语言的关系一样。以偏概全会使我们失去对事物本质的认识。

　　文字在本质上是一套数量有限的书写符号,形体是它的本质特征。

二、文字的作用

　　文字是作为补充有声言语的交际手段而产生的。它的主要作用是把有声言语固定下来,使之保留长久或传至远方。用文字把言语记录下来,使语言的口头形式书面化,这就克服了口语在时间和空间上的局限性,完善和扩大了语言的交际功能。声音是一发即逝的,人们靠有声言语进行交际要受到时间和空间的双重限制。甲在这里讲话,乙离得远了就听不见;或者甲讲完了,乙才来到,也同样听不见。信息只靠口耳相传,所及的范围是相当有限的。我国清代学者陈澧说:"声不能传于异地,留于异时,于是乎书之为文字。文字者,所以为意与声之迹也。"文字的发明,弥补了口语的不足,使一发即逝的有声言语能够"传于异地,留于异时",远隔千山万水的人们能够相互传递信息,交流感情,协调行动。

文字使言语具有"传于异地、留于异时"的功能,大大加快了人类社会发展的进程,扩大了社会发展的领域。人类的知识和经验以文字为工具和媒介得以积累和传播,成为全人类的财富,使得人类世世代代可以掌握前辈取得的丰富知识和经验,并且促使人类联合成为一个整体,共同创建无限美好的未来。

有声言语的产生,使人类从动物界彻底分离出来而走上独立发展的道路;文字的产生,则标志着人类进入了文明社会。恩格斯说人类"从铁矿的冶炼开始,并由于文字的发明及其应用于文献记录而过渡到文明时代"。在社会历史的一定阶段上文字成为社会进一步向前发展的必要条件。

人类在没有发明收录传送语言的电声工具之前,能使语言传至久远的只有文字。即使在人类发明了电话、收音机、录音机的今天,文字仍然是最重要的辅助语言的交际工具。电声工具在使用的广泛性和方便性上都无法与文字相比,特别是将语言的听觉符号转变为视觉符号方面更是没有什么能替代文字。在现代社会,人们借助于文字获得的信息远比借助于有声言语获得的信息多得多。对于从事脑力劳动的人来说,文字已成为不逊于有声言语的十分重要的获得信息的手段。

三、文字和语言的关系

文字的历史比语言的历史短得多。有声言语大约产生于旧石器时代晚期,距今已有四五万年了,文字的出现才不过几千年。一个社会不能没有语言,没有语言的社会是不可想象的社会;但可以没有文字,直到今天,世界上仍有不少民族只有语言而没有文字。文字不是人类社会产生和存在的必要条件,在文字产生之前,社会已经存在,但是在社会发展的过程中文字是必不可少的条件。人类社会正是在有了文字之后的这几千年中得到了突飞猛进的发展。可以肯定,没有文字的社会,不可能是发达的社会。

文字是在有声言语的基础上产生的、使有声言语书面化的工具。语言是第一性的,文字是第二性的。采用什么样的文字来记录一种语言和这种语言的特点有一定的关系。文字适应它所记录的语言,就能更好地辅助语言完成交际任务。汉字在总体上看是比较适应汉语的一种文字,虽然它有很多这样或那样的缺陷。古代汉语中单音节词占绝大多数,而且词无形态变化,因此选择一个字记录语言中的一个单音节词的方式是比较恰当的。到了现代,古汉语的单音节词绝大多数变成了现代汉语的单音节语素,汉字即转而与汉语的单音节语素相对应。阿拉伯语采用辅音音素文字与这种语言的特点也是分不开的。阿拉伯语的词根一般是辅音,元音是可以预见的。因此阿拉伯文字只有一套辅音符号。

但是语言的特点对文字的特点的制约不可能是绝对的。历史上不同类型的语言采用同一类型的文字、同一类型的语言采用不同类型的文字、甚至同一种语言在不同的历史时期采用不同的文字的例子并不少见。在理论上一切文字改革都是行得通的。日语、朝鲜语是与汉语完全不同的语言,它们在历史上都曾经使用过汉字。日本和韩国至今还在使用部分汉字。藏语、越南语和汉语都是同一类型的语言,但藏语使用了与汉语完全不同的文字,越南语在使用汉字基础上形成了"喃字"之后,改用了拉丁文字。

语言的发展是渐变的,文字的发展有渐变,也有突变。一个只有语言而没有文字的民族,可以在较短的时间里创制一套适合自己语言特点的文字。新中国成立后,我国政府就为一些少数民族语言例如苗语、侗语、布依语等制定了文字。苏联十月革命胜利后,也为他们的许多少数民族语言制定了文字。已经有了文字的民族,还可以对文字加以改革,甚至用一种文字代替另一种文字,以便更好地辅助语言进行交际。汉字由甲骨文到楷书的变化、由繁体字改为简化字以及对异体字的整理和规范是文字发展渐变的例子；越南语由原来采用表意的喃字改革为采用表音的拉丁文字，土耳其语由原来使用阿拉伯文字改为使用拉丁文字都是文字发展突变的例子。

文字在语言的基础上产生之后，又反作用于语言，对语言产生了重要的影响。文字把口语记录下来，使其有了书面语这一新的存在形式，便于人们对语言进行加工、整理和锤炼，使语言越来越精密、细致、丰富，进而形成了文学语言。有了文学语言，民族共同语就有了统一的规范，这对于限制和削弱方言的分歧、促进民族共同语的发展有积极作用。文字的产生和使用，使语言的稳定性增强了，有利于语言要素的积累和丰富。例如，有些古语词本来已经在口语中消失了，却通过文字被保存在书面语中，一旦需要就可以在口语中复活。

文字对语言的影响还表现在词的书写形式有时是可以改变词的语音形式的。例如，在英语中，18世纪以前，大部分以h开头的词，h是不发音的。因此，honest（诚实的）、hour（小时）、habit（习惯）、heretic（异教徒）、hotel（旅馆）、hospital（医院）、herb（药草）中h在当时都是不发音的。在现代，像honest、hour这样使用频率高的词h仍然不发音，而其他词中的h则获得了语音形式。由于人们不常听到这些词，当看到这些词的书写形式时，就以为它们必须按拼写发音。在汉语中也有这样的情况，虽然汉字不是表音文字。汉字绝大部分是形声字，在遇到不常见的字时，人们往往根据构字部件去推断该字的读音，这就是我们常说的"秀才识字读半边"。这种推断有时可能是正确的，有时可能就读成"白字音"。久而久之，这种白字音可能反而成为正音，成为规范的标准。例如，"祉"，《广韵》为"敕里切"，当读 chǐ，现在读 zhǐ，是从"止"类化来的；"谱"，《广韵》为"博古切"，当读 bǔ，现在读 pǔ，是从"普"类化来的。有时，人们遇到一个多音字时，往往把不太常用的音读成另一个常用的音，最终，白字音成为标准音，不太常用的音消失。例如，"呆"，1985年以前，这个字还有两个读音，dāi 和 ái，dāi 用于

"痴呆、呆傻"等,ái 用于"呆板"。1985 年 12 月修订的《普通话异读词审音表》规定统读为 dāi。"帧"原来读 zhèng,现在读 zhēn。"哮"原来读 xiāo,现读 xiào。如此一来,犯错误的就轮到那些"知识渊博"的人了。一度被广泛使用的汉语拼音输入法"智能 ABC",必须用 áibǎn 才能打出"呆板"这个词,可见这个输入法的创制者在编制这套程序时还不知道发生了这么大的变化。目前仍有一些字的读音人们常常念错,说不定若干年后这些白字音也成为规范的了。例如,"棕榈"的"榈",正音是 lú,阳平声,但人们一般都习惯把它读为上声 lǔ。"角",在"角色、主角"中当读 jué,但人们常读为 jiǎo。

语言中的一些词是在文字字形的基础上创造出来的。例如汉语的"丘八、丁字街、八字胡、十字路口",英语的 u-turn(汽车掉头转弯)等都是根据字形的特点造出来的。当然,这类词为数并不多。

第二节　文字的分类

分类可以有不同的标准。不同的标准,可以反映出事物的不同性质和特点。对文字进行分类可以从两个角度进行。一个是从发生学的角度,即以文字产生的方式为依据对文字进行分类;一个是从功能的角度,即以文字能记录哪一级语言单位为依据来分类。发生学分类可以使我们了解文字发生、发展的过程,功能分类能反映出文字的本质特征。

一、发生学分类

发生学分类是以文字产生的方式为依据对文字所做的分类。按照这个标准,世界上的文字可以划分为两种类型:自源文字和他源文字。

凡是在没有任何借鉴的情况下产生的文字都是自源文字。这种文字在产生的时候，可能世界上还从来没有文字，无从借鉴；可能已经有了文字，但创制文字的人并不知道；也可能知道，但没有想到去借鉴。古老的埃及文字、苏美尔文字、玛雅文字和汉字都是在没有任何外来影响的情况下创制的，都是自源文字。他源文字是指直接借用某一种文字来记录另一种语言，或者在某种文字的影响下创制的文字。他源文字的产生显示了文字发展和分化的轨迹，形成了文字家族式的传承关系。

在我们前面提到的、也是目前世界上公认的四种自源文字中，除了玛雅文字没有留下任何后裔之外，其他三种文字都成为后来其他民族记录自己的语言时借用或借鉴的对象，成为所有他源文字产生的基础，留下了众多的后裔，且只有汉字不仅成为其他文字赖以产生的基础，而且保留了自身的性质，成为一直通行至今的文字中唯一的一种自源文字。

（一）汉字的繁衍

早期汉字的代表是中国的甲骨文。在发展的过程中出现了两个分支。一支的发展保留了祖先的表意性质，只是在字的形体、造字原理上进行了一些内部改革，例如简化字形，更多地采用形声方式造字等。一支则改变了祖先的性质，发展成了表音文字。南北朝开始，汉字大规模地向外传播。向东传到朝鲜和日本，向西南传到壮族、苗族、白族、侗族等少数民族地区，向南传到越南，向北传到契丹、女真和西夏。这些国家和民族开始学习汉语汉字，进而借用汉字记录本民族的语言，然后仿造汉字创制了自己的文字。

在汉字影响下创制的表意文字有越南的喃字、契丹大字、西夏文字、女真文字以及壮字、苗字、侗字、瑶字等。朝鲜和日本直接借用了汉字。但是由于语言类型不同，他们在使用汉字的过程中对汉字进行了体制上的改革，分别创制了自己的表音文字以弥补汉字在记录他们的语言中的缺陷。日本以汉字的形体为基础创造了自己的音节文字，叫假名。目前在日本，汉字和假名混合使用。汉字用来区分同音的词根,假名用来表示形态变化。朝鲜的谚文既借鉴了汉字的形体特点,又借鉴了西方文字的表音原理,是一种融汇东西的文字。目前这套文字在朝鲜已经全面取代了汉字,在韩国则是和汉字混合使用。

(二) 苏美尔文字和埃及文字的传播

苏美尔文字和埃及文字在传播发展的过程中都没有留下同性质的直接后裔,而是演变成了性质完全不同的各种表音文字。

在苏美尔楔形文字的基础上产生的文字都具有音节文字的性质,例如亚述-巴比伦文字、以栏文字、赫梯文字、乌拉图文字、波斯文字、克里特文字等,有些甚至是纯音节文字,例如波斯文字和克里特文字。可惜这些文字在发展的过程中都消失了。

埃及圣书字是一种表意体系的文字,但是在发展的过程中表音符号越来越占主导地位。公元前二千年,西部闪美特人在埃及圣书字的基础上创制了历史上第一种纯音素文字。闪美特文字能在埃及文字的基础上产生,而且都是辅音音素文字,与语言的特点有很大的关系。闪美特诸语言和埃及语言一样,根词干都是由辅音构成的,元音只起辅助作用,表示词的语法功能,这些语法功能在上下文中是可以预见的,因而不必用特别的符号来表示。闪美特文字有四个分支,最重要的是腓尼基文字。其他几支在发展的过程中都消失了,没有流传到今天。

腓尼基文字由22个符号组成(见"腓尼基字母表"),每个符号表示一个辅音或半元音。符号形体简单,便于记忆和书写。腓尼基文字有字母表,字母的排列有一定的顺序。每个字母都有名称,字母名称的第一个音素就是字母所代表的音值。这些特点在表音文字中一直保持到今天。例如,拉丁文字有字母表,字母按固定的顺序排列,字母所代表的音值同字母名称的第一个音素一致。

腓尼基字母表（据伊斯特林《文字的产生和发展》）

字母形式	字母名称	名称的意义	字母形式	字母名称	名称的意义
	'alef	牛		lamad	钩子
	bet	（房屋）		mē m	水
	gimel	骆驼		nū n	（鱼）
	dalet	（门）		sameh	支柱
	he	意义不明		'ain	眼
	waw	钉子		pē	口
	zajin	（武器）		zāde	意义不明
	hē t	篱笆		kof	猴
	lē l	货物		reš	头
	jod	手		š in	牙齿
	kai	（手掌）		lau	符号

由于这种字母-音素文字简单，易于用来表达各种不同的语言，同时由于腓尼基人同周边各国进行频繁的贸易交往，从公元前一千年开始，腓尼基文字通过借鉴的方式得到了广泛的传播。在东方，产生了阿拉马文字。亚洲几乎所有的音素文字都源于阿拉马文字。在西方，产生了希腊文字。所有欧洲各国的文字体系都源于希腊文字。有趣的是，东方文字大都是辅音音素文字，均采用从右向左的书写方式，字母依据在词中的位置而有不同的写法；而西方的文字则都是元音音素文字，均采用从左向右的书写方式，字母的形状不以在词中的位置而变化。

公元7世纪，在阿拉马文字的基础上产生了阿拉伯文字，这是目前世界上通行最广的表音文字之一。

公元前一千年代初期，希腊人创制了世界上第一个元音音素文字。这与希腊语有多种形式的音节结构、有复辅音及词末辅音的特点有密切的关系。

希腊字母有24个（见"希腊字母表"），7个元音字母，17个辅音字母。开始时，希腊字母书写方式也像腓尼基人一样从右向左写，后来改为"牛耕式"书写，即像牛耕地一样轮换起头，一行从左往右，下一行从右往左。公元前7～6世纪起，逐渐改为从左往右书写,到公元前 5~4 世纪,这种写法就固定下来了。

希腊字母表

大写字母	小写字母	字母名称
A	α	alpha
B	β	beta
Γ	γ	gamma
Δ	δ	delta
E	ε	epsilon(short)
Z	ζ	zeta
H	η	eta
Θ	θ	theta
I	ι	iota
K	κ	kappa
Λ	λ	lambda
M	μ	mu
N	ν	nu
Ξ	ξ	xi
O	ο	omicron
Π	π	pi
P	ρ	rho
Σ	σ	sigma
T	τ	tau
Υ	υ	upsilon
Φ	φ	phi
X	χ	chi
Ψ	ψ	psi
Ω	ω	omega

希腊文字有两个重要的分支:东希腊文字和西希腊文字。公元前 7 世纪,在西希腊文字的基础上产生了拉丁文字;公元 9 世纪,在东希腊文字的基础上产生了斯拉夫文字。拉丁文字成为今天大多数现代文字的基础,斯拉夫文字也是广泛通行的表音文字之一。

二、功能分类

功能分类是以文字系统的单个符号记录语言系统的哪个层面上的要素为依据进行的分类。通常我们把语言系统分为两个层面：底层和表层。底层是语言系统的形式层，由几十个音素构成。音素和音素又可以组合成音节。表层是语言系统音义结合的符号层。在符号层中最小的符号是语素，语素和语素按照一定的规则构成词，词和词按照一定的规则构成短语，词或短语按照一定的规则构成句子。我们通常把这四级单位叫做语法单位。这四级语法单位都是语言的表意单位。

一种文字如果从底层入手去记录语言，它就是表音文字；如果从表层入手去记录语言，它就是表意文字。表音文字的着眼点是符号和语音单位的对应关系，不考虑语音形式所表达的意义；表意文字的着眼点是符号同语义单位的对应关系，不考虑这个意义的语音形式，但是，当某一个符号被用来表达某一个意义时，它就同时被赋予了这个意义的语音形式。通常情况下，从底层入手来记录语言比较困难，因为从语言系统中分析出最小的语音单位音素是很难的，要具备相当水平的语音知识才能做到。所以，历史上最早的文字都是从表层入手去记录语言，都是表意文字。

（一）表意文字

以单个符号记录哪一级语法单位为标准，表意文字可以分为词文字和语素文字。

1. 词文字

词文字的单个符号记录的是语言中的词。最早的成体系的表意文字都是词文字。例如，古代汉字、埃及圣书字、苏美尔楔形文字等。

词文字特别适合于词根孤立语。这是因为没有语法变化的词（尤其是单音节词）最容易从言语中分析出来。汉语是词根孤立语，古代汉语的词和单音节又基本对应，因此，词文字在中国得到了充分的发展。而埃及语和苏美尔语则是有形态变化的语言，词文字既要表示根词干，又要表示语法变化是很不方便的。因此，埃及圣书字和苏美尔楔形文字后来都向表音文字的方向发展了。日本最初借用表词的汉字记录日语，但是由于日语是黏着语，除了表示词汇意义的根词干以外，还有表示词与词关系的构形语素。表词字可以很方便地表示根词干，但不适合记录构形语素。这是日本创制新文字的原因。

2. 语素文字

语素文字的单个符号记录的是语言中的语素。现代汉字是语素文字。

汉字由古代的词文字过渡到现代的语素文字不是由汉字本身的变化引起的，而是由语言的变化引起的。古代汉语是单音节语，语言中的词绝大多数是单音节的。一个汉字记录的是语言中的一个词，那么这个汉字就代表了这个词的意义和语音形式。所以词文字的形、音、义是统一的。但是语言是在不断地变化的。汉语的词逐渐地向双音节和多音节的方向变化，现代汉语中占绝对优势的词是双音节词和多音节词。这些词绝大多数是用词根复合的方式构成的，古代汉语中的单音节词就变成了现代汉语中的构词语素。原来记录古代汉语单音节词的字就变成了记录现代汉语单音节语素的字。语素文字的形、音、义也是统一的，因为语素也是语言中的意义单位。

（二）表音文字

以单个符号记录哪一级语音单位为标准，表音文字可以分为音素文字和音节文字。

1. 音素文字

一种语言的音素并不一定都起区别意义的作用，而只有那些起区别意义的音素（音质音位）才有值得分辨的价值，所以，音素文字实际上记录的是语言中的音位，因此也叫音位文字。又因为记录这些音位的符号被称为字母，所以也叫字母-音素文字。音素文字的单个符号（字母）记录的是语言中的最小的语音单位音素。根据符号所记录的音素的性质，通常把音素文字又分为辅音音素文字和元音音素文字。

辅音音素文字的单个符号只记录语言中的辅音。辅音音素文字适合以辅音为根词干的语言。阿拉伯文字是辅音音素文字。

元音音素文字的系统中既有记录元音的符号,也有记录辅音的符号。我们不能像理解辅音音素文字那样,把元音音素文字理解成单个符号只记录元音的文字。元音音素文字适合于音节结构复杂的语言。拉丁文字、斯拉夫文字都是元音音素文字。

目前广泛使用的几种音素文字是拉丁文字、斯拉夫文字、阿拉伯文字。

拉丁文字:拉丁字母又叫罗马字母,起初只有 21 个,其中 16 个辅音字母,4 个元音字母(A、E、I、O)和一个既用于元音也用于辅音的字母(V)。公元前 2~1 世纪,罗马人征服希腊后,吸收了希腊字母的 Y 和 Z。到中世纪,从字母 I 分化出 J,从字母 V 分化出 U 和 W,从而形成了通行到现在的 26 个字母。

拉丁语在国际交往中使用了一千多年,到公元 5 世纪,随着罗马帝国的灭亡而消失了。拉丁文字后来成为西欧各民族记录各自语言的基础文字。英语、法语、西班牙语、意大利语、德语、葡萄牙语、罗马尼亚语等都借用了拉丁文字,并且随着殖民地的扩张传播到了世界各地。美洲、澳洲的几乎全部,欧洲、非洲的大部分使用以拉丁文字为基础的文字。20 世纪,亚洲许多国家,例如土耳其、印度尼西亚、菲律宾、越南、马来西亚等也采用拉丁文字记录自己的语言。中国借用拉丁文字为一些少数民族语言创制了文字。汉语拼音也使用了拉丁文字。目前以拉丁文字为基础的字母表有 70 多种,全世界有 30% 以上的人口使用这些字母表。拉丁文字是当今世界上记录语言最多使用范围最广的文字。用拉丁文字记录的英语也是世界上最通行的语言。

西欧各民族,包括后来许多欧洲以外的民族,把自己语言的文字建立在拉丁文字的基础上,是一种有远见的进步现象。由于所有这些语言的文字在字形上是相同或相近的,非常便于国际交往,尤其是在信息处理现代化的今天,更显示出其无比的优越性。但是,各民族语言各有自己的语音特点,在字母符号和各种语言的音素之间便发生了冲突。例如,据统计,英语有 13 个元音音素、24

个辅音音素。德语有 15 个元音音素、18 个辅音音素，法语有 18 个元音音素、17 个辅音音素，但是，拉丁字母表中只有 6 个表示元音的字母和 20 个表示辅音的字母。解决的方法是在字母上加发音符号和字母组合。英语、德语、法语、意大利语的文字中，字母组合和带发音符号的字母不包括在字母表中，它们属于正词法问题。在西班牙语、罗马尼亚语、匈牙利语、芬兰语、丹麦语、瑞典语等的文字中，带发音符号的字母和最重要的字母组合同基本的拉丁字母一起包括在字母表中。因此，欧洲各种语言的字母表，字母的数量是不同的，使用字母组合和带发音符号的字母的情况也不相同（见本章第三节的"欧洲某些字母表的字母数目和使用带发音符号的字母及多字母组合的情况表"）。

　　古代拉丁语书面形式中，词与词之间经常用圆点分开，有时完全不隔开。系统地用空格分开单词，到 15 世纪才最终确定下来。

　　全部字母分为大写字母和小写字母的规则在文艺复兴时期最终确定下来。大写字母开始放在句子的开头，系统地用做区分句子的标志。

　　斯拉夫文字：斯拉夫字母又叫基里尔字母。公元 9 世纪，希腊正教传教士基里尔（Cyril）以希腊字母正字体为范本创制的。

　　斯拉夫文字有 43 个字母。其中借用了希腊文字的全部 24 个字母，独立创制了 19 个字母。这保证了准确地记录语言的语音要素，表明了基里尔对古斯拉夫语语音的深刻理解。尽管如此，各民族在使用这套字母时仍然要根据自己语言的特点对其进行调整。例如，俄罗斯语使用的斯拉夫字母，经过多次修订，现在只用 33 个字母。俄语有 39 个音素，因此俄语字母能够有效地完善地记录俄语所有的这些音素。下面列出的是俄语使用的斯拉夫字母表。

俄语使用的斯拉夫字母表

大写字母	小写字母	字母音值
1. А	а	[a]
2. Б	б	[b]
3. В	в	[v]

续表

4. Г	г	[g]
5. Д	д	[d]
6. Е	е	[je]
7. Ё	ё	[jo]
8. Ж	ж	[ʒ]
9. З	з	[z]
10. И	и	[i]
11. Й	й	[j]
12. К	к	[k]
13. Л	л	[l]
14. М	м	[m]
15. Н	н	[n]
16. О	о	[o]
17. П	п	[p]
18. Р	р	[r]
19. С	с	[s]
20. Т	т	[t]
21. У	у	[u]
22. Ф	ф	[f]
23. Х	х	[x]
24. Ц	ц	[ts]
25. Ч	ч	[tʃ]
26. Ш	ш	[ʃ]
27. Щ	щ	[ɕ]
28. Ъ	ъ	（硬音符号）
29. Ы	ы	[ɨ]
30. Ь	ь	（软音符号）
31. Э	э	[ɛ]
32. Ю	ю	[ju]
33. Я	я	[ja]

说明：硬音符号是隔音符号，表示其前面的辅音与其后面的元音不相拼合；软音符号表示其前面的辅音发音时腭化。

东欧信奉正教的国家和民族都使用斯拉夫文字，例如保加利亚、前南斯拉夫、塞尔维亚等。前苏联加盟共和国（现独联体国家）的现代文字都建立在斯拉夫字母的基础上。

阿拉伯文字：阿拉伯文字有28个字母（见"阿拉伯字母表"），这些字母只表示辅音。用附加符号表示长元音。阿拉伯文字几乎每个字母都有四种书写形式,这取决于字母在词中的位置,是单独使用,还是在词首、词中或词尾。阿拉伯文字的书写顺序是自右向左。下面的阿拉伯字母表引自周有光《世界文字发展史》：

阿拉伯字母表

独用	开头	中间	收尾		独用	开头	中间	收尾	
ا			ـا	'alif	ض	ضـ	ـضـ	ـض	dad*
ب	بـ	ـبـ	ـب	ba	ط	طـ	ـطـ	ـط	ta
ت	تـ	ـتـ	ـت	ta	ظ	ظـ	ـظـ	ـظ	ẓa*
ث	ثـ	ـثـ	ـث	tha*	ع	عـ	ـعـ	ـع	'ain
ج	جـ	ـجـ	ـج	gim	غ	غـ	ـغـ	ـغ	ghain*
ح	حـ	ـحـ	ـح	ha	ف	فـ	ـفـ	ـف	fa
خ	خـ	ـخـ	ـخ	kha*	ق	قـ	ـقـ	ـق	qaf
د			ـد	dai	ك	كـ	ـكـ	ـك	kaf
ذ			ـذ	dhal*	ل	لـ	ـلـ	ـل	larn
ر			ـر	ra	م	مـ	ـمـ	ـم	min
ز			ـز	zai	ن	نـ	ـنـ	ـن	nun
س	سـ	ـسـ	ـس	sin	ه	هـ	ـهـ	ـه	ha
ش	شـ	ـشـ	ـش	shin	و			ـو	waw
ص	صـ	ـصـ	ـص	sad	ي	يـ	ـيـ	ـي	ya

有 * 号的是从原有字母分化而成。

所有的阿拉伯国家,例如埃及、叙利亚、约旦、黎巴嫩、伊拉克、也门、阿尔及利亚、突尼斯、摩洛哥等都使用阿拉伯文字。伊朗、阿富汗、巴基斯坦、中国新疆维吾尔自治区使用以阿拉伯文字为基础创制的文字。

使用阿拉伯文字的国家都信奉伊斯兰教。《古兰经》就是用阿拉伯文字记录的。历史上（公元7世纪中～8世纪末）曾一度出现《古兰经》被禁止翻译成其他语言、也禁止用其他文字记录的现象。

朝鲜谚文：谚文即通俗文字的意思。公元1446年颁布使用，是在政府的指令下制订的文字。但是谚文的推行在最初几个世纪不断遇到各种阻力，从开始使用到成为正式文字经历了大约五百年的时间。

最初的字母表有28个符号，17个辅音符号和11个元音符号。后来经过多次变化，现有字母40个（见"谚文字母表"），19个表辅音，21个表元音。这些字母中有24个基本字母，其余的字母在基本字母的基础上产生，表示复合音。

谚文字母表

元音：

ㅏ	ㅓ	ㅗ	ㅜ	ㅡ	ㅣ	ㅐ	ㅔ
a	ō	o	u	ū	i	ɛ	e
ㅑ	ㅒ	ㅛ	ㅠ	ㅒ	ㅖ		
ya	yō	yo	yu	yɛ	ye		
ㅘ	ㅙ	ㅝ	ㅞ	ㅚ	ㅟ	ㅢ	
wa	wɛ	wǒ	we	oe	wi	ǔi	

辅音：

	ㄱ	ㄴ	ㄷ	ㄹ	ㅁ	ㅂ	ㅅ
音节首	k-	n-	t-	r-	m-	p-	s-
音节中	-g-	-n-	-d-	-r-	-m-	-b-	-sh-
音节尾	-k	-n	-t	-l	-m	-p	-t
名　称	kiyǒk	niǔn	tigǔt	riǔl	miǔm	piǔp	shiot

	ㅇ	ㅈ	ㅊ	ㅋ	ㅌ	ㅍ
音节首	∅-	ch-	ch^h-	k^h-	t^h-	p^h-
音节中	-ng-	-j-	-ch^h-	-k^h-	-t^h-	-p^h-
音节尾	-ng	-t	-t	-k	-t	-p
名　称	iǔng	chiǔt	ch^{h}iǔt	k^{h}iǔk	t^{h}iǔt	p^{h}iǔp

	ㅎ	ㄲ	ㄸ	ㅃ	ㅆ	ㅉ
音节首	h-	kk-	tt-	pp-	ss-	cc-
音节中	-h-	-kk-	-tt-	-pp-	-ss-	-cc-
音节尾	-t	-kk	-Ø	-Ø	-t	-Ø
名　称	hiŭt	ssang-kiyŏk	ssang-tigŭt	ssang-piŭp	ssang-shiot	ssang-chiŭt

谚文是一种很独特的元音音素文字。字母按照严格规定的方式组合成音节，音节内部的音素不是线性排列，而是像汉字那样二维排列，写成一个个的方块形，这就使谚文复杂起来。

首先，朝鲜语的音节结构很复杂，要把若干个音素构成的音节叠合在一个方块里，就需要有多种组合方式。基本的组合方式有六种：

(1) |辅音|元音|　　가　ga　　　바　pa

(2) |辅音| / |元音|　　소　so　　　코　ko

(3) |辅音|元音| / |辅音|　　강　gaŋ　　　달　dal

(4) |辅音| / |元音| / |辅音|　　몰　mol　　　습　sūp

(5) |辅音|元音| / |辅音|辅音|　　닭　dalk　　　많　manh

(6) |辅音| / |元音| / |辅音|辅音|　　옳　olh　　　굵　kulk

其次,把每个音节符号作为基本单位使用,增加了记忆的负担,也不利于信息处理。1991年韩国制定用于计算机信息处理的标准字符集(KSC5657—91),规定了现代文4280个音节组合符号,古代文另加1675个,汉字2856个。虽然谚文的音素字母数量很少,但音节组合符号太多,无论对于学习还是信息处理,都是很不方便的。

由于谚文以音节为单位写成一个个类似汉字的方块形符号,有人据此认为谚文是音节文字。这实际上是一种误解。

此外,印度字母也是使用较广泛的一种辅音音素文字。除印度本土外,南亚、东南亚其他信奉佛教的国家使用的文字都是在印度字母的基础上创制的。例如,尼泊尔字母、孟加拉字母、老挝字母、柬埔寨的高棉字母、泰国字母、斯里兰卡的僧伽罗字母等。我国少数民族中的藏文字母、傣文字母也是在印度字母的基础上创制的。有学者认为印度字母是阿拉马字母的后裔,因为它们的体制基本相同,都是记录语言中的辅音,元音只用附加符号表示。例如,我国的藏文字母有30个辅音,用4个附加符号表示元音。

印度天城体字母

简单元音: अ a आ ā इ i ई ī उ u ऊ ū ऋ ṛ ॠ ṝ ऌ ḷ

双元音: ए e ऐ ai ओ o औ au

喉音:	क ka	ख kha	ग ga	घ gha	ङ ṅa
腭音:	च ca	छ cha	ज ja	झ jha	ञ ña
卷舌音:	ट ṭa	ठ ṭha	ड ḍa	ढ ḍha	ण ṇa
齿音:	त ta	थ tha	द da	ध dha	न na
唇音:	प pa	फ pha	ब ba	भ bha	म ma
半元音:	य ya	र ra	ल la	व va	
咝音:	श śa	ष ṣa	स sa		
气音:	ह ha				

藏文字母(据马学良主编《汉藏语概论》)

2. 音节文字

音节文字的单个符号记录语言中的音节。这种文字适合音节结构简单的语言。日本的假名文字属于音节文字。

公元三四世纪，大约在中国晋朝的时候，汉字传入日本。起初日本人学习汉语的文言文，把汉语作为标准语来学习使用。从公元七八世纪起，日本人开始用汉字记录日语。采用"音读"和"训读"两种方式。"音读"即借用汉语的读音，"训读"即借用汉字的意义，按照日语的语音去读。但是，由于日语是黏着语，有丰富的词形变化，借助表词的汉字记录语言中的根词干还可以，表达词的形态变化就非常困难。从公元 8 世纪起，日本开始形成自己的音节文字体系。利用记录汉语开音节词的汉字作为音节符号表示日语的音节。公元 8 世纪，日本出版了一部全用汉字书写的日语诗歌集《万叶集》，其中用了 1000 多个汉字作为音节符号，这些表示日语音节的汉字称为"万叶假名"。公元 9～13 世纪，汉字假名减少到 300 多个。到 20 世纪初，假名数量减少到 48 个，并且形成了两套字体——片假名和平假名。1946 年日本进行文字改革，假名再减到 46 个（见"基本平假名表"）。46 个符号中有一个几乎从不使用，所以实际只有 45 个假名。

基本平假名表（五十音图）

假名	音值	假名	音值	假名	音值	假名	音值	假名	音值
あ	a	い	i	う	u	え	e	お	o
か	ka	き	ki	く	ku	け	ke	こ	ko
さ	sa	し	si/shi	す	su	せ	se	そ	so
た	ta	ち	ti/chi	つ	tu/tsu	て	te	と	to
な	na	に	ni	ぬ	nu	ね	ne	の	no
は	ha	ひ	hi	ふ	hu/fu	へ	he	ほ	ho
ま	ma	み	mi	む	mu	め	me	も	mo
や	ya	い	yi	ゆ	yu	え	ye	よ	yo
ら	ra	り	ri	る	ru	れ	re	ろ	ro
わ	wa	い	i	う	u	え	e	を	o
ん	n			っ					

　　片假名和平假名在数量和音值上都是一致的，区别只在于它们的形体。片假名来源于汉字的楷书，是汉字形体简化的结果。平假名来源于汉字的草书，是草书汉字简化概括的结果。片假名

的字形比较简单整齐,因此用于小学的教科书、幼儿读本、拟声词、电报和外来语;平假名的字形比较复杂,可以快速书写,通用于其他所有的场合。

现代日语的音节数量不多,总共有一百多个。基本的假名符号 45 个,记录了 5 个元音音节,40 个辅音加元音的音节;另有 25 个音节用在基本假名的右上角加附加符号的方式表示,附加符号表示音节的辅音是浊辅音;还有一种音节是由辅音加复元音构成的,这种音节用双字母表示,共有 36 个。这些就是日语中的全部音节。所用的基本符号应该说是 72 个(其中有 2 个是不成音节的辅音符号)。

文字的功能分类总括如下表:

文字的功能分类类型表

文字类型			文字	书写符号	记录的语言要素
表意文字	表词文字		古代汉字	字	词
			苏美尔楔形文字		
			埃及圣书字		
	语素文字		现代汉字	字	语素
表音文字	音节文字		日本的假名文字	假名	音节
	音素文字	元音音素文字	拉丁文字	字母	音素(元音、辅音)
			斯拉夫文字		
			朝鲜谚文		
		辅音音素文字	阿拉伯文字	字母	音素(辅音)

三、关于分类的几点说明

(一) 传统分类法的弊端

传统上把文字分为三个类型:图画文字、表意文字、表音文字,并认为这体现了文字发展的不同阶段的特征。最早的文字是图画文字,进而发展为表意文字,最后发展为表音文字。这种观点在中国的文字学界很长一段时间是主流认识。现在冷静下来,发现我们其实把文字问题看得过于简单。

传统分类法的标准是不确定的。图画文字同表意文字、表音文字不是从同一个角度进行的分类。图画文字是从符号的形式的角度来看的。符号的形式像图画就可以称之为图画文字,与之对应的应该是非图画文字。表意文字和表音文字是从符号同语言的关系的角度得出的结论。表意文字和表音文字在形式上都可以是图画的。在文字发展的早期确实有过这样的现象。中国古代的象形字从形式上看是图画文字的一种,最早的表音文字也是在表意的象形文字的基础上创制的,早期符号的形式也带有图画的性质。

文字起源于图画。这是已经被历史证明了的。在文字发展的早期阶段,所有的文字,无论其符号形式是图画的还是非图画的,都是表意文字。这也是被历史证实了的。但是表意文字是不是必然地要发展为表音文字呢?这一点还不能过早地下结论。汉字的历史和现实都不容许我们下这样的结论。

文字和语言并不是简单的谁决定谁的关系。一种文字并不必然地只能记录某种语言而不能记录其他语言,一种语言也并不必然地只能由某一种文字来记录而不能由其他文字来记录。历史证明了这一点。所以,我们前面曾说过从理论上讲,任何文字改革都是可能的。由表意文字到表音文字也是一种改革。改革是否成功,关键在人。因为,文字与语言的相互适应问题,本质上是文字与人的相互适应问题。人是使用文字的主体,文字改革是由人来进行的。不管汉字有多少缺点和不足,中国人就是觉得离不开汉字,换成别种类型的文字就不习惯,很别扭,那么,汉字这种表意文字什么时候能必然地进化到表音文字呢?

(二) 关于表意文字的含义

对表意文字这个概念,不同的人有不同的理解。本书所持的观点与传统上的理解并不完全相同。传统的表意说认为,字首先是有意义的,这个意义通过字的形体表现出来,即表意文字是以形表意的文字,字的形体和意义之间的关系是可以论证的。这种观点可以追溯到东汉末年的许慎。《说文解字》是专门讲解字的形体和字的意义之间的关系的。某字有某义因而从某从某是《说文解字》释字的典型体例。正确的逻辑关系正好相反,应该说某字有某义,因为它记录了语言中的某一个意义单位。如果一个符号没有和语言中的某一个意义单位发生联系,意义从何而来呢?因此,本书所说的表意文字是记录了语言中的意义单位的文字,与字的形体没有任何关系。因此,所有的字,不管它的形体与意义之间可以论证也好,无法论证也好,只要它记录了语言的意义单位,它就是表意字。

(三) 关于音节-语素文字

有很多人认为汉字是音节-语素文字。理由是汉字是记录语素的,而汉语的绝大多数语素又都是单音节的。这是一种误解。汉字记录的语言不仅仅是汉语,还有日语和韩语,而日语、韩语的语素和音节的关系并不像汉语这样整齐。汉语的汉字、日语的汉字和韩语的汉字应属于同一种类型。持这种观点的人没有真正理解什么是语素文字,什么是音节文字。

一种文字要么是语素文字,要么是音节文字,不可能有既是语素文字又是音节文字这样一种中间状态。因为这两种文字是从不同的角度入手来记录语言的。除非有一种语言,它的一个语素就用一个音节来表示,一个音节也只表示这一个语素,语素和音节一一对应。到目前为止我们还没有发现这样的语言。

(四) 关于表意文字和表音文字这两个术语的使用

布龙菲尔德在 20 世纪 30 年代就认为表意文字这个术语不好,是一个很容易引起误会的名称,他把汉字称为表词文字。到 80 年代,有些中国学者也认为表意文字这个术语不好,他们把汉字称为表词文字或语素文字。俄罗斯文字学家伊斯特林认为表音文字这一术语也不好,"是最差劲的,因为它通常包括两种类型的文字:音节文字和字母-音素文字"。应该说包括了两种文字正是它的可取之处。本书认为表意文字和表音文字这两个术语都没有什么不好。词和语素都是语言中的意义单位,把词文字和语素文字合起来称表意文字是一种高度的概括;音节和音素是语言中的语音单位,把音节文字和音素文字合起来称表音文字也是一种高度的概括。在没有必要具体指出是词文字还是语素文字、是音节文字还是音素文字的时候,用表意文字和表音文字更简洁、更恰当。这是本书仍然采用这两个术语的原因。

第三节 文字体系

一、文字体系

文字体系是某个民族在历史上形成的记录该民族语言的符号系统。一种语言的文字体系就是记录该语言的全部符号和规则的总和。全部符号指的是与语言要素相联系的最小的独立运用的单位。在汉语中这种符号叫"字",在英语中这种符号叫"字母"。规则是指符号的书写规则、正字法规则和标点符号的使用规则等。这里我们只讨论文字体系中所使用的符号。

欧洲某些字母表的字母数目和使用带发音符号的字母及多字母组合的情况表
(据伊斯特林《文字的产生和发展》)

字母表	字母表中字母的数目				没有的拉丁字母	发音符号的使用情形	双字母或多字母组合的使用情形
	基本拉丁字母	带发音符号的字母	双字母组成的字母	字母总数			
英语	26	—	—	26	—	不用	最常用
德语	26	—	—	26	—	用	常用
荷兰语	26	3	—	29	—	常用	用
丹麦语	26	2	1	29	—	用	用
法语	26	—	—	26	—	最常用	最常用
意大利语	21	—	—	21	k,w,x,y,j	用	用
葡萄牙语	26	12	—	38	—	最常用	用
波兰语	23	9	—	32	q,v,x	常用	常用
捷克语	26	14	1	41	—	最常用	用
罗马尼亚语	26	5	—	31	—	用	用
西班牙语	26	1	2	29	—	用	用
芬兰语	20	2	—	22	b,c,f,q,x,z	用	用
匈牙利语	24	8	7	39	k,w	常用	常用

严格地说，每种语言所使用的文字都形成自己独特的体系，虽然有时我们会笼统地说拉丁文字体系、斯拉夫文字体系等等。因为相同的文字符号在记录不同的语言时被赋予了不同的价值（表示不同的音值或意义）。例如，英国、法国、西班牙都使用拉丁文字符号来记录自己民族的语言，但是这三个民族赋予拉丁字母符号的音值是不同的，各自使用的正字法规则也有所不同，因而形成三种不同的文字体系。中国、日本、韩国都使用汉字记录自己民族的语言，但是，他们赋予汉字的音值和意义也是不同的。

对文字体系和文字类型也要加以区分。不同的语言可以使用相同的文字类型，例如英语、法语、西班牙语的文字体系都属于同一种文字类型——表音文字中的音素文字；同一种语言也可以有不同的文字体系和不同的文字类型，例如日语有三种文字体系和两种文字类型。

二、字和字母

(一) 字

字是表意文字中记录语言中的词或语素的书写符号。目前，中国的汉字体系、日本的汉字体系和韩国的汉字体系的基本书写单位都是字。日本和韩国的汉字虽然都源于中国，都属于表意文字类型，但是它们被赋予了日语和韩语的语音、语义价值，同中国的汉字已经不属于同一种文字体系了。在中国，汉字在记录汉语时被赋予一个语素的意义，同时也被赋予该语素的语音形式——一个音节的音值。在汉语汉字体系中，一个字记录两个音节是不允许的。一度出现的双音节字在文字规范中被废除了。这是保持文字体系纯洁的一项明智之举。在日本，汉字被赋予词根语素的意义，同时也被赋予该语素的语音形式。由于日语的词根语素不都是单音节，字与语音的对应关系就比较复杂，有与单音节对应的，也有与双音节和多音节对应的。汉字记录韩语的情况也大体如此。

因为书写符号记录语言中的词或语素，表意字的数量就特别多。在中国常用汉字有3500个，通用汉字有7000个，还不能保证所有的需求。在日本，记录日语使用了两种类型的文字，汉字只用来记录不易分辨的词根语素，常用汉字仍然需要1945个（不包括地名、人名用字）。在韩国，汉字也是用来记录词根语素的，常用汉字需要2856个。这两个国家都在限制使用汉字的数量。

由于字的数量多，需要更多的区别性特征，字的结构自然复杂起来。中国简化字的平均笔画有近10画，笔画的形状有30多种。在识字教学和信息处理中都需要对汉字进行分解。偏旁、部件都是在分解汉字时使用的术语。

最早把汉字分解为偏旁的是东汉的许慎，目的是分析汉字构形的有理性。偏旁的概念是基于对整字的一次性二分，这一点从偏旁最早的含义中可以得到证实。由于大部分汉字是左右结构，人们最初分析汉字时称左边为"偏"，右边为"旁"，后来才不管上下、左右、内外，一律统称为偏旁，例如"拦、召、阔"等。这种分解有利于分析汉字构形的有理性（当然，不是所有的汉字的构形都是有理的），但在识字教学中有不方便之处。有些汉字的偏旁也是复合结构，还可以继续分解。因此，传统上又有大偏旁和小偏旁之分。大偏旁是整字二分的结果，小偏旁就是对大偏旁继续二分的结果。例如"韶"，先分出大偏旁"音"和"召"，然后再分出小偏旁"立""日""刀"和"口"。小偏旁中可能还有更小的偏旁，例如"阔"。这种分析在识字教学中经常运用。但是这种"大偏旁""小偏旁"的名称在识字教学中使用尚可，在信息处理中使用就显得很不方便。"部件"这个术语应运而生。

在信息处理中为了汉字编码的需要，通常是把一个字层层分解，直到最小的偏旁，即部件，然后，选取使用频率高的部件作为码元进行编码。同一个部件在某些字中可能独立做偏旁，在某些字中可能是小偏旁，在某些字中可能是更小的偏旁，而它本身又可能独立成字。例如"口"是一个高频部件，它可以独立成字；可以独立做偏旁，例如在"召"中；可以做小偏旁，例如在"韶"中；可以做更小的偏旁，例如在"阔"中。使用"部件"这个术语，省去了大偏旁、小偏旁的麻烦，既方便了信息处理，也有利于识字教学。

结构简单的字，用笔画的形状或组合方式做区别特征。例如"工—干—土、八—人—入、天—夫、干—于"。在极少数字中，笔画的长短也具有区别特征的作用。例如"土—士、未—末"。

结构复杂的字，用部件做区别特征。部件相同的字，组合方式起区别特征的作用。例如"沐—休、若—苦、汕—讪、古—叶、呆—杏—束、杲—杳"等。

部件在组合成字的过程中会发生类似语流音变现象的形体变化，这是为了适应汉字结构的平衡性，达到书写方便、字形美观的目的。例如"王—玲、鬼—魁、毛—毯"等。

（二）字母

字母是表音文字中记录语言中的音素或音节的书写符号。目前世界上绝大多数语言都有自己的表音型文字体系。这些文字体系主要是在拉丁文字、斯拉夫文字和阿拉伯文字的基础上建立起来的。例如记录英语的文字体系、记录法语的文字体系等。也有通过改变文字类型在汉字基础上建立的，例如假名和谚文。

由于书写符号记录语言中的音素或音节，表音字母的数量就特别少。拉丁文字有26个书写符号，斯拉夫文字有43个，阿拉伯文字有28个，假名有46个，谚文有40个。这些符号的数量是一定的，在字母表中的排列顺序也是一定的。

字母的数量少，很容易相互区别，不需要太多的区别特征，字母的结构就很简单。拉丁文字中，大写字母的平均笔画是1.85画，小写字母只有1.42画，笔画最多的字母是3画；假名文字中平假名的平均笔画是2.13画，片假名是2.33画，笔画最多的假名是4画。

字母的数量少，形体简单，减轻了幼儿识字的负担，又特别适合信息处理。在信息处理中直接给字母编码就可以了，不必做任何烦琐的字形分解工作；在计算机内也不占用大量的内存空间。既节省人力，又节省物力，两全其美。

字母结构简单，只用笔画的形状或笔画的组合方式做区别特征就可以了。例如B—P、H—A，b—p、d—q等。

(三) 字母和字的关系

字母和字都是文字体系中记录语言要素的书写符号。它们是对等的文字单位。二者的区别在于,字母是表音类型的文字中记录音素或音节的书写符号,字是表意类型的文字中记录语素或词的书写符号。我们之所以能把世界上的文字分为表音文字和表意文字,又把表音文字分为音素文字和音节文字,把表意文字分为词文字和语素文字,就是因为字母和字是可以对比的同级别的文字单位。

只有在字母与字对等的前提下,我们才能认清不同类型的文字的性质;也只有在这个前提下,一些相关的问题才能得到合理的解释。例如,汉字数量大的问题,汉字所负荷的信息量多的问题,以及相同内容的文本用汉字记录所占的空间小的问题等等。

复习提纲

引 言

1. 如何理解语言学在科学领域中的基础作用和带头作用？
2. 根据不同的标准对语言学进行分类，掌握各类语言学的特点及研究宗旨。
3. 传统语言学的三个研究中心是如何分布的？各有什么研究成果？
4. 历史比较语言学如何研究语言？研究的成果是什么？哪些人为历史比较语言学的创立做出了贡献？
5. 结构主义语言学的诞生以什么为标志？这种理论如何看待语言？后来发展出怎样不同的学派？
6. 为什么转换生成语言学被称为语言理论的一场"革命"？它的影响说明了什么？

第一章 语言的本质

1. 论述语言和言语的区别和联系。
2. 怎样理解语言的符号属性？语言符号有哪三个特性？
3. 为什么说语言在本质上是一种社会现象，并且是一种特殊的社会现象？
4. 怎样理解"语言是人类最重要的交际工具"这一命题？
5. 什么是组合关系？什么是聚合关系？各举例说明。
6. 语言是由哪些要素组成的？基本词汇和语法在语言系统中处于怎样的地位？
7. 什么是共时语言学？什么是历时语言学？
8. 怎样全面理解语言的定义？

第二章 语 音

1. 语音具有哪些物质属性？简要说明人类发音器官三大部分各自的作用。
2. 语音的物理四要素指的是什么？请加以简要的说明。
3. 从发音的角度说明音质的不同取决于哪些条件。
4. 什么是音素、音节、开音节、闭音节、复元音、复辅音？各举例说明。
5. 什么是音标？国际音标有哪些优点？国际音标的注音原则是什么？
6. 元音和辅音主要有哪些区别？
7. 画出舌面元音舌位图，并在上面标出8个基本元音的位置。
8. 元音分类的标准有哪些？各举例说明。什么是鼻化元音？什么是舌面元音、舌尖元音、卷舌元音？
9. 描写8个基本元音的发音。
10. 辅音分类的依据是什么？各举例说明。
11. 描写普通话21个辅音声母的发音。
12. 什么是音位？说明音位与音素的区别和联系。
13. 什么是音位变体、自由变体、条件变体？
14. 确定音位的主要原则是什么？试举例说明。
15. 什么是音位的区别性特征？试举例说明。
16. 什么是超音段音位？请举例说明。
17. 常见的语流音变有哪几种？各举例说明。

第三章 语 义

1. 什么是语义？传统语义学和现代语义学有什么不同？
2. 语义的主要类型有哪些？如何理解这些意义？
3. 什么是义素？怎样进行义素分析？如何理解义素分析的价值？
4. 词的语音、语义聚合是如何产生的？语音聚合产生了什么样的语言现象？语义聚合产生了什么样的语言现象？
5. 如何理解语义场内部的各种关系？

6. 语义场的民族性表现在哪些方面？
7. 谈谈你对语义场研究价值的认识。

第四章 词 汇

1. 什么是词汇？
2. 什么是基本词汇？基本词汇的性质怎么理解？
3. 什么是常用词语和通用词语？
4. 什么是一般词汇？
5. 基本词汇、常用词汇、通用词汇三者有何异同？
6. 什么是新词语？能否举出近年来产生的一些新词语？
7. 什么是旧词语？
8. 什么是历史词语？什么是古词语？
9. 什么是方言词语？什么是专门词语？
10. 什么是外来词语？汉语的外来词语有几种类型？
11. 外来词语与意译词语有什么不同？

第五章 语 法

1. 语法和语法学有什么不同？语法学主要可以分成哪两部分？
2. 和语言其他要素相比，语法有怎样的特性？
3. 解释概念：语素、词、词组、句子，词根语素、附加语素、词缀、词尾、词干，单纯词、合成词、复合词、派生词，自由语素、黏着语素。
4. 构词法共有几种？举例说明其中两种。构形法共有几种？举例说明其中两种。构词和构形有何不同？什么叫形态？准确地区分构词与构形，准确地辨认词的结构和构词方式。
5. 什么叫句法结构？句法结构有哪些类型？
6. 句法结构的表达方式有哪几种？各举例说明。准确地指出句法结构的构造方式。
7. 什么是句法结构的层次分析？什么是直接成分？合理地分析句法结构的层次。
8. 什么是语法单位的结构分类、功能分类？对语素、词、词组、句子分别可以从哪些角度进行分类?
9. 从语法功能上划分词类有哪两个标准?合理地划分词类。
10. 什么是语法形式、语法意义、语法手段、语法范畴?常见的语法范畴有哪些?试举例说明其中两种。
11. 为什么所谓常见的语法范畴并不存在于汉语中?汉语有语法范畴吗?
12. 现代汉语语法有哪些特点?
13. 语言形态分类主要有哪两个标准?根据这些标准语言可以分成哪些类型?每种类型举出一种代表性的语言实例。

第六章 语 用

1. 举例说明语用规律的存在。语用学和语义学是怎样的关系?
2. 什么是"言语行为"?
3. 言语行为有几种?各举例说明。
4. 直接言语行为和间接言语行为有何不同?
5. 什么是前提?前提和蕴含有何不同?
6. 会话中的前提应符合哪些要求?试举例说明。
7. 什么是"会话含义"?什么是"规约含义"?各举例说明。"会话含义"可以分成几种?
8. 复述"合作原则"的基本内容并举例说明。人们在实际交往中是否总是遵守"合作原则"?为什么?
9. 什么是会话中的指示信息和指示语?指示语主要有哪几种?其表现形式是什么?
10. 什么是主位、述位?已知信息和未知信息在句子中通常是怎样安排的?句子的信息焦点和句子的重音有什么关系?

第七章 语言的发展

1. 举例说明语言发展的外部原因和内部原因。
2. 简述语言发展的两个特点。
3. 语音系统的发展主要表现在哪两个方面?请举例说明。
4. 语法系统的发展主要表现在哪两个方面?请举例说明。

5. 词义的发展演变有哪几种表现？词汇系统的发展有几种情况？各举例说明。
6. 语言发展有哪两个趋势？语言分化有哪两个阶段？语言统一有哪两种情况？语言的分化统一与社会的分化统一是怎样的关系？请各举出实例。
7. 什么叫方言？什么是民族共同语？什么是基础方言？方言的成因有哪些？各举例说明。方言之间的差别以哪个方面最为突出？方言会朝着怎样的方向发展？
8. 什么是亲属语言？亲属语言与方言是怎样的关系？
9. 语言的社会变体有哪几个方面？什么是语言的规范？
10. 什么是历史比较法？什么是语言的谱系分类？什么叫语系、语族、语支？世界语言主要分成哪九个语系？我国境内的语言分别属于哪些语系？联合国六种工作语言分别属于哪些语系哪些语族？
11. 什么是借词？语言的借用最容易发生在哪个方面？
12. 语言混合和语言融合有什么不同？语言混合有哪两种方式，其间的区别是什么？语言融合有哪两种方式？各举出实例。

第八章　文　字

1. 如何理解文字的本质？谈谈你对文字形、音、义关系的认识。
2. 文字的作用表现在哪些方面？在现代社会中，文字是不是比语言更重要？
3. 如何理解文字和语言的关系？
4. 根据文字的发生学分类，掌握文字演变的过程。
5. 根据文字的功能分类，认识各种文字的本质特征。
6. 如何理解"字"和"字母"的关系？

术语索引

A

阿尔泰语系 199,201
阿拉伯文字 229
埃及圣书字 222
按规定 9
按性质 9

B

本族词语 121
比较语言学 5
闭音节 59
表述行为 159
表意文字 225
表音文字 226
并列结构 139
部分否定关系 103
部门语言学 5
布拉格学派 16
布龙菲尔德 17
不成词语素 145
不定位语素 145
不平衡 178
不送气音 56

C

擦音 56

层次分析 142
常用词语 119
超音段音位 69
成词语素 145
成事行为 159
成语 112
重叠（构词）134
重叠（构形）136
传统语言学 7
传统语义学 84
词 128
词法 126
词干 131
词根 129
词汇 110
词汇学 114
词汇意义 88
词类 145
词尾 129
词文字 225
词序 139
词缀 129
词组 126
刺激—反应理论 19

D

达罗毗荼语系 203

代数语言学 7
单纯词 131
得体准则 167
地点指示语 170
定位语素 145
动宾结构 138
对立性 65
多式综合语(编插语) 154
多义词 97

F

发生学分类 220
反义词 101
反义关系 101
方式准则 165
方言 193
方言词 119
仿译词 210
非常用词语 119
非通用词语 119
腓尼基文字 222
分析语 155
符号 23
辅音 51
辅音音素文字 226
复合 133
复合词 131
复辅音 60
复元音 60
附加(构词) 132
附加(构形) 137
附加意义 86

G

感情色彩 86

哥本哈根学派 16
格 150
功能 144
功能分类 225
共时语言学 5
构词法 132
构形法 135
孤立语 154
古词语 118,121
固定词组 111
固有词 121
关系准则 165
惯用语 112
规约含义 168
国际音标 51

H

汉藏语系 199
合成词 131
合作原则 165
黑话 196
后缀 130
互补关系 101
互补性 66
话轮 172
话语指示语 171
会话含义 165

J

基本词汇 115
基础方言 204
基里尔字母 228
计算语言学 7
甲骨文 219,221
假名 221,235

渐变 178
交际工具 38
阶级习惯语 196
结构 144
结构主义语言学 3,15
借词 190
旧词语 121
句法 137
句法结构 137
句子 126
聚合关系 30
具体语言学 5
卷舌元音 54

K

开音节 59
慷慨准则 167
克里奥尔 211
口语 196
宽式标音 68

L

拉丁文字 224,227
拉丁字母 227
类义词 100
类义关系 100
理论语言学 6
理性意义 86
历时语言学 5
历史比较法 195
历史比较语言学 3,5,13
历史词语 121
联合结构 139
联想色彩 87

两极关系 102
量的准则 165
罗马字母 227

M

马来-波利尼西亚语系 199,203
美国结构主义学派 17
描写语言学 3,5
民族共同语 203

N

南亚语系 199,203
内部屈折（构词）133
内部屈折（构形）135
黏着语 154
黏着语素 128,145

P

派生词 132,145
偏旁 241
偏正结构 138
普遍语法 1,20
普通语言学 5

Q

谦虚准则 167
前提 161
前缀 130
强迫融合 212
乔姆斯基 4,18
亲属关系 194
亲属语言 194
清音 56
区别性特征 71

251

屈折语 154

R

人称 152
人称指示语 169
任意性 25
弱化 76

S

塞擦音 56
塞音 55
闪-含语系 202
上位词 98
上下位关系 98
舌尖元音 54
舌面元音 52
社会变体 195
社会方言 195
社会语言学 6
社交指示语 171
声调 48
声调位 69
施为行为 159
时 151
时间指示语 171
时位 70
式 152
书面语 197
数 150
数理语言学 6
述位 173
斯拉夫文字 224,228
斯拉夫字母 228
送气音 56
苏美尔楔形文字 222
缩略词语 113
索绪尔 15

T

他源文字 221
态 153
特殊含义 168
体 152
条件变体 67
通用词语 119
同化 76
同情准则 167
同形同音词 95
同义词 100
同义关系 100
同音词 95
统计语言学 6
脱落 77

W

外部形态 136
外来词 122,208
文化联想 87
文字 215
文字体系 239
文字学 11,12
乌拉尔语系 201

X

希腊文字 223,224
希腊字母 223
下位词 98
现代语义学 85

限定结构 138
相对关系 101
相似性 67
新词语 120
心理语言学 6
信息焦点 173
形式语言学 7
形态 137,141
形象联想 87
性 151
训诂学 11

Y

言语 21
言语行为 157
言语意义 89
严式标音 68
谚文 222,231
洋泾浜 211
一般含义 168
一般词汇 118
一致准则 167
伊比利亚-高加索语系 202
异根 136
异化 76
异形同音词 95
义素 91
义素分析 91,92
意译词 122
意义联想 87
音标 51
音长 49
音段音位 69
音高 48

音节 58
音节文字 234
音强 49
音素 50
音素文字 226
音位 62
音位变体 67
音位文字 226
音译词 122,209
音韵学 13
音质 49
隐语 196
印欧语系 199,200
应用语言学 6
语调 141
语调位 69
语法 123
语法单位 125
语法范畴 148,150
语法手段 149
语法学 124
语法形式 149
语法意义 88,149
语流 76
语流音变 76
语素 125,126
语素变体 128
语素文字 226
语态 153
语体色彩 87
语文学 7
语系 199
语言 1,21,44
语言的谱系分类 198

语言的形态分类 154
语言分化 192
语言混合 211
语言接触 208
语言融合 212
语言统一 203
语言学 1
语言要素 28
语言意义 89
语义 82
语义场 97
语义特征 90
语义学 84
语音 45
语音学 45
语用 156
语用学 156
语支 14,199
语族 199
元音 51
元音音素文字 223,226,227
蕴含 161,162

Z

赞扬准则 167
增补（异根）136

整体语言学 5
支配结构 138
直接成分 142
直接成分分析法 17,142,144
指示信息 169
指示语 169
质的准则 165
中缀 130
重位 70
重音移动 134,135
主位 173
主谓结构 137
专门词语 120
专名用语 112
转换生成语言学 18
浊音 56
字 240
字母 242
自然语理解 4,7
自由变体 68
自由与黏着 128
自由语素 128,145
自源文字 220,221
自愿融合 212,213
综合语 155
组合关系 30

参考书目

班弨,《中国的语言和文字》,广西教育出版社,1995。
〔美〕布龙菲尔德,《语言论》,袁家骅等译,商务印书馆,1980。
岑麒祥,《语言学史概要》,北京大学出版社,1988。
岑麒祥,《国际音标》,湖北人民出版社,1982。
戴庆厦等,《藏缅语十五种》,北京燕山出版社,1991。
〔美〕戴维·考格斯威尔,《乔姆斯基入门》,牛宏宝译,东方出版社,1998。
〔美〕德怀特·鲍林杰,《语言要略》,方立等译,外语教学与研究出版社,1993。
丁声树、李荣,《汉语音韵学讲义》,《方言》1981年第4期。
高名凯、石安石,《语言学概论》,中华书局,1963。
何自然,《语用学概论》,湖南教育出版社,1988。
胡明扬,《语言学概论》,语文出版社,2000。
〔美〕霍凯特,《现代语言学教程》,索振羽、叶蜚声译,北京大学出版社,2001。
贾彦德,《汉语语义学》,北京大学出版社,1999。
〔英〕杰弗里·N·利奇,《语义学》,李瑞华等译,上海外语教育出版社,1987。
〔美〕肯尼思·卡兹纳,《世界的语言》,黄长著、林书武译,北京出版社,1980。
李赋宁,《英语史》,商务印书馆,1992。
李荣,《音韵存稿》,商务印书馆,1982。
李荣,《语文论衡》,商务印书馆,1985。
李宇明,《理论语言学教程》,华中师范大学出版社,2000。
林杏光,《词汇语义和计算语言学》,语文出版社,1999。
刘伶等,《语言学概要》,北京师范大学出版社,1984。

刘润清,《西方语言学流派》,外语教学与研究出版社,1995。
马学良主编,《语言学概论》,华中工学院出版社,1981。
马学良主编,《汉藏语概论》,民族出版社,1989。
毛茂臣,《语义学:跨学科的学问》,学林出版社,1988。
聂鸿音,《中国文字概略》,语文出版社,1998。
彭泽润、李葆嘉,《语言理论》,中南大学出版社,2000。
濮之珍,《中国语言学史》,上海古籍出版社,1987。
戚雨村等,《语言学百科词典》,上海辞书出版社,1990。
苏培成,《现代汉字学纲要》(增订本),北京大学出版社,2001。
苏新春,《汉字文化引论》,广西教育出版社,1996。
〔瑞士〕索绪尔,《普通语言学教程》,高名凯译,商务印书馆,1980。
〔美〕特伦斯·戈尔登,《索绪尔入门》,咏南译,东方出版社,1998。
〔美〕维多利亚·弗罗姆金、罗伯特·罗德曼,《语言导论》,沈家煊等译,北京语言学院出版社,1994。
吴汉痴主编,《切口大词典》(影印本),上海文艺出版社,1989。
伍铁平主编,《普通语言学概要》,高等教育出版社,1993。
徐通锵,《基础语言学教程》,北京大学出版社,2001。
许国璋,《论语言和语言学》,商务印书馆,2001。
杨惠中主编,《语料库语言学导论》,上海外语教育出版社,2002。
叶蜚声、徐通锵,《语言学纲要》(第三版),北京大学出版社,1997。
〔俄〕伊斯特林,《文字的产生和发展》,左少兴译,北京大学出版社,2002。
袁家骅等,《汉语方言概要》(第二版),文字改革出版社,1983。
赵世开,《美国语言学史》,上海外语教育出版社,1989。
赵元任,《语言问题》,商务印书馆,1980。
赵元任,《中国现代语言学的开拓和发展——赵元任语言学论文选》,袁毓林主编,清华大学出版社,1992。
周有光,《比较文字学初探》,语文出版社,1998。
周有光,《世界文字发展史》,上海教育出版社,2003。
朱德熙,《现代汉语语法研究》,商务印书馆,1980。
朱德熙,《语法答问》,商务印书馆,1985。

Greenbaum, S. *Good English and the Grammarian*, Longman World Publishing Corp, 1988.

Jackson, H. *Analyzing English, an Introduction To Descriptive Linguistics*, Pergamon Press Ltd, 1973.

Lyons, J. *Introduction to Theoretical Linguistics*, Cambridge University Press, 1968.

Poole, Stuart C. *An Introduction to Linguistics*, 外语教学与研究出版社, 2000.

Robins, R. H. *General Linguistics*, 外语教学与研究出版社, 2000.

Wardhaugh, R. *Introduction To Linguistics*, McGraw-Hill Book Company, 1977.

Yule, G. *The Study of Language*, 外语教学与研究出版社, 2000.

后　记

　　这部教材的前身是北京师范学院中文系现代汉语教研室1990年编写的《语言学概论讲义》,先后有14届中文系全日制本科学生和众多的成人教育专科升本科学员使用,收到了满意的教学效果。十几年来,国内外语言学教学、语言科学研究都发生了较大的变化,出现了许多新的经验和成果。为跟上学科发展,提高教学水平,我们有必要对当年编写的讲义做重大修改,增加新的内容,以适应现在的教学需求。2002年首都师范大学文学院启动教材建设工作,"普通语言学纲要"课程列入其中,使我们有了重新编写的机会和条件。

　　在编写过程中,我们反复比较了国内外多种语言学教材的长短,确定了编写原则:以讲解语言学基本原理基本概念为主,从汉语言文字教学工作考虑,积极稳重地适当介绍国内外语言科学研究的成果。近几十年来,语言科学发展较快,新知识新问题大量涌现。不考虑学生接受能力,不考虑中学语文教学的实际需求,简单地从外国人那里照搬一些新名词术语,这样的"改进"实在不难做到;但是,真正能够使现在的学生——未来的中学语文教师受益,使他们通过课程的学习而具备语言学的基本素养,并为他们以后的教学工作打下一个坚实的基础,就需要我们在编写教材时反复权衡多方考虑,付出大量的时间和精力。我们认为,这样做是值得的。

　　全书的编写采取集体讨论分头执笔相互交流的工作方式。各章节的执笔人分别是:汪大昌(绪言、第一章"语言的本质"、第五章"语法"、第六章"语用"、第七章"语言的发展"),司玉英(引言、第三章"语义"、第八章"文字"),毛秀月(第二章"语音"),曹保平(第四章"词汇")。最后,"语言学概论"教材编写工作负责人汪大昌做了全书的统稿工作和目录、附录编排工作。

现在，编写工作已告完成。我们真诚地期待同行专家和教材的使用者，尤其是学生，提出各方面的批评和建议，以利修改，使之成熟。

编者（汪大昌执笔）
2003年1月

第二版修订后记

本书自 2004 年出版以来已历十载,使用过本教材的老师和同学对编写内容和体例予以了肯定,同时也指出了编写工作的不足和书中的文字性错误。我们由衷感谢老师和同学们的鼓励与批评。值此修订再版之际,我们补写了"语音"章中的"严式标音和宽式标音","语用"章中的"礼貌原则"和"语言的发展"章中的"网络语言",共三小节,约两千字。对全书的文字性错误,我们逐一做出订正。我们希望,这样的安排可以弥补本书 2004 年版在内容上的一些欠缺,同时仍然坚持了内容精当、表述简洁、安排得体、便于使用的编写原则。

本书被北京市教育委员会评为"2006 年北京高等教育精品教材"。这是对我们工作的肯定与鼓励。我们谨向使用本书的老师和同学们,向教委评审专家,向 2003 年审订本书书稿的北京外国语大学缪小放教授、首都师范大学周建设教授,向北京大学出版社的编辑和工作人员致谢。

我们期待同行专家、老师和同学们在使用本书修订版时,继续对我们的工作提出批评建议,以改进我们的编写和教学工作。

编者(汪大昌执笔)
2015 年 7 月